유학도 교육이다 최신 개정판

김박사넷과
미국 대학원
합격하기

저자 임형광, 박향미, 유일혁

YoungJin.com **Y.**
영진닷컴

김박사넷과 최신 개정판 미국 대학원 합격하기

ISBN 978-89-314-7855-6

독자님의 의견을 받습니다.

이 책을 구입한 독자님은 영진닷컴의 가장 중요한 비평가이자 조언가입니다. 저희 책의 장점과 문제점이 무엇인지, 어떤 책이 출판되기를 바라는지, 책을 더욱 알차게 꾸밀 수 있는 아이디어가 있으면 팩스나 이메일, 또는 우편으로 연락주시기 바랍니다. 의견을 주실 때에는 책 제목 및 독자님의 성함과 연락처(전화번호나 이메일)를 꼭 남겨 주시기 바랍니다. 독자님의 의견에 대해 바로 답변을 드리고, 또 독자님의 의견을 다음 책에 충분히 반영하도록 늘 노력하겠습니다.

주 소 : (우)08512 서울특별시 금천구 디지털로9길 32 갑을그레이트밸리 B동 10층 (주)영진닷컴
이메일 : support@youngjin.com
※ 파본이나 잘못된 도서는 구입처에서 교환 및 환불해드립니다.

STAFF

저자 임형광, 박향미, 유일혁 | **총괄** 김태경 | **진행** 윤지선 | **디자인·편집** 김효정
영업 박준용, 임용수, 김도현, 이윤철 | **마케팅** 이승희, 김근주, 조민영, 김민지, 김도연, 김진희, 이현아
제작 황장협 | **인쇄** 예림

김박사넷 소개

—

김박사넷팀은 2018년 1월, 대학원에 진학하고자 하는 학생들에게 꼭 필요한 정보를 제공하는 서비스 김박사넷(https://phdkim.net)을 만들었습니다. 하지만 대학원 진학은 '나'의 커리어에 대한 고민의 선택지 중 하나일 뿐, 근본적인 커리어 고민을 해결해 주기에는 부족하다는 것을 깨닫고, 국내 대학원 진학뿐만 아니라 해외 유학, 취업까지 서비스를 확장하게 되었습니다. 이에 따라 '나'는 어떤 일을 하고 싶은지, 그 일을 하려면 어떤 것이 필요한지, 그것을 어디서 배워야 할지 등 근본적인 문제를 해결하기 위해서 필요한 교육 서비스와 원하는 커리어를 이루어 나갈 수 있게 도움을 주는 서비스를 제공하고 있습니다. 그 결과 매월 약 150만 명이 방문하는 서비스로 성장하였으며, 커리어를 깊이 고민하고 있는 20~30대 학생 대부분이 이용하는 서비스가 되었습니다.

　김박사넷 팀은 앞으로도 커리어 문제로 고민하는 사람들이 제대로 된 방법을 찾을 수 있도록 노력할 것입니다. 국내 대학원 진학부터 미국 대학원 진학, 졸업 후 취업까지 우리들이 가장 어려워하는 문제들을 하나씩 해결해 나가도록 하겠습니다.

개정판에 부쳐

—

개정판을 출간하게 되어 진심으로 기쁩니다. 김박사넷 유학교육은 그간 수많은 분들의 석박사 과정 유학과 커리어 성장 과정에 함께하며 실제적인 변화를 이끌어왔습니다. 특히 많은 학생들이 이 책을 읽고 '꿈이 달라졌다', '진로를 결정하는 데 큰 도움을 받았다'는 말씀을 전해주십니다. 더불어 유학뿐 아니라 취업 준비에도 실질적인 도움이 되었다는 말씀은 책이 단순한 안내서 이상의 역할을 했음을 보여줍니다.

교육 프로그램에 참여하는 학생들은 이 책을 통해 목표를 명확히 하고 방향성을 찾았다고 이야기하며, 교육을 받을수록 책의 가치를 더 깊이 이해한다고 말합니다. 이러한 피드백은 책이 유학 시장과 커리어 개발 분야에서 긍정적 변화를 가져왔음을 실감하게 하며, 저희 팀 모두 큰 자부심을 느낍니다.

개정판을 출간하지만, 이 책의 핵심 가치와 집필 의도는 여전히 동일합니다. 저희는 언제나 학생 여러분의 커리어에 진심으로 관심을 두고 있습니다. 최근 몇 년 동안 다양한 배경을 가진 학생들과 소통하며 깨달은 점이 있습니다. 바로 유학이 모든 사람에게 정답은 아니라는 것입니다. 중요한 것은 자신이 진정 바라는 목표를 찾고, 이를 스스로 결정할 수 있는 역량을 키우는 일입니다.

이러한 관점을 잘 보여주는 사례가 있습니다. 김박사넷 유학교육 레벨업 준비반에서 만난 한 학생의 이야기입니다. 처음에는 박사 유학을 목표로 했던 이 학생은 교육 과정에서 자신의 커리어와 연구 목표를 깊이 성찰할 시간을 가졌습니다. 그리고 유학이 아닌, 산업 현장에서 직접 혁신을 이끌어가기로 결심했습니다. 석사 과정을 과감히 중단하고 희망하던 기업에 입사해 자신의 연구로 가치를 창출하고 있는 이 학생의 결정은, 김박사넷의 교육과정이 지향하는 '스스로의 참된 목표를 발견하고 주도적으로 결정하는 힘'을 보여주는 대표적인 사례입니다.

이 사례는 각자에게 맞는 최선의 선택이 다를 수 있음을 보여줍니다. 이처럼 다양한 선택과 성공의 길이 있다는 것을 알기에, 이번 개정판에서는 이전 판의 미흡했던 부분을 보완하고, 더 많은 성공 사례를 담았습니다. 이 책이 유학이라는 목표를 넘어 학생 여러분이 진정 원하는 커리어 방향을 설계하는 데 길잡이가 되기를 바랍니다. 김박사넷은 여러분의 꿈을 응원하며, 목표를 향해 나아가는 길에서 믿음직한 동반자가 되겠습니다.

김박사넷 유학교육 브랜드 가치 보호 안내

—

김박사넷 팀은 학생 여러분의 꿈과 커리어를 함께 고민하며 깊은 책임감을 느낍니다. 학생 여러분의 현재 선택이 인생의 중요한 전환점이될 수 있다는 것을 잘 알기 때문입니다. 그래서 교육 프로그램에서 만나는 학생 개개인의 성장과 결과— 즉 미국 대학원 합격을 최우선으로생각하고 있습니다.

이 책에 프리미엄 교육과정을 상세히 담은 것은, 김박사넷 유학교육프로그램에 직접 참여하기 어려운 분들을 포함해 더 많은 분들이 검증된 교육의 효과를 경험하시길 바라서입니다. 하지만 최근 김박사넷 유학교육의 교육 콘텐츠와 브랜드를 무단으로 활용하거나 허위로 연관성을 주장하며 교육을 제공하는 사례들이 학생들의 제보를 통해 확인되고 있습니다.

김박사넷 유학교육 프로그램에 참여하는 선생님들은 김박사넷 팀의엄격한 검증을 거쳐 모시게 된 분들입니다. 선생님 선발의 가장 중요한기준은 김박사넷의 교육 철학과 비전을 깊이 이해하고, 여러분의 진정한 성장을 핵심 가치로 두는 것입니다. 이러한 기준 아래 김박사넷 유학교육은 선생님 선발 절차를 신중히 진행하며, 지속적인 평가와 피드백을 통해 교육의 질을 유지하고 있습니다. 김박사넷 유학교육 프로그램에 참여한 학생들이 높은 합격률을 기록하고 있는 것은, 교육의 질적인 측면에서 전혀 양보가 없는 자세를 견지하고 있기 때문입니다. 비록 이 기준 때문에 선생님이 항상 부족하고, 학생들에게 충분한 교육 기회를 제공하지 못하고 있다는 점이 아쉽습니다만, '제대로 된 교육'만이 학생 여러분의 꿈을 이뤄줄 것이라는 강력한 믿음을 토대로 대원칙을 지켜나가고 있습니다.

이러한 교육의 가치를 지키기 위해, 김박사넷 유학교육의 모든 교육 프로그램은 공식 웹사이트(phdkim.net)와 카카오톡, 인스타그램 등 공식 채널을 통해서만 제공됩니다. 그 외의 경로로 접하게 되는 교육이나 설명회는 김박사넷과 무관합니다. 학생 여러분의 소중한 시간이 낭비되지 않도록, 이 점을 꼭 기억해 주시기 바랍니다.

앞으로도 김박사넷 유학교육은 학생 여러분의 꿈을 실현하는 과정에서 믿음직한 선생님으로서의 역할에 충실하겠습니다. 학생 여러분이 보내주신 신뢰에 보답하며, 진정한 배움과 성장의 가치를 지켜나가도록 하겠습니다.

공식 웹사이트	카카오톡	인스타그램
https://bit.ly/3ZKsUrO	https://bit.ly/3VQg1vj	https://bit.ly/3VR3OpZ

1

___

영원한 고민, 우리들의 커리어

안녕하세요, 이 책의 대표 저자를 맡은 임형광입니다. 저는 김박사넷의 모든 프로그램을 만들고, 발전시키는 역할을 맡고 있습니다. 미국 석박사 유학을 준비하는 학생들을 위한 교육 프로그램을 만드는 것 또한 제 역할로써, 김박사넷 유학교육의 대표선생님을 맡고 있기도 합니다.

'김박사넷이 미국 대학원 유학 교육을 한다고?'라고 생각하실지도 모르겠습니다. 김박사넷을 주로 국내 대학원 진학을 고민하는 학생들이 찾아가는 사이트로 알고 계시다면 더욱 그럴 것 같습니다. 사실 '국내 대학원'에 관련된 프로그램은 저와 김박사넷 팀이 풀어 나가려고 하는 문제의 일부분입니다. 저희가 해결하고 싶은 건 더 큰 문제입니다. 바로 '우리들의 커리어를 어떻게 풀어 나갈 것인가'에 관한 것이죠.

저의 대학생 시절을 되돌아보면 가장 큰 고민은 커리어였습니다. 대학교를 졸업하고 나서 무엇을 해야 할지 고민이 많았죠. 선배들에게 물어보거나, 인터넷 등에서 정보를 찾아보며 막막한 가운데서도 어떻게든 답을 찾으려고 했었습니다. 결국에는 크게 세 가지 선택지가 남았습니다. 첫 번째는 회사에 취직을 하는 것, 두 번째는 자대 대학원 진학후 석박사 학위 취득, 마지막은 미국으로 석박사 과정을 진학하는 것이었습니다. 이 중 마지막 선택지는 가장 빠르게 옵션에서 제외됐는데, 선배들 말로는 미국 석박사 유학은 학부 학점이 좋은 과 에이스들만을 위한 코스였기 때문입니다. 그 당시 제 학점은 선배들이 얘기하고 있는 기준 대비 턱없이 부족한 수준이었지요. 물론, 학부 학점이 좋은 학생들만 진학할 수 있다는 정보는 사실이 아니었습니다. 학부 학점이 좋지 않아도 탑스쿨 석박사 과정에 진학할 수 있음을 김박사넷 유학교육 프로그램이 증명하고 있으니까요.

돌이켜 생각해 보면, 그 당시 제가 내렸던 진로 결정은 제대로 된 지식과 경험에 기반한 것이 아니었습니다. 만약, 15년 전에 김박사넷 유학교육이 있었다면 저는 어떤 결정을 내렸을까요? 믿을 만한 지식과 경험을 가지고 있는 선생님이, 학부 학점이 좋지 않더라도 내가 가진 생각을 발전시키면 충분히 합격할 수 있다고 얘기해 줬다면 제 결정이 달라지지 않았을까요? 당시의 결정 중 가장 아쉬운 점은, '제대로 된 교육'을 받고 결론을 내리지 않고 지레짐작으로 '안 될 것이다'라는 판단을 섣불리 내렸다는 점입니다. 그 결정을 내리는 과정에서 이 정보가 제대로 된 정보인지 비판적으로 사고하지도 않은 채 선배들의 의견을 일방적으로 받아들였다는 점도 아쉽습니다.

　이 책을 쓴 이유는, 커리어를 고민하고 있는 여러분들의 커리어 성장 가능성이 여러분들의 생각하는 것보다 훨씬 크다는 얘기를 들려주기 위해서입니다. 즉 인생의 중요한 분기점이 될 커리어를 결정하는 시점에, 전문가로부터 '제대로 된 교육'을 받아 진로를 결정할 수 있길 바라는 마음에서 썼습니다. 더 큰 꿈을 위해 미국 석박사 유학을 생각해 본 적이 있나요? 그런데 내 스펙이 부족한 것 같아 지레 망설이고 있는 것은 아닌가요? 만약 여러분의 꿈이 확고하고 꿈을 향해 달려갈 동기가 충분하다면, **학점이 낮아서/영어 점수가 낮아서/논문 실적이 없어서/출신 학부가 좋지 않아서** 포기하기엔 너무 이른 시기라는 것을 말씀드립니다. 여러분이 대학원 박사 과정에 진학할 의지와 능력이 있고 영어로 의사소통할 자신이 있다면, 국내에서 석박사 학위를 받는 대신 미국에서의 석박사 학위를 향해 충분히 도전할 만합니다. 저를 비롯한 김박사넷 유학교육 선생님들이 그 길을 어떻게 걸을 수 있을지, 그 청사진을 제시할 것입니다.

　대학원 진학을 고민 중인가요? 꼭 국내 대학원이어야만 하나요? 만약 갈 수 있다면, 미국에서 학위 과정을 진행하는 것에도 긍정적인가요? 이 질문에 대한 대답이 '예'라면, 이 책에서 그 답을 얻어 가시기 바랍니다.

왜 이 책을 쓰는가?

최근 미국과 중국의 무역 분쟁으로 인한 국제정세의 변화는 단순히 두 나라의 경제에만 영향을 끼치진 않았습니다. 놀랍게도, 미국 석박사 유학을 준비하는 한국의 학생들에게 미중 무역 분쟁이 새로운 기회가 될 수 있는 상황이었기 때문입니다. 미국이 중국의 유학생들에게 비자를 발급하지 않는다는 뉴스를 보신 적이 있을지 모르겠습니다. 실제로 미국의 정책 변화로 인해 미국 대학원에 진학하는 중국 학생들의 수가 급감할 것이고, 어부지리로 한국 유학생들의 합격률이 높아질 것이라는 예상이 있었습니다.

주요 지역별 합격 비율	2019년 가을학기		2020년 가을학기		2021년 가을학기	
	석사 과정	박사 과정	석사 과정	박사 과정	석사 과정	박사 과정
중국	44%	36%	43%	36%	28%	26%
인도	30%	13%	32%	12%	45%	11%
한국	2%	6%	2%	6%	1%	5%
이란	1%	5%	1%	5%	1%	7%
중남미 (멕시코 등)	3%	6%	3%	6%	3%	7%
아프리카 (남아공 등)	4%	4%	5%	5%	6%	8%

2019~2021 외국인 유학생의 미국 대학원 합격 비율 변화

위의 표는 미국 대학원 협회 소속 대학교 중 일부 (약 400여 개) 대학교가 참여한 조사 결과입니다. 실제로, 미국 대학교에 진학하는 중국인 유학생 수는 2021년을 기준으로 급감했습니다. 2020년 가을학기까지만 해도 석박사 유학생 합격자 중 42%의 비율을 차지하던 중국 유학생의 숫자가 2021년 가을학기에 27%까지 급락한 것입니다. 특히 미국이 국가 전략기술 유출을 우려했기 때문에, 고급 인재라 볼 수 있는 중국 유학생들의 박사 과정 합격자 또한 2020년 가을학기 36%에 달하던 비율이 2021년 가을학기에는 26%까지 감소했습니다. 유학생 국적으로는 중국, 인도에 이어 3위에 랭크하던 한국 학생들에게 미중 무역분쟁이 기회로 다가온 것입니다.

그럼에도 불구하고, 한국 유학생들의 박사 과정 합격자 비율은 2020

년 가을학기 대비 2021년 가을학기 때 오히려 20%가량 줄어 들었습니다(전체 비율 중 6% → 5%). 지원자 수가 적어진 것은 아니었기 때문에 유학생 선발 과정에서 좋은 평가를 받지 못한 것이라 보는 것이 타당합니다. 즉, 중국 학생들이 빠진 빈자리를 채우며 미국의 석박사 과정으로 더 수월하게 진학할 것이라는 애초의 기대와는 달리, 오히려 다른 나라의 학생들에게 밀리게 된 것입니다. 중국인 유학생들의 빈자리는 인도, 이란, 중남미, 남아프리카 학생들이 차지하게 되었습니다. 2021년 가을학기 기준, 박사 과정 유학생을 가장 많이 배출한 나라 순위에서 한국은 이란에 밀려 4위로 떨어지게 됩니다.

저희 김박사넷도 이러한 결과에 책임을 느끼고 있습니다. 학벌이 좋지 않아도, 학점이 낮아도, 실적이 없어도 미국 석박사 유학에 성공할 수 있는 교육 프로그램을 개발해서 운영해 왔지만, 아직도 한국의 모든 유학 준비생에게 이 프로그램의 핵심을 알리고 더 나은 방법으로 준비할 수 있도록 돕지 못했기 때문입니다. 그래서 저희는 이 책을 통해 김박사넷 유학교육 프로그램의 핵심을 공개하여 성공적인 미국 석박사 유학을 도울 수 있는 길잡이가 되고자 합니다.

저희는 이 책을 이런 분들이 읽었으면 합니다. 진로를 고민하고 있는 학부생, 학위 과정을 고민하고 있는 회사원 등 고민 중인 당사자뿐만 아니라, 색다른 관점을 제공하여 당사자의 고민을 덜어줄 수 있는 분들 — 학부모님과 유학원의 선생님들입니다. 특히 몇몇 사례를 기반으로 경험에 의존해서만 학생들을 상담해 왔던 유학원의 선생님들께 권해

드립니다. 미국 석박사 유학의 핵심이 무엇인지 알고, 핵심에 기반하여 연역적으로 논리 구조를 쌓아 나간다면, 귀납적인 방법으로만 학생 상담을 진행하는 것보다 몇 배 나은 결과를 거둘 수 있을 것입니다.

박사 과정 입학이 어려울까, 석사 과정 입학이 어려울까?

미국 대학원 석사 과정 입학이 어려울까요, 아니면 박사 과정 입학이 어려울까요? 앞서 확인한 표에서처럼 여러 대학원의 종합 수치를 가져오는 것보단, 우리들이 잘 알고 있는 대학교 사례를 확인해 보는 것이 이해가 빠를 것 같습니다. 다음 그래프는 캘리포니아대학교 로스앤젤레스(University of California, Los Angeles, UCLA)가 공개한 2010~2020년 지원자 수, 합격자 수, 그리고 등록자 수 통계입니다. 2020년 가을학기 기준 UCLA의 석사 과정 합격률은 33%입니다. 박사 과정 합격률은 16% 정도로, 석사 과정의 절반 정도 되는 수치입니다. 참고로 미국 대학원 협회 소속 400여 개 대학교의 통계에 따르면, 2020년 가을학기 한국 학생들의 석사 과정 합격률은 44%, 박사 과정 합격률은 14% 정도입니다. 막연히 박사 과정이 더 어렵겠거니 짐작은 하셨겠지만, 합격률만 살펴봐도 석사 과정 대비 2배 이상 어렵다는 것을 확인할 수 있죠.

UCLA MASTER(석사) 프로그램

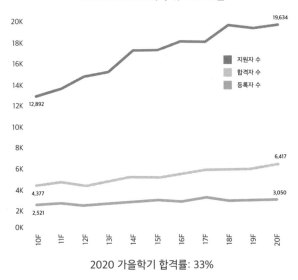

20K
18K
16K   ■ 지원자 수
14K   ■ 합격자 수
12K   ■ 등록자 수
10K
8K
6K
4K
2K
0K

12,892   19,634

6,417
4,377   3,050
2,521

10F 11F 12F 13F 14F 15F 16F 17F 18F 19F 20F

2020 가을학기 합격률: 33%

UCLA PhD(박사) 프로그램

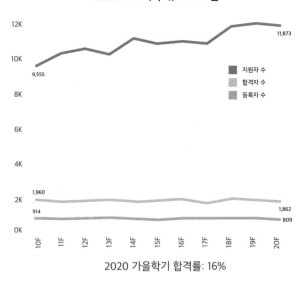

12K
10K   ■ 지원자 수
8K   ■ 합격자 수
6K   ■ 등록자 수
4K
2K
0K

9,555   11,873

1,960   1,862
914   809

10F 11F 12F 13F 14F 15F 16F 17F 18F 19F 20F

2020 가을학기 합격률: 16%

그렇다면 미국 대학원 유학 전문가를 구별하는 기준은 무엇이 되어야 할까요? 배출한 합격생 수가 많다는 것은 분명 확실하고 좋은 기준일 것입니다. 하지만 더 중요한 기준은 그 질, 즉 '박사 과정 합격생이 몇 명인가'입니다. 박사 과정 합격생, 특히 전액 장학금이라 할 수 있는 풀펀딩 지원을 받은 경우가 얼마나 되는지를 살펴보는 것이 핵심입니다. 통계에 따르면 석사 과정 합격률은 44%에 육박하는 만큼, 사실상 크게 어려운 과정은 아니기 때문입니다. 15% 내외의 합격률을 보여주는 박사 과정 합격률이야말로, 이 과정을 함께하는 선생님이 미국 유학의 본질을 이해하고 있는지 알 수 있는 척도로 사용될 수 있습니다.

선생님이 유학 전문가일수록 배출한 박사 과정 합격생이 많아지는 두 번째 이유는 다음과 같습니다. 미국 대학원 협회의 통계에 따르면, 애초에 미국 석박사 유학 원서를 쓰는 한국 학생들의 70%가 박사 과정 지망생입니다. 실제로 김박사넷 유학교육 사용 통계를 보아도, 80%에 육박하는 학생들이 박사 과정에 도전합니다. 어떤 방식으로든, 유학 전문가인 선생님일수록 박사 과정 합격생을 많이 배출할 수밖에 없는 구조인 것입니다.

그렇다면, 김박사넷 유학교육 프로그램은 어떤 결과를 만들어 내고 있을까요?

차례

6장

필수 서류의 실제 사례 적용

7장

원서 접수 유의사항

8장

유학 전략

1장

실제 사례

2025년 가을학기 박사 과정 합격자:
학회 참석을 통한 적극적인 컨택으로 이룬 TOP 10 사전 합격

> √ 학부: 한양대
> √ 석사: 성균관대
> √ SCIE/탑컨퍼런스: 1저자 2편,
>   공저자 6편

2024년 12월 현재, 미국의 많은 박사 과정 프로그램들은 원서 접수도 마감하지 않은 상태입니다. 김박사넷 유학교육 프로그램에 참여한 이 학생은 이미 12월 초에 두 곳의 탑스쿨로부터 합격 소식을 받았는데, 사전 인터뷰를 통해 이룬 성과라는 점에서 더욱 의미 있습니다.

유학 준비생들의 가장 큰 과제는 시간 확보입니다. 이번 합격자는 연초부터 김박사넷 유학교육 프로그램에 참여하며 체계적인 유학 준비를 시작했습니다. 국내 굴지의 기업에서 근무하면서도 일과 유학 준비를 효과적으로 병행했습니다. 특히 해외 출장 중에도 서류 준비를 위해 열정적으로 소통했던 모습이 기억에 남습니다.

김박사넷 유학교육 프로그램은 연구 주제와 방법론을 유기적으로 연결하여, 논리 체계를 구축하는 데 중점을 둡니다. 이 학생은 처음 설정한 주제를 바탕으로 연구 비전을 발전시켰고, 특히 과학기술 연구에서 가장 까다로운 부분인 연구의 사회적 파급효과를 분석하고 실제 수혜자를 명확히 설정하는 과정도 피드백을 통해 발전시켰습니다.

그중에서 주목할 점은 이 학생이 컨택 과정에서 보여준 적극성입니다. 바로 회사에 휴가를 내고 미국 연구 학회에 참석하여, 교수님들을 직접 만나 자신을 어필한 것입니다. 이러한 적극적인 현장 네트워킹을 통해 탑스쿨 교수들과 사전 인터뷰를 성사시켰고, 연구에 대한 진정성과 열정을 자연스럽게 보여주었습니다.

김박사넷 유학교육은 이러한 적극적인 컨택 방식을 권장하지만, 실제로 이를 시도하는 학생은 많지 않습니다. 하지만 이번 사례의 주인공은 학회 참석을 통한 현장 네트워킹과 체계적인 연구 계획 수립이 시너지를 이루어 2025년 가을학기 전형이 마무리되기 전에 두 곳의 탑스쿨 합격이라는 결실을 맺을 수 있었습니다. 이 합격 사례가 김박사넷 유학교육에서 강조하는 핵심과 더불어, 많은 유학 준비생들에게 새로운 가능성을 제시하는 계기가 되길 바랍니다.

2025년 가을학기 박사 과정 합격자:
연구 경험과 실무 경험의 연계로 이룬 TOP 10 합격

> √ 학부: 광운대
> √ SCIE 논문 1저자 2편, 공저자 2편
> √ 자대 석사

이번 합격 사례의 주인공은 2023년 초 김박사넷 유학교육 프로그램에 처음 참여했습니다. 석사 졸업 후, 국내 굴지의 기업에서 실무 경험을 쌓았는데요. 이러한 경험을 학문적 연구로 발전시키고자 2024년 초부터 본격적으로 박사 과정 지원을 준비했고, 12월에는 세 곳에서 사전 인터뷰를, 그리고 한 곳의 탑스쿨에서 합격 소식을 받았습니다.

김박사넷 유학교육 프로그램을 통해 성공적인 결과를 얻은 학생들의 공통점은 매우 명확합니다. 바로 자신이 하고 싶은 연구의 방향성과 그 필요성을 방법론적으로도 설득력 있게 제시할 수 있다는 것입니다. 일견 쉬워 보일 수 있지만, 단순히 연구 계획을 나열하는 것이 아니라 과거의 연구 성과와 현재의 경험을 바탕으로 미래의 연구 비전과 자연스럽게 연결해야 하기 때문에 실제로는 매우 까다로운 과제입니다.

이 학생은 프로그램 참여 과정에서 명확한 연구 방향을 설정했습니다. 비전과 미션을 수립하고 논리를 구축하는 과정에서 실무와 학술적 경험을 종합적으로 고려했으며, 담당 선생님과의 깊이 있는 대화를 통해 설득력 있는 스토리라인을 완성했습니다. 특히 CV와 SOP, PS 등 지원서류에서 일관성 있게 자신의 역량을 효과적으로 드러내는 데 초점을 맞췄습니다. CV만으로도 연구 역량과 발전 가능성이 명확히 드러날 정도였습니다.

이렇듯 체계적인 준비 과정과 높은 서류 완성도를 바탕으로 사진 긴택을 효과적으로 진행할 수 있었고, 12월부터 이른 합격 소식을 전하게 되었습니다. 이미 탑스쿨에 합격했지만 계속해서 인터뷰 요청이 들어오고 있어 최종적으로 어떤 학교를 선택할지 기대되는 학생입니다.

2025년 가을학기 박사 과정 합격자:
특수 교육의 미래를 위한 도전과 비전

√ 학부: 이화여대
√ 특수교육 전공
√ 자대 석사(비논문 과정)

이번 합격 사례의 주인공은 특수교사로 근무하며 미국 유학을 고민하던 중 〈김박사넷과 미국 대학원 합격하기〉를 접하게 되었습니다. 처음에는 독학만으로도 충분히 준비할 수 있을 것이라고 생각했으나, 이 책의 6장에 소개된 사례를 통해 전문적인 피드백의 중요성을 깨닫고 김박사넷 유학교육 프로그램에 참여하게 되었습니다.

이 학생은 현장에서 쌓은 교육 성과를 바탕으로 한국 특수교육에 기여하고자 하는 강한 모티베이션이 있었습니다. 특히 중재효과의 지속 가능성 연구와 특수교사들이 직면한 교육적 도전들을 해결하는 데 관심이 있었습니다. 이를 위해 석사과정에 진학했지만 실무 중심의 프로젝트만으로는 근본적인 문제를 해결하기 어려웠고, 이론적 접근과 더 깊이 있는 연구가 필요하다는 것을 깨닫고 박사 과정 유학을 결심하게 되었습니다.

김박사넷 유학교육 프로그램에서는 이 학생이 특수교육 현장에서 얻은 인사이트를 학문적 연구의 틀 안에서 효과적으로 재구성하는 데 많은 노력을 기울였습니다. 학생의 비전은 뚜렷했지만 학문적 논리 구조를 구축하는 과정은 결코 쉽지 않았고, 프로그램 중 담당 선생님을 변경하는 이례적인 결단을 내렸습니다. 그 결과 스토리라인을 더 설득력 있게 구성하고 지원 서류의 일관성을 높일 수 있었습니다.

특수교육 분야는 다른 전공들에 비해 원서 마감이 12월 초로 빠른 편입니다. 이 학생은 12월 초부터 공식 인터뷰에 참여하였고, 인터뷰 없이 TOP 10 대학에서 합격하는 성과를 이루었습니다. 뛰어난 연구 환경을 자랑하는 대학들과 인터뷰를 앞둔 이 학생이 미국에서 이어갈 학문적 성취가 더욱 기대됩니다.

2024년 가을학기 박사 과정 합격자: 스펙이 아닌 연구 비전의 힘, 재도전으로 TOP 10 합격

> √ 학부: 건동홍숙
> √ 유학 재수
> √ SCIE 1저자 1편, 공저자 2편
> √ 자대 석사

미국 명문대 박사 과정 합격에 있어 대부분의 사람들이 가장 궁금해하는 건 '합격자의 스펙'일 텐데요. 아마도 '설포카(서울대, 포스텍, 카이스트를 합쳐서 일컫는 단어)'나 'SKY(서울대, 고려대, 연세대를 합쳐서 일컫는 단어)' 정도는 졸업해야 하고 연구 실적도 탄탄해야 미국의 명문 대학교 박사 과정에 합격할 것이라 생각하실 것 같습니다.

이 학생은 서울에 위치한 중위권 사립대학교에서 학사와 석사 학위를 받았습니다. 석사 학위 중 미국 박사 과정 유학에 도전했지만, 첫 시도에서는 고배를 마셨습니다. 전 세계 인재들이 모이는 미국 명문대학교, 거기다 풀펀딩(전액 장학금)을 받는 박사 과정의 경쟁률을 생각하면 이 결과가 이상하지는 않습니다.

하지만 이 학생의 스토리에는 반전이 있습니다. 두 번째 도전에서 TOP 10 대학교를 포함한 여러 대학교 박사 과정에 풀펀딩으로 합격한 것입니다. 첫 도전에서 인터뷰 기회조차 얻지 못했던 것을 생각하면 놀라운 변화였습니다. 처음에는 '스펙'이 부족해서 떨어졌다고 생각했지만, 이 학생이 다른 유학 재수생들과 달랐던 점은 문제의 핵심을 파악했다는 것입니다. 바로 본인의 지원 서류 – SOP, CV, PS로 이뤄진 A4 6장짜리 서류에 문제가 있다는 것을 알아챈 거죠.

이는 미국 석박사 유학에 있어 매우 중요한 포인트입니다. 똑같은 서류로 여러 번 지원한다고 해서 결과가 바뀌지 않기 때문입니다. 사실 대부분의 재수생들이 여기서 실수를 합니다. '운이 없었다', '타이밍이 안 좋았다'라고 생각하면서 같은 서류로 재도전하기 때문인데요. 하지만 미국 대학원 입학 심사에는 이전 어드미션 커미티(입학사정위원회)의 판단을 존중하는 문화가 있습니다. 실제로 지원 서류들을 입력하는 각 대학별 지원 사이트에는 이전에 지원한 경험을 체크하는 항목이 있는 경우도 있습니다. 한국의 대학원이나 회사를 지원하는 것과는 완전히 다릅니다. '언젠가 붙을 수도 있겠지?'란 생각으로 TOEFL 등 영어 최소 기준 점수만 맞춰서 3년 동안 지원하고 3년 내내 탈락한 지원자도 있습니다. 그래서 지원 서류의 근본적인 개선 없이는 합격하기가 쉽지 않습니다.

이 학생은 김박사넷 유학교육 프로그램을 통해 박사 과정의 본질을 깊이 있게 고민했고, 그것이 전환점이 되었습니다. 특히 이전의 '공부를 더 하고 싶다'는 단순한 동기에서 벗어나 '왜 미국 박사 과정이어야 하는가'라는 질문에 집중했습니다. 그 결과 '이 연구 분야에서 평생을 바쳐도 할 만한 연구'라는 자기 확신을 갖게 되었고, 이를 지원 서류 A4 6장에 설득력 있게 담아낼 수 있었습니다. 영어 점수는 어땠냐고요?

TOEFL 점수를 올리긴 했지만 90점대였고, GRE 시험은 봤지만 실제 지원할 때는 제출하지 않았습니다. 가장 중요했던 것은 자신만의 연구 비전을 명확히 하고 이를 설득력 있게 전달하는 능력을 키운 것이었습니다.

이러한 변화는 실제 인터뷰에서 빛을 발했습니다. 새벽 3시라는 힘든 시간대에 인터뷰하면서도, 연구적 어려움을 해결하는 방식에 대한 자신만의 명쾌한 답변으로 교수님으로부터 "이상적인 연구자의 모습"이라는 평가를 받았는데요. 그 평가는 합격 결과로 이어졌습니다. 2024년 1월 기준으로 TOP 10 대학교를 포함한 4개 학교에서 합격했고, 심지어 그중 2개 학교는 인터뷰도 없이 바로 합격했다는 점에서 이 학생의 성장을 실감할 수 있습니다.

여러분도 이 학생처럼 A4용지 6장으로 인생을 바꾸고 싶으신가요? 특히 이전 미국 대학원 지원에서 실패를 경험하신 분이라면, 이 책을 그 해답을 찾으실 수 있을 겁니다. 김박사넷 유학교육 프로그램의 핵심적인 교육 내용과 미국 유학 과정의 본질을 이해하면, 목표했던 미래에 한걸음 더 가까워진 자신의 모습을 발견할 수 있을 테니까요.

2024년 가을학기 박사 과정 합격자:
논문 실적 없이 이룬 탑스쿨 다이렉트 박사*의 꿈

> √ 학부: 과학기술원 중 하나
> √ 논문 없음
> √ 석사 학위 없음

다이렉트 박사(Direct PhD)는 학사 졸업 후 곧바로 박사 과정에 진학하는 제도입니다. 연구 실적이 풍부한 석사 졸업생들과도 경쟁하다 보니 합격이 만만하지 않습니다. 이번 합격 사례는 더욱 특별한데, 논문실적 없이 학부 졸업을 앞둔 시점에서 미국 명문 대학교 다이렉트 박사 과정에 풀펀딩으로 합격했기 때문입니다.

일반적인 '스펙' 기준으로는 보면 이 학생의 프로필은 부족해 보입니다. 국내 유수의 과학기술원에 재학중이었지만, 논문 실적은 없었고 학부 연구생 경험만 있었죠. TOEFL 점수도 94점으로 평이한 수준이었고, GRE 점수는 아예 제출하지 않았습니다. 게다가 연구실을 네 번이나 옮겼기 때문에 이력상의 연구 방향성이 일견 불분명해 보이기도 했습니다.

하지만 전환점이 찾아왔습니다. 김박사넷 유학교육 프로그램을 통해 미국 대학원의 박사 과정 선발 기준을 파악하고 전략을 세우기 시작한 것입니다. 특히 이 학생은 SOP 작성에 공을 들였는데, 자신의 연구 경험을 하나의 일관된 스토리로 만드는 데 집중했습니다. '왜 이 분야를 왜 연구하고 싶은지', '각각의 연구 경험이 어떻게 성장으로 이어졌는지' 이런 질문에 답하면서 수십 번의 수정을 거친 것입니다.

그렇게 만든 스토리라인에서는 여러 연구실 경험이 오히려 장점이 되었습니다. 다양한 연구 분야를 직접 체험하면서 연구 관심사를 찾아간 과정이 설득력 있게 드러났기 때문입니다. 특히 마지막 연구실에서의 경험을 SOP의 핵심으로 삼아 박사 과정에서 연구하고 싶은 주제를 명확히 제시했습니다. 이 과정에서 "이 문장이 내 경험을 진정성 있게 전달하고 있는가?"라는 질문을 계속 던지면서, 진정성이 느껴지도록 스토리라인을 정교하게 다듬었습니다.

이런 준비는 인터뷰 과정에서도 빛을 발했는데, 지도 교수의 연구뿐 아니라 창업 경험까지 철저히 조사해 대화를 준비했습니다. 특히 기억에 남는 것은 '교수님과의 진정성 있는 대화'인데요. 학생은 지도 교수의 스타트업에 대해 깊이 있는 질문을 던졌고, 40분간 진행된 인터뷰 중 10분을 자연스럽게 회사 이야기로 채웠죠. 이는 단순한 전략이 아니라, 학생의 진짜 관심사였기에 가능했던 대화였습니다. 지도 교수는 이를 통해 학생의 학문적 열정과 함께 미래 비전에 대한 진지함을 높이 평가했습니다.

이 사례는 탑스쿨 박사 과정 입학이 단순히 논문 실적이나 시험 점수 같은 객관적 지표만으로 결정되지 않는다는 점을 잘 보여줍니다. 비록 논문 실적이 없더라도 자신의 연구 경험을 깊이 있게 성찰하고, 이를 통해 발견한 진정한 연구 열정을 어드미션 커미티와 미래 지도 교수에게 설득력 있게 전달할 수 있다면, 다이렉트 박사 과정 합격도 충분히 가능하다는 것을 증명합니다.

*다이렉트 박사(Direct PhD) 제도란?

미국의 다이렉트 박사 제도에는 한국의 일반적인 대학원 진학 경로와는 다른 특징이 있습니다. 한국에서는 보통 석사과정을 마치고 박사 과정에 진학하는 게 일반적인데요, 미국에서는 우수한 학부생들이 석사과정 없이 곧바로 박사 과정으로 진학할 수 있습니다. 이는 한국의 석박사 통합과정과도 차이가 있죠. 다이렉트 박사 과정은 기본적으로 박사 학위 취득을 목표로 하며, 프로그램에 따라 2년의 코스워크를 완료하면 석사 학위도 함께 받을 수 있습니다. 자세한 내용은 3장 마지막 챕터(129p)에서 확인하실 수 있습니다.

2024년 가을학기 박사 과정 합격자:
지방대에서 시작해 TOP 10 풀펀딩과 펠로우십까지

> √ 학부: 지방 국립대
> √ SCIE/탑컨퍼런스 없음
> √ 자대 석사

이 학생의 프로필만 보면 미국 명문대 박사 과정 합격과는 거리가 있어 보입니다. 지방 거점 국립대 출신으로, SCIE나 탑컨퍼런스 논문은 없었고 국내 학회 논문과 국제 학회 구두 발표 경험이 전부였죠. 이런 배경을 가진 학생이 전기컴퓨터공학(EECS) 분야에서 TOP 10 수준 대학에 풀펀딩과 펠로우십을 받으며 합격했다는 게 의아할 수 있는데요. 하지만 그 비결은 단순한 스펙을 넘어서는 진정성과 성장 가능성에 있었습니다.

이 학생은 유학 준비를 위해 매주 왕복 6시간이라는 긴 여정을 감수하면서 김박사넷 유학교육 프로그램에 참여했고, 자신만의 스토리라인을 만들어가는 데 많은 노력을 기울였습니다. 프로그램에서는 끊임없이 질문하고 고민하며, 교수님들과의 인터뷰에서 자신의 열정과 비전을 효과적으로 전달할 방법을 찾아갔죠.

이렇게 준비한 스토리라인은 적극적인 사전 컨택에서 그 진가를 발휘했는데요. 미국의 여러 유수 대학들과 사전 인터뷰 기회를 얻은 것입니다. 이 학생은 인터뷰에서도 단순히 합격만을 목표로 하지 않았습니다. 교수님들과의 대화에서 얻은 피드백을 자신의 연구 방향에 반영하며 성장의 기회로 삼았죠. 이런 태도는 교수님들이 이 학생의 진정성과 발전 가능성을 높이 평가하고, 함께 성장할 수 있는 연구자로 보게 만들었습니다.

그래서인지 이 학생의 합격 소식은 더욱 특별했습니다. 1월에 이미 합격 통보를 받았음에도 오퍼레터가 늦게 도착해 한동안 이를 알지 못했던 것인데요. 마음 졸이며 기다렸던 시간이 무색하게도 이 합격은 결코 우연이 아니었습니다. 최종적으로는 여러 학교 중 자신의 연구 방향과 비전이 가장 잘 맞는 2순위 학교를 선택해 진학을 결정했죠.

이 학생의 사례는 미국 박사 과정 지원의 성공이 단순한 스펙 경쟁에 국한되지 않는다는 것을 보여줍니다. 중요한 것은 자신의 진로를 진지하게 고민하고, 그 과정에서 만나는 모든 순간을 성장의 기회로 삼는 태도입니다. 학교의 랭킹이나 표면적인 연구 주제의 일치보다, 자신이 진정으로 원하는 것을 명확히 알고 이를 향해 나아가는 것이 더 중요하죠. 겸손한 태도로 합격의 기쁨을 거머쥔 이 학생의 열정은 앞으로도 학문적 여정에서 빛을 발할 것입니다.

2024년 봄학기 박사 과정 합격자:
랭킹을 넘어 연구 환경을 선택하다

> √ 학부: 지방 국립대
> √ SCIE 1저자 4편
> √ 자연계열
> √ 자대 석사

이 학생 역시 일반적인 '합격자 스펙'과는 조금 다른 모습을 보여줍니다. 지거국(지방거점국립대학의 줄임말)은 아닌 지방 국립대를 졸업했고, 자대에서 석사학위를 받는데요. 학부 연구생 시절부터 4년간의 연구 경험을 통해 SCIE 논문 1저자 4편이라는 성과도 만들었습니다. 하지만 처음부터 유학을 목표로 했던 것은 아닙니다. 석사 졸업을 앞두고 취업 준비를 하던 중, 연구개발직 공고를 보면서 박사 학위의 필요성을 깨닫고 유학을 결심했기 때문입니다.

유학을 결심한 후, 이 학생은 김박사넷 유학교육 프로그램에 참여하며 자신의 진로를 깊이 있게 고민했습니다. 매주 왕복 10시간이라는 긴 거리를 오가며 자신의 연구 비전과 방향을 명확히 하는 데 집중했고, 풍부한 연구 실적 중에서도 핵심만을 효과적으로 전달할 수 있도록 스토리라인을 만드는 데 많은 시간을 투자했죠. 이런 과정을 통해 자신이 정말 하고 싶은 연구 방향을 구체화하고 이를 실현하기 위한 미래 계획을 세울 수 있었습니다.

이 학생의 합격 과정에는 특별한 반전이 있는데요. 가을학기 지원을 준비하던 중, 현재 박사 과정 지도 교수님이 한국을 방문하면서 대면 인터뷰 기회를 얻게 됩니다. 이 인터뷰에서 자신의 연구 비전과 열정을 설득력 있게 전달하며 교수님의 신뢰를 얻었고, 그 결과 봄학기 조기 입학이라는 이례적인 제안을 받았습니다. 보통 미국 박사 과정은 가을 학기가 정규학기이기 때문에 더욱 특별한 기회였죠.

결국 이 학생은 다른 대학 지원 기회를 포기하고 현재 학교를 선택했습니다. 결정의 이유는 분명했는데요. 해당 학교는 기업과의 협력 연구를 수행할 수 있는 환경을 제공했고, 자신의 연구 방향을 자유롭게 설정할 수 있는 여건이 있었기 때문입니다. 이는 랭킹보다 실질적인 연구 가능성과 환경을 중시한 결정이었죠. 다른 우수 대학들에도 좋은 기회가 있었을 것이라는 아쉬움이 없진 않지만, 깊은 고민 끝에 내린 이 학생의 결정을 존중하고 지지합니다.

이 사례는 유학 준비의 핵심이 단순히 스펙을 쌓는 것이 아니라, 자신의 연구 방향과 목표를 명확히 설정하고 이를 위해 치열하게 준비하는 과정에서 성장의 열쇠를 찾는 것임을 보여줍니다. 김박사넷 유학교육 프로그램을 통해 자신의 연구 비전을 구체화한 이 학생이 미국에서 만들어갈 미래가 더욱 기대되는 이유입니다.

2024년 가을학기 박사 과정 합격자: 생명과학 연구의 선구자를 꿈꾸며

> √ 학부: SKY
> √ SCIE 1저자 1편, 탑저널 자매지 공저자 1편
> √ 자대 석사

지금까지는 상대적으로 스펙이 낮은 학생들의 성공 사례를 살펴봤는데요. 그렇다면 '고스펙' 학생은 김박사넷 유학교육 프로그램이 필요하지 않을까요? 사실 뛰어난 스펙을 가진 학생들도 자신의 역량을 최대한 보여주기 위해서는 명확한 방향성과 체계적인 준비가 필요합니다. 이번에는 탁월한 성과를 가진 학생이 전문가 피드백을 통해 자신의 강점을 어떻게 극대화했는지 살펴보겠습니다.

자연과학, 특히 생명과학 계열은 미국에서도 경쟁이 매우 치열한 분야입니다. 이 학생이 합격한 최상위권 프로그램은 500명의 지원자 중 단 10명만이 합격하는 2%의 합격률을 보일 정도였는데요. 'SKY'(서울대, 고려대, 연세대를 합쳐서 일컫는 단어) 출신인 이 학생은 학부 시절부터 유학을 목표로 차근차근 준비해왔습니다. 하지만 그 과정이 순탄했던 것은 아니었습니다. 학생이 선택한 연구 분야는 세계적으로도 마이너 전공이었고, 국내에서는 연구 기반조차 부족했습니다. 하지만 이런 제약이 오히려 독창성과 문제 해결 능력을 키우는 계기가 되었습니다.

'연구 실적' 면에서 이 학생은 정말 눈에 띄는 성과를 이뤘습니다. 필

요한 실험 환경을 직접 구축하며 연구 역량을 쌓았고, 그 결과 SCIE 1 저자 논문도 발표하고 세계적인 탑저널 자매지에 발표한 논문에도 공저자로 참여했습니다. 하지만 이런 뛰어난 실적에도 불구하고 유학 준비 과정에서는 어려움을 겪었습니다. 주변에 유학 경험자가 없어서 정보와 방향성을 혼자 찾아야 했고, 이런 한계를 극복하고자 김박사넷 유학교육 프로그램에 참여하게 된 것입니다.

이 학생은 교육 프로그램을 통해 유학 준비의 핵심을 이해하고, 자신의 논리를 한층 더 발전시켰습니다. 특히 피드백을 받을 때마다 새로운 시각으로 자신의 연구와 목표를 다시 정리하던 모습이 기억에 남습니다. 이런 체계적인 준비 과정을 지켜보면서 합격을 예상했는데 스토리라인의 논리를 통해 학생 본인의 역량이 잘 드러났고, 박사 과정을 통해 이루고자 하는 목표가 명확했기 때문입니다. 결국 그 노력은 결실을 맺었습니다. 여러 탑스쿨에서 풀펀딩 합격 제안을 받았고, 그중에서도 스탠퍼드대학교(Stanford University) 박사 과정을 선택했습니다.

이 사례는 '고스펙' 학생들에게도 체계적인 준비와 전략이 얼마나 중요한지를 잘 보여줍니다. 뛰어난 역량을 가진 학생일수록, 그 잠재력을 최대한 끌어올리기 위해서는 올바른 방향 설정과 구체적인 전략이 필요합니다. 단순히 좋은 스펙에 의존하는 것이 아니라, 명확한 목표와 치열한 노력이 결합될 때 진정한 성과를 이룰 수 있다는 것을 보여준 사례라 하겠습니다. 앞으로 이 학생이 연구 분야에서 어떤 새로운 발자취를 남길지 아주 기대됩니다.

2024년 가을학기 박사 과정 합격자:
현역 군 장교, 독립 연구로 이룬 탑스쿨 풀펀딩 합격

> √ 학부: 사관학교
> √ SCIE 1저자 1편
> √ 개인연구 약 3년

앞서 미국의 다이렉트 박사는 석사 과정을 거치지 않고 학부 졸업 후 곧바로 박사 과정에 진학하는 제도라고 설명드렸는데요, 학부생이나 학사 졸업생으로서 연구 실적이 풍부한 석사 졸업생들과 경쟁해야 하는 만큼 합격이 쉽지 않습니다.

이번 사례의 주인공은 전통적인 '스펙'의 틀을 완전히 벗어난 매우 특별한 프로필로 다이렉트 박사에 합격했습니다. 이 학생은 연구중심대학 출신도 아니었고, 정규 연구실에서의 연구 경력도 없었죠. 바로 사관학교를 졸업한 현역 군 장교였기 때문입니다. 현역 군 장교로서의 책임감과 학문적 열정을 동시에 추구하는 것은 결코 쉽지 않은 도전이었습니다. 하지만 이 학생은 제한된 여건 속에서도 연구 기회를 스스로 만들어냈고, 주말과 퇴근 후 시간을 활용해 독립적인 연구를 수행했죠. 그 결과 달성한 SCIE 논문 1저자라는 성과는 그의 남다른 학문적 열정을 잘 보여줍니다.

저희 김박사넷 팀에게 이 학생의 합격 소식은 특별한 의미가 있는데요. 이는 이 학생이 〈김박사넷과 미국 대학원 합격하기〉를 통해 저희

와 인연을 맺고, 2023년 늦은 여름부터 김박사넷 유학교육 프로그램에 참여했기 때문입니다. 유학 준비는 다소 늦은 시기에 시작했지만, 군 복무 기간 동안 꾸준히 이어온 연구에 대한 깊은 고민과 실천이 박사 과정의 연구 비전을 수립하는 데 든든한 토대가 되었죠. 학생의 독특한 연구 여정이 보여준 진정성을 스토리라인에 효과적으로 담아낸 결과, 미국 탑스쿨 박사 과정 풀펀딩이라는 결실을 맺을 수 있었습니다.

이 사례는 미국 박사 과정에 합격하기 위해 꼭 전통적인 연구 경력이 필요한 것이 아니며, 그보다 중요한 것은 명확한 연구 비전과 강한 이니셔티브라는 것을 보여주지요. 특히 제한된 환경 속에서도 연구에 대한 열정을 잃지 않고, 오히려 그 상황을 자신만의 차별화된 역량으로 발전시켰다는 점에서 큰 의미가 있습니다. 학생의 개인적인 성공을 진심으로 축하드리며, 동시에 이런 의미 있는 성과를 이번 개정판의 합격 사례로 소개하게 되어 저희 역시 매우 기쁩니다.

안정적인 군인의 길을 뒤로하고 학문의 길을 선택한 그의 용기 있는 결단에 박수를 보내며, 앞으로의 학문적 성취를 더욱 기대해 봅니다.

2024년 가을학기 박사 과정 합격자:
끈기와 진정성으로 이룬 풀펀딩의 꿈

> √ 학부: 지방 사립대
> √ 석사: 인서울 사립대
> √ 직장 경험 있음

이번 합격 사례의 주인공 역시 여러분이 떠올리는 전형적인 '합격자 스펙'과는 조금 다를 수 있습니다. 하지만 학사 졸업 후 직장을 다니다 다시 학계로 돌아왔다는 점에서 많은 분께 참고가 될 것 같군요. 이 학생의 '스펙'을 살펴보면, 지방 사립대 출신으로 SCIE나 탑컨퍼런스 논문은 없었지만 국내외 학회에서 구두 발표를 통해 의미 있는 연구 경험을 쌓았습니다.

이 학생은 뇌과학적 방법론을 활용해 사회과학적 주제를 연구하는 융합연구자입니다. 학부에서 심리학을 전공하며 본인 연구 분야와 관련된 최신 연구 방법론에 깊은 관심을 가졌습니다. 그런데 국내에서는 이러한 도구를 활용하는 연구기관이 제한적이었죠. 그래서 과감한 선택을 합니다. 실제 뇌 연구 데이터를 다룰 수 있는 의료기관에서 뇌 연구 분석가로 일하기로 한 것입니다.

현장에서 일하면서 임상 경험을 통해서만 얻을 수 있는 중요한 통찰을 얻었지만, 한편으로는 전문연구기관이 아닌 곳에서의 한계도 느꼈습니다. 이런 갈증으로 석사과정에 진학하게 되었고, 임상현장에서 발견한 문제의식을 학문적으로 더 깊이 연구하는 계기를 마련하게 됩니다. 여기까지는 평범한 유학 준비 과정처럼 보이지만, 이 학생이 보여준 적극성은 남달랐습니다. 특히 김박사넷 유학교육에서 제시한 타임라인에 맞춰 각 서류를 준비하고 컨택도 성공했지요.

이런 성과가 특별한 이유는 현실적인 삶과 유학 준비를 함께 해내기가 쉽지 않기 때문입니다. 구체적으로 살펴보면, 이 학생은 봄부터 김박사넷 유학교육 프로그램에 참여해서 자신의 연구 비전을 세우고 스토리라인을 만들어 나갔습니다. 미리 준비했던 덕분에 여름에 접어들면서 희망 지도 교수님과의 첫 인터뷰를 성사시켰고, 연말까지 총 세 차례의 심도 있는 인터뷰를 통해 연구 방향을 구체화하면서 교수님의 신뢰도 얻을 수 있었죠. 이런 꾸준한 노력이 마침내 풀펀딩 합격이라는 결실로 이어졌습니다.

이 합격 사례가 보여주는 핵심은 연구자로서의 끈기와 진정성입니다. 진정한 모티베이션을 가진 사람은 화려한 스펙이 아니더라도 자신만의 길을 개척할 수 있다는 걸 보여줍니다. 그리고 그것은 그 사람이 걸어온 여정을 통해 확인할 수 있습니다. 첫 인터뷰를 앞두고 통화했던 순간부터 학생이 합격 소식을 전해왔을 때의 기쁨이 아직도 생생하네요. 그동안 열심히 준비해온 만큼, 미국에서 자신만의 학문적 발자취를 남길 이 학생의 앞날이 정말 기대됩니다.

2023년 가을학기 박사 과정 합격자:
불합격 후 2년간의 공백, 재도전하여 마침내 합격

> √ 학부: 인서울 분교 중 하나
> √ 유학 재수
> √ 재준비 기간 실적 X
> √ 국내 석사

아마 이 책을 읽는 분들이 가장 궁금해 하는 점은 '합격자의 학벌이 어떻게 되는지'일 것입니다. 소위 얘기하는 '설포카(서울대, 포스텍, 카이스트를 합쳐서 일컫는 단어)', 또는 'SKY(서울대, 고려대, 연세대를 합쳐서 일컫는 단어)' 정도는 나와야 미국의 명문 대학교에 석박사 과정으로 진학할 수 있을 것이라는 생각을 많이들 하시겠지요.

이 학생은 지방에 위치한 사립대학교에서 학사와 석사 학위를 받았습니다. 석사 학위를 마치고 미국 박사 과정 유학에 도전했지만, 탈락하고 말았습니다. 아마 여기까지는 여러분들도 크게 이상하지 않게 받아들이실 것 같습니다. 실제로도 지방 사립대학교 출신으로 풀펀딩(전액 장학금)으로 미국 TOP 30 수준의 대학교에 합격한 사례는 쉽게 찾기 힘드니까요.

반전이 궁금하시죠? 이 학생은 한 차례 탈락과 2년의 공백을 깨고 당당하게 TOP 10 대학교를 포함한 복수의 대학교 박사 과정에 풀펀딩을 받고 합격하게 됐습니다. 뭐가 달라졌을까요? 소위 얘기하는 '스펙'

의 관점에서 무엇이 달라졌는지 확인해 봅시다. 우선, '경력'입니다. 대기업 등에 취직해서 좋은 이력을 만든 걸까요?

이 학생은 더 이상 연구를 하지 않겠다고 마음먹고, 고향으로 내려가 1년 넘도록 전공과 전혀 상관없는 일을 했습니다. 첫 지원 과정에서 나름대로의 최선을 다했기 때문에 충분히 내릴 수 있었던 결정이라고 봅니다. 문제는 소위 말하는 커리어 공백이었습니다. 연구와는 전혀 관계없는 일이었고, 재직증명서 등을 발급받을 수 있는 소속기관도 없었습니다.

그 다음, '실적'은 어떨까요? 논문이나 학회, 특허 등 연구 결과물이 더 생겼을까요? 당연하게도, 연구와 전혀 상관없는 일을 했기 때문에 다시 준비하는 기간에 추가적으로 출판된 논문은 없었습니다.

'영어 점수'는 어땠을까요? 첫 지원 시 TOEFL 점수는 90점, 두 번째 지원했을 때도 90점대를 벗어나지 못했습니다. 약간 상승하긴 했지만, 100점이 넘는 확실한 고득점을 하지는 못했네요. 그럼 GRE 점수가 높아진 걸까요? 아니오, 이 학생은 GRE 시험을 응시조차 하지 않았습니다.

이 책의 후반부에 다시 얘기하겠지만, 미국 석박사 과정은 똑같은 서류로 여러 번 지원한다고 해서 결과가 바뀌진 않습니다. 앞의 2024년 가을학기 재도전 합격자의 사례와 마찬가지로, 전임자의 탈락 결정을 뒤집기 위해서는 지원 서류에 완전한 변화를 주어야 합니다. 그렇지 못하다면 3년이고 5년이고 탈락만 반복하는 안타까운 결과를 맞을 수도 있습니다.

이 지원자는 이미 졸업을 한 상태였기 때문에, GPA(학점)도 더 올릴 순 없는 상황이었습니다. 그럼 도대체 무엇이 바뀌었기에 결과가 달라졌을까요? 주요 지원 서류 중 내용을 바꿀 수 있는 것은 SOP, CV, PS로, 다 합치면 A4용지 6장 정도의 분량입니다. 이 학생은 김박사넷 유학교육 프로그램의 교육 내용을 충실히 이수하면서, 미국 박사 과정의 핵심과 본질에 대한 본인의 관점을 재정립했습니다. 물론 이 과정은 본인의 잘못된 생각을 바꿔 나가는 과정이기 때문에 쉽지 않습니다. 하지만 못할 수준은 더더욱 아니죠. 고작 A4용지 6장 분량으로 본인의 결과를 바꿀 수 있다면, 시도를 안 하는 것이 더 이상하지 않을까요?

이 학생은 여러 학교에서 인터뷰 요청을 받았습니다. 한 군데에서도 선택 받지 못했던 2년 전과는 달리, 여러 학교 중 어느 곳을 선택해야 할까 하는 행복한 고민에 빠져 있습니다. 이 학생처럼 A4용지 6장 분량으로 인생을 바꿔 보고 싶다면, 이 책을 자세히 읽어 보시기 바랍니다. 김박사넷 유학교육 프로그램의 핵심적인 교육 내용과 미국 유학 과정의 본질에 대해서 이해하면, 목표했던 미래에 가까워진 자신의 모습을 발견할 수 있을 것입니다.

2023년 가을학기 박사 과정 합격자:
수능평균 4등급에서 전액 장학금 박사 과정 합격생으로

> √ 학부: 지방 국립대
> √ SCIE 1저자 1편
> √ 협소 전공
> √ 자대 석사

이 학생 또한 여러분들이 생각하는 학벌 마지노선에서 많이 벗어나 있을 것입니다. '지거국'으로 불리는 학교도 아닌 지방 국립대를 졸업했고, 이 학교 입학생의 수능 평균 등급은 4등급 정도이기 때문입니다. 이 합격생은 자대에서 석사 학위를 받았으며, 주요 실적으로 SCIE 저널에 제출한 1저자 논문이 한 편 있었습니다. 학부생 인턴 포함 연구 경력이 4년이 넘었지만 연구실 특성상 과제 수행을 많이 진행했기 때문에 상대적으로 논문 실적이 좋은 편은 아니었습니다. TOEFL 점수는 90점대이며, GRE는 응시하지 않았기 때문에 영어 점수가 특출나다고 하기도 어렵습니다.

그렇지만 이 지원자는 가장 열정적으로, 그리고 능동적으로 교육 과정을 이수했습니다. 김박사넷 유학교육 프로그램에 참석하기 위해 매주 10시간 거리를 왕복하며, 피드백 내용들을 깊이 고민했던 흔적이 잘 묻어났던 학생이었습니다. 수업이 진행될수록 유학 과정에 대한 본질을 빠르게 깨닫고 질문하는 모습을 보며, 원서 접수 전부터 합격을 확신했던 사례입니다.

이 학생 또한 여러 학교에서 인터뷰를 진행했고, 합격한 여러 학교 중 한 군데를 선택해야 하는 행복한 고민에 빠져 있습니다. TOP 30 대학교를 포함한 복수의 대학교에 합격하였지만, 랭킹이 비교적 낮은 TOP 100 수준의 대학교 진학을 깊이 고민하고 있는 학생입니다. 본인과 연구 분야가 더 잘 맞아야만 본인의 비전을 달성할 가능성이 높다는 판단 하에서 말이죠. 박사 학위 이후의 커리어 행보가 더욱 기대되는 학생입니다.

2023년 가을학기 박사 과정 합격자: 출판 논문이 없어도, 학점이 낮아도 합격

√ 학부: 광명상가
√ SCIE/탑컨퍼런스 없음
√ GPA: 3.2/4.0
√ 국내 석사

이 학생은 최근 들어 경쟁이 가장 치열한 CS(컴퓨터공학) 박사 과정 프로그램에 지원했습니다. 그렇지만 평균적인 CS 박사 과정 지원자들보다는 오히려 스펙이 낮은 편입니다. SCIE나 탑컨퍼런스에 출판한 논문이 없고, 국내 학회에 출판한 논문만 있었기 때문입니다. 학부 학점이 좋은 편도 아니었으며, 그렇다고 학벌이 뛰어난 학생도 아니지요.

이 학생은 어떤 결과를 받았을까요? 컴퓨터공학 전공자들 사이에선

학교별 실적을 바탕으로 전 세계 대학교의 순위를 매기는 CS Rankings 라는 웹사이트가 유명합니다. 이 웹사이트 기준으로 TOP 10, TOP 30, TOP 100에 랭크된 학교들에서 골고루 합격 결과를 받았습니다. 놀라운 점은 이게 끝이 아니라, 아직도 인터뷰 요청이 계속 들어오고 있다는 것입니다. 최종적으로 몇 개의 대학교에 합격할지, 그리고 그중 어떤 대학교로 진학하게 될지, 굉장히 흥미로운 학생입니다.

이 책에서 계속 언급할 내용이겠지만, 이 학생의 연이은 합격은 스펙 이 전부가 아님을 증명하는 대표적인 사례로 볼 수 있습니다. 이 학생 은 특히나 자신이 이루고 싶은 목표와 비전이 뚜렷하다는 장점이 있었 습니다. 이 장점이 김박사넷 유학교육 프로그램을 만나 시너지 효과를 내면서, 많은 대학교들의 러브콜을 받고 있는 것입니다. 여러분들 또 한, 김박사넷과 함께 꿈을 이룰 수 있다는 용기를 가지시기 바랍니다.

2023년 가을학기 박사 과정 합격자:
고스펙에 유학교육 프로그램까지 수료한다면?

> √ 학부: 설포카
> √ 해외 학회 1저자 1편
> √ 자대 석사
> √ GPA: 3.5/4.0

앞선 사례들에서는 소위 말하는 '스펙'이 낮은 학생들의 사례들만 확인했습니다. 그렇다면, 김박사넷 유학교육 프로그램은 '고스펙' 학생들에겐 무용지물일까요? 상식적으로 생각해 보면, 오히려 호랑이 등에 날개를 달아 주는 효과를 기대할 수 있겠습니다.

이 학생은 소위 얘기하는 '설포카'에서 학사, 석사를 마친 학생입니다. GPA도 3.8 이상의 고득점은 아니어도 우등 졸업을 할 만큼 우수한 성적이죠. 해외 학회에 1저자로 발표한 경험도 있었습니다. SCIE 1저자 논문은 없었지만, 이 학생의 전공 특성을 생각해 봤을 때 평균 수준의 성과를 거둔 것으로 볼 수 있습니다.

이 학생 또한 다른 사례와 마찬가지로 여러 대학교에서 인터뷰를 요청했고 TOP 10 대학교에 합격한 상태입니다. 이 학생은 본인이 목표로 하는 TOP 3 대학교에 진학하기 위해 지금도 인터뷰 준비에 매진하고 있습니다. 이처럼 본인이 성취해 온 바가 뛰어난 경우, 김박사넷 유학교육 프로그램은 그 합격 가능성을 더 끌어올릴 수 있는 촉매가 됩니다.

2022년 가을학기 박사 과정 합격자: 1승의 중요성

> √ 학부: 인하대/아주대
> √ 1저자 0편, 2저자 3편
> √ 자연계열
> √ 자대 석사

이 학생은 인하대/아주대 라인의 학교를 졸업했고 자대에서 석사 학위를 받았습니다. SCIE 논문을 출판하긴 했지만 모두 2저자로 출판되었으며, 1저자 출판 논문은 준비 중인 상황이었기 때문에 실적이 좋은 편으로 보긴 힘들었습니다. TOEFL 시험은 마이 베스트 스코어 적용 시 100점을 넘기기는 했으나 단일 점수로는 90점대에 머물렀기 때문에 영어 점수가 뛰어나다고 볼 수도 없었습니다. GRE 시험은 응시하지 않았습니다.

석사 학위 취득과 연구 활동을 병행해야 해서 시간이 많이 부족했던 학생이었습니다. 시간 부족으로 1대1 피드백 과정을 수월하게 따라오진 못했지만, 새벽녘까지 시간을 할애하며 결국 김박사넷 유학교육 선생님들이 원하는 수준에 도달하고야 말았습니다. 결과적으로 해당 분야 TOP 10 수준인 메릴랜드대학교 칼리지파크(University of Maryland, College Park)에 전액 장학금을 받고 입학하게 되었습니다.

더 낮은 랭킹의 학교에는 오히려 최종 불합격했는데, 이 책을 다 읽어 보신다면 각 대학교 어드미션 커미티의 독립적인 의사결정 과정에 대해 이해하실 수 있을 것입니다.

2022년 가을학기 박사 과정 합격자: 지원 대학교 수의 중요성

> √ 학부: 외국대학
> √ 석사: 외국대학
> √ SCIE 1저자 1편
> √ 전문연구요원

이 학생은 외국에서 학사, 석사 학위를 마치고 한국에서 전문연구요원으로 연구 경력을 이어간 케이스입니다. 연구 경력은 4년 이상이었지만, 출판된 SCIE 1저자 논문은 1편뿐이었기 때문에 경력 대비 실적이 많은 편은 아니라고 할 수 있습니다. 하지만 영어 실력이 굉장히 출중했으며, 컨택의 중요성을 잘 이해하고 사전 컨택으로 관심 있는 교수님과의 접점을 이어간 장점이 있는 학생이었습니다.

이 학생의 특징은, 6개 대학교밖에 지원하지 않았다는 것입니다. 이 책에서도 소개하겠지만, 지원 대학교 수를 기준으로 합격 확률을 어느 정도 추론할 수 있습니다. 6개 대학교 지원 시 모든 대학교에서 탈락할 가능성이 50% 이상이기 때문에, 어떻게 보면 위험한 전략일 수도 있었지요. 하지만 사전 컨택 과정에서 워낙 좋은 인상을 남겼기 때문에 큰 문제가 되진 않았습니다.

이 학생은 6개 대학교 중 사전 컨택에서 좋은 인상을 남겼던 한 대학교에만 최종 합격했습니다. 바로 매사추세츠공과대학교(Massachusetts Institute of Technology, MIT)입니다.

2022년 가을학기 박사 과정 합격자: 끈기 있는 기다림과 준비의 중요성

```
√ 유학 재수
√ 학부: 부산/경북
√ 자대 석사
√ SCIE 1저자 1편
```

이 학생은 2021년 가을학기에 지원했다 한 번 고배를 마시고, 2022년 가을학기에 두 번째로 지원한 유학 재수생이었습니다. 부산대/경북대 라인에서 학사를 마치고, 자대 석사 후 회사에 재직하고 있었습니다. TOEFL 85점, GRE 총점이 310점 수준으로 시험 점수가 좋은 편은 아니었죠. 하지만 이미 한 번 경험이 있었기 때문에 SOP 내용 구성에서 일반적으로 하는 실수들을 하지 않았으며, 본인의 목적을 정확히 서술한 SOP를 완성했습니다. 또한 PS의 작성 목적에 맞는 PS를 작성하며 미국 박사 과정에 재도전했습니다.

이 학생은 합격 발표를 기다리는 대부분의 지원자들이 가장 고통스러워하는 3~4월을 잘 버텼습니다. 마지막의 마지막까지 끈기 있게 기다린 끝에 총 3개 대학교에서 최종 합격을 통보 받았습니다. 이 학생이 진학한 학교는 4월 말이 되어서야 오퍼레터를 받은 텍사스A&M대학교(Texas A&M University)입니다.

2장

미국 석박사 유학에 대한 오해들

유학 준비생의
일반적 준비 과정

많은 유학 준비생들은 미국 석박사 유학에 관한 정보를 모으기 위해 인터넷을 샅샅이 뒤집니다. 주변에 미국 석박사 유학에 성공한 선배나 동기들이 있는 경우라면 인터넷에서만 정보를 찾는 것보다 제법 상세한 정보를 모았을 수도 있지요. 이 경우, 인터넷만 참고할 수 있는 다른 유학 준비생에 비해 본인이 주변의 덕을 많이 보는 운 좋은 사람이라고 생각하고 있을지도 모르겠네요. 사실은 유학에 대한 오해들이 쌓여서 더 강력한 편견으로 작용하고 있을 가능성이 높은데 말입니다.

결국, 이 유학 준비생이 모은 정보는 미국 석박사 과정 합격자들이 풀어 놓는 경험담에 국한되게 됩니다. 그리고 이 경험담은 대체로 정량적인 숫자들이나 직관적인 정보들로 가득합니다. '무슨 연구 주제에 관심이 있고, 어떻게 이 연구를 진행하고 싶고' 따위의 정성적인 설명들은 그것을 처음 듣는 사람 입장에서는 이해하기 힘들기 때문이죠. 반면 '학점이 얼마이고, 학벌이 어떻고, TOEFL 점수가 몇 점이고, 논문을 몇 편이나 출판했고, 석사 학위가 있고' 등의 정량적이거나 직관적인 정보들은 훨씬 이해하기 쉽습니다.

이후의 준비 과정은 대개 비슷합니다. 인터넷과 주변 지인늘의 사례들을 총망라하여 본인의 합격 가능성을 계산해 보기 시작합니다. 도중에 지레짐작으로 포기해 버리는 일도 부지기수입니다. 학점이 낮으니 유학을 가지 못할 것이라 생각하고 포기해 버렸던, 바로 과거의 저처럼 말이죠. 본인의 합격 가능성을 가늠한 뒤 도전을 결정한 학생들은 본격적으로 유학 준비생의 길을 걷기 시작합니다. 더 상세한 사례를 알아보기 위해 인터넷 커뮤니티에서 정보를 검색하기도 하고, 미국 석박사 유학생들이 개설한 유튜브를 시청하고 댓글 등으로 정보를 얻기도 합니다. 카카오톡 오픈채팅방에 들어가 틈틈이 대화에 참여도 하죠. 어느 정도 준비 과정을 이해했다고 생각하면, TOEFL 점수나 GRE 점수를 따기 위해서 학원을 다니기 시작합니다. 이미 한국의 입시를 경험해 보았기 때문에, 어느 학원의 어느 선생님이 실력 있는지쯤은 비교적 수월하게 찾습니다. 소위 말하는 '국룰'을 따르며, 정답에 가까운 선택들을 하고 있다고 느낄 것입니다. 왜냐하면 자신이 접하고 있는, 즉 영어 학원의 동기생들이나 오픈채팅방의 유학 준비생들도 그렇게 준비하고 있을 테니까요.

본인이 이런 방식으로 준비하지 않는다면 둘 중 하나입니다. 첫 번째는, 가족이 대학원생이나 연구원 선발 과정에 대해서 이미 깊이 고민한 경험이 있는 PI(Principal Investigator, 연구책임자)급 연구원인 경우입니다. 그중에서도 부모님이 대학교 교수님이거나 정출연(정부출연연구기관)에 재직하는 연구원인 경우가 대다수이죠. 이런 분들은 이 책에서 설명할 대학원생 선발 과정의 핵심을 이미 이해하고 있으며, 그 정수를 꾸준히 전달합니다. 왜 '꾸준히'냐 하면, 자신이 이해한 핵심이라는 것을 타인에게 제대로 전달하기 위해서는 1시간 정도의 대화나 상담으로는 턱없이 부족하기 때문입니다. 그런데 기꺼이 그런 이야기를 꾸준히, 자주 들려줄 사람은 가족이 아니고서야 만나기가 매우 어렵습니다. 보통은 이런 사람들을 멘토라고 부르죠. 만약 부모님이 아닌 멘토를 만나셨다면, 그것이야말로 여러분 인생의 가장 큰 행운일 것입니다. 여러분들이 첫 번째 부류라고 생각하신다면, 이 책을 읽으면서 미국 석박사 유학 준비 과정의 핵심과 정수를 다른 방식으로 어떻게 표현하고 있는지를 주의 깊게 살펴보시기 바랍니다. 표현이 다르다 할지라도, 결국 동일한 결론에 도달한다는 것을 느끼실 수 있을 것입니다.

두 번째는, 아직 인터넷에서 쉽게 찾을 수 있는 정보조차 아직 수집하지 않은 경우입니다. 김박사넷 유학교육 프로그램을 운영하며 깨달은 점은, 대부분의 유학 준비생이 비슷한 방식과 전략으로 준비를 하고 있다는 것입니다. (첫 번째처럼 운 좋은 경우는 거의 없습니다.) 수많은 지원자들의 전략 중 거의 유일한 차이점은, '지원 전략을 생각해 보는 시점'입니다. 본인이 두 번째 부류라면, 곧 인터넷의 정보들을 수집하면서 소위 '국룰'을 따라 준비하게 될 것입니다. 그 이유는 크게 두 가지로 볼 수 있습니다.

첫째, 불안하기 때문입니다. 유학 준비는 처음 해보는 것이기에 모든 것이 낯설지요. 자신이 하고 있는 과정에 대한 확신이 없으며, 과연 잘 해내고 있는 것인지도 잘 모르는 상태입니다. 이런 생각들이 꼬리를 물다 보면, '과연 내가 합격할 수 있을까?'라는 불안만이 머릿속을 차지하게 됩니다. 결국엔 비슷한 처지에 놓인 다른 사람들은 어떻게 하고 있는지를 찾아보게 되죠. 카카오톡 오픈채팅방이 대표적인 사례입니다. 다른 사람들도 대부분 비슷한 경험을 하고 있는 것을 보면 마음이 놓입니다. 나만 그렇지 않구나, 하고 안심하게 되죠.

이 현상은 다수결의 원칙과 비슷합니다. 민주주의 국가에 살고 있는 만큼, 자연스럽게 받아들일 수 있죠. 그런데, 다수결이 항상 옳을까요? 우리는 역사에서 다수결이 틀렸던 수많은 사례를 알고 있습니다. 모두가 천동설을 주장하고 믿고 있었던 시대에서 갈릴레이의 주장은 동시대 사람들에게 무시당했고, 심지어 박해까지 받았습니다. 그리고 우리는 이제 둥근 지구가 돌고 있다는 '진실'을 잘 알고 있습니다. 이처럼 많은 사람들이 믿는다고 해서 '진실'인 것은 아니죠. 그렇다면 미국 유학의 본질, 즉 '진실'은 무엇일까요? 많은 지원자들이 준비하는 방식이 진실일까요? 아니라면 더욱 본질적인 무언가가 있을까요?

둘째, 전체를 이해하는 시각이 부족하기 때문입니다. 왜 미국에서는 다른 나라 학생들에게 장학금까지 주면서 고등교육의 기회를 제공하는 걸까요? 큰 그림을 이해하는 관점이 부족한 상태에서는 세부적인 정보들을 비판적으로 받아들이기가 어렵습니다. 저는 이 현상을 '장님 코끼리 만지기'에 자주 비유합니다. 코끼리를 제대로 알고 있는 사람이라면, 아무리 눈을 가리고 코끼리의 코, 다리, 꼬리만 만지더라도 전체적인 코끼리의 이미지를 그릴 수 있을 것입니다. 그렇지만 코끼리를 한 번도 본 적 없는 맹인이라면 어떨까요? 코끼리의 코만 만졌던 맹인은 코끼리를 뱀처럼 긴 동물이라고 표현할 것이고, 코끼리의 다리만 만져 본 맹인은 코끼리가 커다란 원통형이라고 표현할 것입니다. 코끼리를 제대로 알고 있는 사람의 입장에서는 둘 다 틀린 말이죠.

큰 관점에서, 첫째 이유는 둘째 이유에서 파생됩니다. 즉, 무지에서부터 시작한 막연한 불안감이 유학 준비 과정에서 지속적으로 커지는 것입니다. 이 책을 통해 미국 유학의 본질, 즉 '진실'이 무엇인지 알게 된다면 올바른 방법으로 유학을 준비할 수 있을 것입니다. 결과적으로, 목표로 했던 대학에 합격하여 새로운 도전을 시작할 수 있을 것입니다. 다음 챕터에서는 미국 석박사 유학에 대해서 잘못 알고 있는 부분들을 알아보기 위해 지원자들이 자주 하는 질문들을 정리해 보았습니다.

2

흔한 질문들로 살펴본 미국 석박사 유학 오해들; 스펙에 대한 과도한 집착

일반적인 준비 과정이란 어떤 것일까요? 쉽게 이야기하면 '소위 스펙에 대한 과도한 집착과 이에 따라 스펙을 올리기 위한 일련의 과정'이라 할 수 있습니다. 우리가 이야기하는 '스펙'은 보통 객관적으로 평가할 수 있는 정량적인 수치들입니다. 주관적일 수 있는 요소는 제외하는 것이죠. 학벌, 전체 GPA(학점), 전공 GPA, TOEFL/GRE 등 시험 점수, 논문이나 학회지 출판물 수, 1저자 논문 수, 공저자 논문 수 등이 대표적인 '스펙'이라 할 수 있습니다. 다음은 유학 준비생들이 김박사넷 유학교육 선생님들에게 물어봤던 대표적인 질문들입니다.

학벌

Q 탑스쿨 지원 시 학부 수준(학벌)의 영향이 클까요?

Q 국내 석사가 미국 박사에 지원할 경우, 국내 석사라는 이유로 받아들여지지 않을 수도 있나요?

GPA

Q 학부 GPA가 지나치게 낮다면 현실적으로 미국 유학 가능성이 없을까요? 석사 GPA는 괜찮습니다.

Q 학부 GPA가 3.0/4.0보다 낮고 석사 GPA는 3.8/4.3인데 GPA 3.0/4.0로 박사 지원이 가능한가요? 최종 학력 학점만을 인정하는지 궁금합니다.

영어/GRE 점수

Q 토플이 109점인데, writing이 24점입니다. 혹시, writing 때문에 과락됐다는 이야기 들어본 적 있으신가요?

Q 석사 과정 중인 학생입니다. 토플 미니멈이 80점인 곳이라도 100점이 넘는 게 필수인지 궁금합니다. 현재는 83점인데 토플에 시간을 더 투자해야 할지 논문에 더 투자해야 할지 고민입니다.

Q 공대 탑스쿨 진학 목표 시 얻어야 하는 GRE 점수 최저점이나 흠 잡히지 않을 점수가 어느 정도 되는지 궁금합니다.

논문

Q 논문이 publish되지 않고 submit나 under review 정도면 교수님께서 스펙으로도 보지 않을까요? 시간이 많이 없어 현재 논문 2개 준비 중인데 걱정이네요.

Q CS/ML 미국 TOP 3 PhD이 타겟이라면 대략 ML 탑티어급 페이퍼 몇 편이 미니멈일까요?

논문&학점&영어 점수

Q 논문 실적이 부족해서, 또는 학점 및 어학 점수가 낮아서 리젝될 수 있을까요?

스펙 중심의 질문들

대부분의 질문들을 간략하게 정리하자면, 결국 '스펙'이 어느 정도 되어야 합격하냐는 질문입니다. 또는, 여러 '스펙' 중 어떤 '스펙'에 집중하는 것이 더 효율적인지 묻는 질문들이지요. 미국 유학을 한 번도 경험해 보지 못한 사람이라면 당연히 해야 할 질문 리스트로 보이기도 합니다. 국내에서 입시를 치러 본 경험이 한 번이라도 있다면 모두 꼭 물어 본 질문들이었을 테니까요.

그렇다면 이렇게 '스펙'에 집중하는 경향은 입시 제도가 강력하게 자리잡은 우리나라만의 특징일 수도 있지 않을까요? 외국 학생들은 어떤 질문들을 하는지 한번 살펴봅시다. 아래 표는 MIT의 전기컴퓨터공학부(Department of Electrical Engineering and Computer Science) 교수님들이 외국인 지원자들을 대상으로 주최한 온라인 입학설명회에 올라온 질문들입니다.

학벌
Q All my recommendations are from faculty of non-US universities. Would that be a disadvantage? 미국이 아닌 나라의 교수님에게 추천서를 받으면 불리할까요?
Q Can people coming from underdeveloped countries where universities do not provide research work still have a chance with no publications except master's thesis? 연구 환경이 갖춰지지 않은 개발도상국 출신이라 석사 논문 외엔 논문이 없는 지원자도 합격할 수 있을까요?

GPA
Q How important is the GPA, do we need near perfect GPA to be considered for admission? GPA가 얼마나 중요한가요? 만점에 가까워야 합격할 수 있나요?
Q Are all applications reviewed holistically? Or do you apply criteria for filtering down the applicant pool (e.g. an applicant must have at least a 3.5 GPA)?

원서는 종합적으로 검토하나요? 아니면 학점이 몇 점 이상이어야 한다는 기준이 있나요? (예를 들면 적어도 3.5를 받아야 한다든가)

Q My B.Tech CGPA is not very good (3.2) though I believe I have some relevant research experience for the area I want to pursue research in. How slim are my chance?
학사 CGPA는 3.2로 별로 안 좋은데 관련 연구 경험이 있습니다. 합격 가능성이 희박할까요?

영어 점수

Q Is it possible for applicants who haven't meet the English requirement for international students currently?
외국인 학생의 경우, TOEFL 등 영어 시험 최소 기준을 충족시키지 않아도 지원 가능한가요?

논문&학점&영어 점수

Q Is it possible for applicants with no publications get admitted to MIT?
논문 없어도 MIT 합격 가능할까요?

Q How much does GPA/publications weigh in the assessment of an applicant? For example, high GPA and no publications vs average GPA but a bunch of publications.
지원자를 평가할 때 GPA랑 논문 중 뭘 더 중요하게 보시나요? 예를 들어 높은 GPA & 논문 없음 vs 평균 GPA & 논문 많음.

외국인 지원자들의 질문들

MIT를 목표로 하는 학생들이라면 색다른 질문을 하지 않았을까 기대가 되었는데, 대체로 국내 학생들이 던진 질문들과 큰 차이가 보이진 않네요. 우리는 여기서 자신감을 얻을 수 있습니다. International Student 합격 자리를 두고 경쟁할 잠재적 경쟁자들의 지원 전략이 우리보다 그다지 앞서 나가고 있지는 않다는 뜻이기 때문이죠. 미국 석박사 유학의 본질을 이해하고, 제대로 된 지원 전략을 구사한다면 경쟁자들에 비해 한 발 앞서가게 될 것이고, 결과적으로 우리들의 목표인 미국 석박사 과정에 합격할 수 있을 것입니다.

사족을 덧붙이자면, 유학 준비생인 여러분들의 삼재석 경쟁자는 중국, 인도 지원자들입니다. 학원이나 스터디, 김박사넷 유학교육 프로그램 등에서 만나게 될 한국인 친구들과는 함께 합격을 하겠다는 마음가짐으로 서로에게 도움을 줬으면 합니다. 실제로도 그 효과가 있음을 김박사넷 유학교육에서 확인했으니까요. 이에 대한 더 자세한 얘기는 이 책의 후반부에 다루도록 하겠습니다.

3

스펙 중심주의(?)로 본
합격 기대율

앞장에서 살펴본 국내외를 막론하고 비슷한 스펙 위주의 질문들은 어떤 관점에서 비롯한 것일까요? '스펙 중심주의' 정도로 막연하게 생각하지 않고 해당 관점의 논리 전개 과정을 구체화해서 이해한다면, 우리가 고쳐야 할 점도 쉽게 이해할 수 있을 것입니다. 다음 그림은 '스펙 중심주의' 사고 체계에서 받아들여지는 미국 석박사 과정 합격 확률과 스펙의 관계입니다. '스펙'이 증가할수록 합격 확률이 증가하는 형태죠. 이 그래프식 사고방식에서 합격 확률을 올리기 위해서는 당연히 '스펙'을 더 쌓아야 할 겁니다.

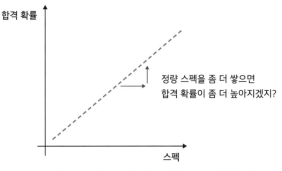

'스펙 중심주의' 세계관에서의 합격 확률과 스펙의 상관관계

위 그래프를 수식으로 표현하면 아래처럼 완성됩니다.

$$Score = a_1 \cdot [SCIE\ papers] + a_2 \cdot [First\ author] + a_3 \cdot [Co-autor] + a_4 \cdot [GPA] + a_5 \cdot [GPA\ major] + a_6 \cdot [GPA\ graduate] + a_7 \cdot [Conferences] + a_8 \cdot [TOEFL] + a_9 \cdot [GRE] + a_{10} \cdot [SOP] + a_{11} \cdot [PS] + a_{12} \cdot [Funding] + a_{13} \cdot [University\ ranking]$$

학벌, 전체 GPA, 전공 GPA, TOEFL/GRE 등 시험 점수, 논문이나 학회지 출판물 수, 1저자 논문 수, 공저자 논문 수 같은 정량 '스펙'과 SOP, PS 등 필수 서류들의 평가 점수들이 종합 평가 점수 산출 기준이 되겠죠. 평가 항목들 점수에 각각의 가중치를 의미하는 계수($a_1 \sim a_{13}$)를 곱한 후, 다 더해서 전체 점수를 계산합니다. 그렇다면 전체 지원자의 점수를 모두 계산해서 수치화할 수 있을 것입니다. 엑셀 파일에 각 평가 항목들의 점수를 입력한 후, 간단한 수식을 입력해서 종합 점수 내림차순으로 정렬해 보면 수천, 수만 명이라도 1등부터 꼴등까지 손쉽게 확인할 수 있지요. 미국 대학교 교수님들이 이 정도 수준의 엑셀 파일을 다루지 못할 리 없으니, 그럴듯해 보이는 설명입니다.

앞 장에서 살펴봤던 국내외 유학 준비생들의 질문은 결국 '가중치 계수 $a_1 \sim a_{13}$의 숫자가 무엇인가?'라는 질문으로 귀결됩니다. 예를 들어, 'GRE 시험을 치는 게 유리할까요?'란 질문은 GRE 시험 점수의 가중치 a_9가 얼마냐는 뜻입니다. 다른 평가 항목들의 가중치에 비해 높다는 응답을 받으면 GRE 시험을 준비할 것이고, 생각보다 낮다는 응답을 받으면 더 높은 가중치의 평가 항목을 준비하는 식으로 대응하겠죠. 역시나 그럴듯해 보이는 전략입니다. 이런 논리대로라면, '스펙'이 최고인 지원자는 절대 떨어지지 않을 것입니다. 하지만, 과연 그럴까요?

4

'스펙'이 중요하다면
있을 수 없는 사례

아래는 '스펙 중심주의' 세계관에서는 최강자로 불릴만한 유학 준비생의 '스펙'입니다. 소위 말하는 '설포카'에서 학사&석사를 마쳤고, 각 GPA도 최상위권에다 SCIE 논문/특허/학회 등 실적도 화려했습니다. 이 준비생의 전공은 석사 과정 동안 1저자 논문을 1편 쓰면 굉장하다는 평가를 받는 학과였습니다. TOEFL과 GRE 영어 시험 점수는 말할 것도 없네요. 그렇지만 충격적이게도, 이 준비생은 지원했던 모든 대학교에서 탈락했습니다. 인터뷰 과정을 너무 망쳐서 탈락한 걸까요? 아뇨, 인터뷰 문턱조차 밟지 못한 채 서류에서 전부 미끄러졌습니다.

√ SPK 학사/석사
√ *summa cum laude*
√ TOEFL 105+
√ GRE 330+
√ 1저자 2편 외 공저자 출판물&특허 다수

진지하게 미국 석박사 유학을 원하는 지원자라면, 이 사례를 주의 깊게 살펴봐야 합니다. 왜냐하면 여러분의 99%는 이 사례보다 '스펙'이 좋을 수 없을 것이기 때문이지요. 이 사례가 '스펙'이 부족해서 떨어진 것이라면, 이 책을 읽는 대부분의 독자들은 합격할 수 없겠네요. 그렇지만, 1장에서 확인했던 것처럼 '스펙'이 부족해도 합격한 사례는 수없이 많습니다. 그렇다면 미국 석박사 과정 합격에 무언가 다른 중요한 것이 있을 것 같다는 생각이 드시나요? 그런 생각이 든다면, 축하드립니다. '스펙 중심주의' 사고방식을 의심하기 시작하는 것이야말로, 올바른 유학 준비 과정을 위한 첫걸음이니까요.

여전히 이 사례가 이해가 되지 않나요? 어쩌다 하나 있는 예외가 아닌가, 그런 생각이 들 수도 있겠습니다. 불합격 사례는 별로 자랑할 만한 일이 아니기 때문에, 인터넷상에서는 상대적으로 찾아보기 힘들지요. 그렇지만 지원자가 많은 인기 학과에서는 이러한 사례들을 이따금씩 접할 수 있습니다. 최근의 컴퓨터공학과는 인공지능/데이터 사이언스 등 폭발적인 산업 수요에 힘입어 인기가 급상승한 학과입니다. 타학과와 구별되는 특징은, 주로 컴퓨터를 이용한 연구를 진행하다 보니 데이터를 만들기가 상대적으로 쉽고, 학회지 등 출판 기회가 많다는 점입니다. 즉 연구 기간이 상대적으로 짧아도 컴퓨터를 여러 대 활용하는 등 다수의 논문을 출판할 기회가 열려 있는 편입니다.

김박사넷 유학교육 프로그램을 운영하며 들은 질문 중 가장 기억에 남는 질문은 컴퓨터공학과 유학 준비생이 한 질문입니다. 그 질문의 요지는 '1저자 출판물이 6개가 넘는 선배가 박사 과정 지원에서 최종 탈락했는데, 컴퓨터공학은 1저자 출판물이 너무 많으면 오히려 역효과인지'였습니다. 아무리 컴퓨터공학의 특징이 그렇다지만, 1저자 학회지가 6개가 넘는다는 것은 굉장한 성과입니다. (분야는 다르지만, 제가 박사 과정 졸업할 때까지 쓴 1저자 논문이 5편이니까요.) 이 질문이 기억에 남은 이유는, 결과에 대한 특이한 해석 때문이었습니다. '너무 많으면 오히려 역효과'라는 발상은 어떻게 하게 된 것일까요?

'스펙 중심주의' 세계관에서는 1저자 출판물은 많을수록 좋은 것입니다. 그런데 이 사례에선 그 세계관이 무너질 위험에 처했습니다. 이 질문자가 선택한 방법은, '스펙 중심주의' 세계관이 무너지지 않도록 부분적으로 땜질을 시도한 것입니다. 만약 제가 '1저자 논문이 너무 많으면 역효과'라고 대답했다면, 본인의 출판물 중 일부만 골라서 서류에 기재하는 방향으로 지원 전략을 짰을 것입니다.

우리는 비슷한 사례를 천동설-지동설의 역사에서 찾아볼 수 있습니다. 지동설이 잉태되던 시기, 기존의 천동설로는 설명되지 않는 천체 현상들이 발견되기 시작합니다. 사람들은 어떻게 했을까요? 천동설 세계관이 무너지지 않도록 하기 위해, 천동설을 개량하기 시작했습니다. 이상 현상들이 더 많이 발견될수록, 천동설에는 땜질이 거듭되며 점점 복잡해졌죠. 오늘날의 우리는 정답을 알고 있습니다. 천동설을 땜질하는 것이 아니라 지동설이라는 본질, 즉 진실에 입각한 올바른 세계관을 정립해야 한다는 것을요.

임팩트 팩터가 높은 저널(해당 저널 논문들이 많이 인용된다는 의미로, 질 좋은 출판물을 의미)에 출판했음에도 탈락의 고배를 마시는 경우를 잘못 해석하는 것도 경계해야 합니다. 예를 들어, 임팩트 팩터가 20에 육박하는(최상위권 출판물로 인정받는 수준) 저널에 1저자로 출판했음에도 탈락하는 경우를 '너무' 높은 임팩트 팩터 탓으로 생각한다면, 이 또한 천동설을 땜질하는 것과 크게 다르지 않습니다.

그렇다면 위 탈락 사례들의 진실은 무엇일까요? 짧게 설명하자면, 힘들게 거둔 이 독보적인 성과들이 인과관계가 명확한 결과물임을 증명하지 못했기 때문입니다. 1저자 출판물이 6개가 넘거나 혹은 임팩트 팩터가 20에 육박하는 저널에 1저자로 출판한 유학 준비생이라면 응당 지녀야 할 연구자로서의 자질을 서류&인터뷰를 통해 증명하지 못했다는 뜻이죠. 전문적인 표현을 쓰자면, 여러분들이 생각하는 '스펙'은 미국 탑스쿨에서 배출하고 싶어하는 '좋은 연구자'와 상관관계가 있는 평가 항목이지, 인과관계가 있는 평가 항목이 아닙니다. 내가 성취해 온 결과물들이 나의 궁극적인 목표를 향한 중간 마일스톤임을 어떻게 설득력 있게 전달할 것인지 전략적으로 접근하는 것이야말로 미국 석박사 유학 준비 과정의 본질입니다. 나의 성과물들은 '이유가 있어서' 얻을 수 있었던 것들임을, 즉 인과관계가 있는 결과물임을 증명해 나가야 합니다.

5

우리가 스펙 중심주의라는
잘못된 통념에 빠지게 된 이유

그렇다면 앞 장에서 살펴보았던 오해들은 어떻게 생기게 된 것일까요? 크게 두 가지 이유가 결합되어 나타납니다. 첫 번째 이유는, 우리가 얻을 수 있는 미국 석박사 유학의 정보가 단편적이기 때문입니다. 보통은 성공 사례만 접하고, 실패 사례는 찾아보기가 어렵습니다. 우리가 정보를 주로 얻는 인터넷 커뮤니티는 그 특성상 유학에 성공한 사람들의 경험담과 그들의 '스펙'에 대한 정보가 기술되는 경우가 대부분이니까요. 이 점이 흔한 오해들을 만드는 첫 번째 이유입니다. 또 다른 이유는, 단편적 성공 사례만을 기반으로 한 추론과정에서 '생존자 편향 오류'로 불리는 논리적 오류를 범하기 쉽기 때문입니다.

'생존자 편향 오류'가 무엇일까요? 우리는 제2차 세계대전에서 전투기를 운용하던 미군의 사례에서 중요한 교훈을 얻을 수 있습니다. 당시 미군은 전투기가 격추되는 일을 최대한 막기 위한 방법을 고민하고 있었습니다. 이를 위해 임무를 마치고 복귀한 전투기가 적군의 총탄에 손상된 분포를 조사하고, 다음 페이지의 그림처럼 점으로 표시된 총탄 손상 분포를 정리했습니다. 그리고 이 분포를 근거로 총탄이 집중된 날개 부분 등에 장갑을 추가하려는 계획을 세웠죠. 언뜻 그럴듯하게 들리기도 합니다. 그런데, 아브라함 왈드(Abraham Wald)라는 통계학자는 오히려 총탄 손상 자국이 없는 엔진 부분과 조종석 부분을 보강해야 한다고 주장합니다. 왜냐하면 이 분포 조사는 임무에서 무사히 복귀한 비행기만을 대상으로 진행된 편향된 샘플이라는 이유에서입니다. 왈드는 이 그림에서 점으로 표시된 부분은 총탄에 손상되어도 복귀에 무리가 없는 부분으로 해석할 수 있다고 주장했습니다. 다음 그림에서 엔진 부분과 조종석 부분에 손상 자국을 찾을 수 없는 이유는, 엔진이나 조종석이 손상됐을 경우 예외 없이 복귀하지 못했기 때문이라는 겁니다. 왈드의 주장을 우리가 아는 비행기에 대한 상식에 비추어 생각해 봅시다. 비행기 엔진에 문제가 생기거나, 조종사가 정상적으로 전투기를 조종할 수 없는 상황이 되었다면 그 전투기는 기지에 귀환하지 못한 채 추락했을 가능성이 높을 것입니다. 또한, 제2차 세계대전 당시의 대공화기가 정밀하지 못했음을 감안하면 전투기의 각 부분별 총알에 맞을 확률은 크게 차이가 나지 않았을 것이기에 왈드의 주장이 더 타당한 추론임을 생각해 볼 수 있습니다. 총알이 하필 엔진만 피해갔을 가능성은 지극히 낮으니까요.

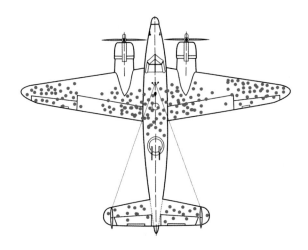

엔진과 조종석에는 총탄을 맞지 않은 비행기

　이 '생존자 편향 오류'를 미국 석박사 유학 준비 과정에 적용해 본다면, 다음과 같이 생각해 볼 수 있습니다. 우리의 오류는, 미국 석박사 과정 합격자를 마치 임무를 마치고 복귀한 전투기처럼 간주하는 데에서 비롯된 것입니다. 생존한 전투기의 외형적 특징만 보고 비행기 날개 쪽 장갑을 보강해야겠다고 생각했던 오류처럼, 미국 석박사 과정에 합격한 성공 후기들을 읽으며 그들과 동일한 수준의 학점, 영어 점수, 논문 실적 등으로 나 자신을 보강해야겠다는 오류를 범하고 있는 거지요. 그렇다면 우리가 더 중점적으로 고민해 봐야 할 점은 '추락했던 전투기의 엔진이나 조종석은 실제 미국 석박사 유학 과정에서는 어떤 부분에 해당할까'입니다. 이 부분에 장갑을 씌우지 못한 채 취약점을 그대로 노출하며 유학 준비를 했다간 꼼짝없이 추락할지 모릅니다. 따라서 우리는 미국 석박사 유학의 실패 사례에 대해서도 알아보면서, '생존자 편향 오류'를 극복할 수 있는 올바른 추론 논리를 확립해야 합니다. 미국 석박사 유학의 핵심 전략은, 우리가 흔히 하는 오해들의 이유를 제대로 이해하고 나서야 비로소 그 정수를 깨달을 수 있습니다.

아직 '생존자 편향 오류'가 이해되지 않으시는 분들을 위해, 조금 더 수학적인 방법으로 설명해 보겠습니다. 중고등학교 때 배운 조건부 확률의 개념을 다시 떠올려 봅시다. $P(A|B)$와 $P(B|A)$가 일반적으로 같지 않다는 것은 알고 계시겠지요? $P(A|B)$는 B라는 사건이 이미 일어났을 때 A라는 사건이 일어날 확률을 얘기하는 것이고, $P(B|A)$는 A라는 사건이 이미 일어났을 때 B라는 사건이 일어날 확률을 의미합니다. 그렇다면 사건 A를 미국 석박사 과정 합격으로, 사건 B는 특정 스펙 조건이라고 가정해 봅시다. 예를 들어 GPA가 3.5 이상인 스펙이라고 했을 때, 조건부 확률 $P(B|A)$가 의미하는 것은, '미국 석박사 과정 합격생 중 GPA가 3.5 이상일 확률'입니다. 우리가 인터넷에서 미국 석박사 유학 성공 사례를 열심히 뒤지다 보면 $P(B|A)$를 어림잡아 계산해 볼 수 있을 테니, 혼신의 힘을 다한 서치로 저 확률이 99%임을 알아냈다고 가정해 봅시다. 그러면 간단하게 $P(B|A)=0.99$라고 표현할 수 있습니다.

이번에는 우리가 흔히 알고 있는 미국 석박사 유학에 대한 오해에 대해서 생각해 봅시다. 대표적 오해 중 하나인 '최소한 GPA가 3.5 이상이어야 합격할 가능성이 높다' 같은 사례는 $P(B|A)=0.99$를 잘못 해석하여 생기는 오해입니다. 이러한 오해를 하고 있는 분들은 김박사넷 유학 교육 프로그램에 참석해서 다음과 같은 질문을 던집니다. "GPA가 3.5 이상이면 합격할 확률이 얼마나 되나요?" 이 질문을 수학적으로 표현

해보면, "P(A|B)는 얼마인가요?" 라는 질문이 됩니다. 답이 뭘까요? 0.99일까요? P(A|B) ≠ P(B|A)임을 알고 있기 때문에, 절대 0.99라고 답할 수 없습니다. "모른다"는 대답이 정답에 가깝습니다(실제 P(A|B)를 알기 위해선 P(B), P(A∩B)를 알고 있어야 합니다. 베이지안 통계를 배울 기회가 있다면, 이 개념들에 대해서 더 자세히 알아볼 수 있을 것입니다).

그럼 미국 석박사 유학의 핵심 전략은 어떻게 찾아야 할까요? P(A|B)를 알아내기 위해서 앞으로 더 많이 노력해야 할까요? 물론 B뿐만 아니라 C, D, E …, 수많은 사례들을 조사하고, 귀납적인 방법으로 결론을 내릴 수도 있을 것입니다. 그렇지만 이 방법은 치명적인 단점을 가지고 있습니다. 1) 귀납적 결론에 이를 때까지의 수많은 케이스들을 조사한다는 것은 현실적으로 불가능에 가까우며, 2) 스펙 외 다른 정성적인 평가지표에 대해서는 조사할 자료조차 없다는 것입니다. 이 책에서 핵심적으로 다루고자 하는 것은, 미국 석박사 유학의 핵심을 파악하고 이를 기반으로 연역적으로 사고하여 어떻게 전투기의 엔진을 보호할 수 있을지를 찾아 나가는 과정입니다.

여러분은 한국 입시를 경험하며 쌓아 왔던 '한국형 진학' 관점을 완전히 버려야 합니다. 물론 이 과정이 쉽지 않을 것입니다. 우리는 수능으로 대표되는 '스펙'을 기반으로 대학교를 진학한 경험이 있고, 한국의 대학원 입시도 크게 다르지 않다는 이야기를 많이 들어 왔기 때문이지요. 하지만 이 책을 다 읽고 나면, 왜 미국 석박사 유학과정이 한국의 입시 과정과 다를 수밖에 없는지 확실히 이해하게 될 것입니다.

3장

미국 석박사 유학의 본질

1

실제 어드미션 커미티의
지원자 총점 공식

지난 장에선 '스펙 중심주의'적 관점이 잘못되었음을 여러 각도에서 살펴보았습니다. 그렇다면 이번 장에서는 본격적으로 미국 석박사 유학 과정의 본질이 무엇인지, 단계적으로 접근해 보려 합니다. 우선, 어드미션 커미티(입학사정위원회)가 준비생들의 지원 서류를 실제로는 어떻게 평가하는지부터 확인해 보도록 하죠. 아래 수식을 다시 한 번 봅시다. 어드미션 커미티는 지원한 학생들의 평가 항목을 가중치별로 나눠 종합 점수를 매기고 있을까요?

$$Score = a_1 \cdot [SCIE\ papers] + a_2 \cdot [First\ author] + a_3 \cdot [Co-autor] + a_4 \cdot [GPA] + a_5 \cdot [GPA\ major] + a_6 \cdot [GPA\ graduate] + a_7 \cdot [Conferences] + a_8 \cdot [TOEFL] + a_9 \cdot [GRE] + a_{10} \cdot [SOP] + a_{11} \cdot [PS] + a_{12} \cdot [Funding] + a_{13} \cdot [University\ ranking]$$

실제로 어드미션 커미티는 서류를 제출한 지원자들을 아래 그림처럼 1등부터 3등(또는 학교/학과에 따라 1, 2등)까지만 나눕니다. 어드미션 커미티로 선발된 학과 교수들은(지원자가 많은 경우는 교수 외 보조적인 역할을 하는 학생 등도 참여하게 됩니다) 한자리에 모여 지원자의 서류를 검토한 후, YES pile(1등 서류더미), MAYBE pile(2등 서류더미), NO pile(3등 서류더미) 중 하나로 지원자의 서류를 분류합니다. 탑스쿨의 인기 학과는 지원자만 수천 명이 넘는데 이 많은 지원자들을 딱 세가지(또는 두 가지)로만 나눈다니, 언뜻 보면 잘 이해가 가지 않기도 합니다. 세 가지 분류만으로 학벌, GPA, 실적, 경력, 영어 점수 등 수많은 평가 기준들을 잘 반영할 수 있을까요?

YES / MAYBE / NO pile

어드미션 커미티가 이러한 3단계 레벨만으로 지원 서류를 평가하는 이유를 간단히 설명하자면, 수백, 수천 단계 레벨 평가 방법이 대학교/학과가 원하는 인재 선발에 도움이 되지 않기 때문입니다. 앞 장에서 설명했듯이, 지원 서류에서 확인할 수 있는 좋은 '스펙' 정보는 이 지원자가 '좋은 연구자'가 될 수 있는 자질을 갖춘 인재인지 확인하기 위한 근거로는 아직 빈약합니다. 어드미션 커미티는 '좋은 연구자'인지 확인하기 위해 서류는 물론이고 인터뷰 등을 통해 종합적으로 평가합니다. 이 내용은 뒤에서 조금 더 자세히 설명하도록 하겠습니다. 우선은 YES/MAYBE/NO 3단계로 지원 서류를 평가한다는 것만 기억하고 다음 챕터로 넘어가 봅시다.

2

___

김박사넷
유학교육의 평가 기준

앞 챕터의 그림을 기준으로 분류된 지원자들은 어떤 결과를 얻게 될까요? 김박사넷 유학교육이 독자적인 기준을 바탕으로 유학 준비생을 평가한 결과 역시 앞 챕터의 그림처럼 3단계를 기준으로 진행된 점이 핵심입니다. 15개 내외의 대학교에 지원 서류를 낸 경우를 기준으로 정리했을 때, 다음과 같은 결과를 얻었습니다.

우선, YES pile 레벨로 분류된 유학 준비생들은 어떤 결과를 얻었을까요? 이 레벨로 분류된 준비생들은 대부분 합격 결과를 빠르게 받습니다. 대개는 1월 중 합격 소식을 듣지요. 또한 4곳 내외의 대학교에서 서류를 합격하고 인터뷰 요청을 받습니다. 여러 대학교에서 인터뷰 요청을 받으니 이 단계에서 반타작한다 하더라도 여러 대학교에서 최종 합격 연락을 받게 됩니다. 이 레벨 학생들의 최대 고민은 오히려 '어떻게 잘 거절할 것인지'입니다. 왜냐하면 대부분의 대학교에서 어드미션

레터(합격 증명서)를 발송하면서 최대한 빠른 시간 내에 등록 여부를 결정해 달라고 요청하기 때문입니다. 합격하는 모든 학생이 등록하는 것은 아니기 때문에(합격 대비 등록률은 평균 33% 정도입니다), 대학교/교수님 입장에서는 빈자리가 생기면 추가 합격자를 선정해야 합니다. 이 때문에 빠른 결정을 내려 달라 요청하는 경우가 대부분이며, 합격자 입장에서는 더 진학하고 싶은 대학교의 결과를 기다려 보기 위해서 '어떻게 잘 거절할 것인지'가 고민인 것입니다.

YES pile 레벨 학생들의 결과

1. 대개 3~5개의 대학에서 서류 합격, 3~5개의 대학에서 인터뷰 요청

2. 결과 발표가 빠름

3. 대개 여러 개의 대학에서 어드미션을 받고, 진학할 곳을 선택하는 입장

다음으로, MAYBE pile 레벨로 분류된 유학 준비생들은 어땠을까요? 이 레벨로 분류된 준비생들의 특징은, 서류 결과가 빠르게 나오지 않는다는 것입니다. 1월 중에 연락이 오는 경우는 드물며, 2~3월 중 연락이 오기 시작합니다. 연락이 늦은 이유는 짐작하기 어렵지 않을 겁니다. 어드미션 커미티와 지도 교수님이 YES pile 레벨의 지원자들부터 선발 여부를 결정하기 때문이지요. YES pile 레벨 지원자들의 차례가 끝나고 나서야, 그리고 합격했음에도 등록을 포기하여 생긴 결원이 있어야만 MAYBE pile 레벨의 지원자들에게 기회가 가는 것입니다. 당연하게도 좋은 소식을 들려주는 대학교 수는 줄어들 것이고요. 대개의 경우, 1~2개 대학에서 인터뷰 요청이 늘어옵니다. 인터뷰 과정에 따라 가장 극명하게 합격과 불합격이 갈리는 레벨이 바로 MAYBE pile입니다. 2개 대학교에 합격하여 양자택일의 고민을 하는 경우도 있고, 인터뷰에서 좋은 인상을 남기지 못해 모든 대학교에서 최종 탈락 결과를 받기도 합니다. 대부분의 대학교들이 합격/불합격 의사결정을 끝내는 행정적 마감일이 4월 중순쯤인데, 이때까지 결과 발표를 기다리며 가장 초조해할 그룹이 MAYBE pile 레벨입니다.

MAYBE pile 레벨 학생들의 결과

1. 대개 1~2개의 대학에서 서류 합격, 1~2개의 대학에서 인터뷰 요청
2. 서류 결과가 빠르게 나오지 않음
3. 0~1개의 대학에서 합격 확률이 있음

마지막 NO pile 레벨은 어떤 결과를 얻을까요? 이미 짐작하신 분들도 있을 것 같은데, 3단계 레벨 중 가장 하위이기 때문에 모든 대학교에서 최종 불합격을 통보 받는 경우가 대부분입니다. 불행 중 다행인 점은, 대다수의 대학교에서 결과 발표가 비교적 빠르게 난다는 점입니다. 자신이 부족한 학생이었음이 여실히 드러나기 때문에, 준비를 더하여 재수 결정을 할지, 아니면 애초의 목표를 변경하여 다른 경력을 쌓을지 결정할 수 있습니다. 무슨 결정을 하든지 간에, 4월 중순까지 기다릴 필요 없이 플랜 B를 실행할 수 있다는 것은 고단한 선택의 시간을 줄여준다는 측면에선 그나마 장점으로 볼 수 있겠습니다.

NO pile 레벨 학생들의 결과

1. 여러 개의 학교에서 서류 불합격 통보를 빠르게 받음
2. 인터뷰의 기회가 없거나, 상당히 까다로운 과제를 요청 받음
3. 대개의 경우 최종 불합격

NO pile 레벨의 지원자들에게도 가끔 기회가 주어지긴 합니다. MAYBE pile 레벨의 지원자까지 인터뷰를 진행하고 합격을 통보했지만, 등록을 포기하여 결원이 생긴 경우입니다. NO pile 레벨의 지원자

입장에서는 천금 같은 기회겠지만, 어드미션 커미티와 지도 교수님 입장에서는 이미 90% 이상 결정된, 소위 '꺼진 불'을 다시 헤집어 보는 단계이기 때문에 상당히 까다로운 과제를 주는 경우가 많습니다. '우리가 너를 NO pile 레벨로 잘못 판단했을 수 있으니, 우리 판단이 틀렸나는 것을 증명해 보라'는 의미의 과제이죠. 예를 들면 다음과 같은 메일이 옵니다. '만약 네가 입학하게 되면 어떤 연구를 진행하고 싶은지 PPT 100장 분량으로 만들어서 보내라'. 쉽지 않은 과제입니다. 이 과제를 완성하는 데까지 시간이 얼마나 걸릴까요? 2주? 3주? 고심 끝에 지원자는 밤샘을 각오하고 열흘 뒤까지 보내겠다는 메일 답장을 보냈습니다. 아마 어드미션 커미티와 지도 교수님은 열흘 뒤 날아온 PPT 파일을 열어 보지도 않을 것입니다. 이유는 명확합니다. 열흘 뒤에는 행정적 마감일이 가깝거나 지나 버리는 물리적인 이유도 있겠지만 이건 오히려 사소한 문제입니다. 더 큰 문제는, 열흘이라는 답장이 어드미션 커미티가 레벨을 제대로 판단했다는 근거만 강화시켜 주기 때문입니다. 만약 어드미션 커미티가 지원자의 레벨을 정말 잘못 판단했다면 이 지원자는 이미 이런 것들을 만들어 놨거나, 최소한 머릿속에서 이미 정리가 끝난 상태였을 것입니다. 과제는 열흘 뒤가 아니라, 하루 내에 제출됐어야 합니다. 그 정도의 반전을 보여줘야만 어드미션 커미티와 지도 교수님은 기존 결정을 뒤집을 근거를 확인할 수 있을 테니까요. PPT 자료가 훌륭해야 하는 것은 너무나도 당연합니다. PPT 자료의 내용은 이번 챕터의 주제에서 벗어나는 이야기이니, 구체적으로 다루진 않겠습니다.

3

한국에서의
진학 공식은 잊어라

'스펙 중심주의' 세계관에서의 '스펙'과 합격 확률의 관계(76p)를 기억하고 계신가요? 이제 우리는 이때까지 논의한 내용을 바탕으로 올바른 합격 확률 그래프를 그릴 수 있습니다. '스펙'의 총합 점수인 줄 알았던 x축은 수천~수만 단계의 레벨로 나눠진 것이 아니라, 앞 챕터들에서 살펴봤듯이 3단계의 간단한 레벨로 변경됐습니다. 합격 확률은 MAYBE pile 레벨을 기준으로 드라마틱하게 상승하게 됩니다. YES pile은 합격할 확률이 매우 높고, NO pile은 합격할 확률이 거의 없습니다. MAYBE pile은 1~2개 대학교에 합격하거나 모두 불합격하게 되기 때문에 합격 확률에 상당한 굴곡이 있습니다.

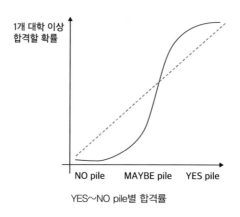

YES~NO pile별 합격률

　위 그림은 여러분이 미국 석박사 유학을 준비하는 과정 내내 머릿속에 넣어 두어야 하는 핵심 중 하나입니다. 위 그림을 머릿속에 넣은 여러분들에게 중요한 질문을 던져 보겠습니다. 합격 확률을 높이기 위한 가장 중요한 요소는 무엇일까요? NO pile 레벨에서 벗어나서 MAYBE pile 레벨, 궁극적으로는 YES pile 레벨까지 본인의 레벨을 끌어올리는 것이 가장 중요한 요소입니다. 본인이 NO pile 레벨이라면 논문을 한 편 더 쓴다고, TOEFL 점수를 10~20점 올린다고 크게 결과가 달라지진 않습니다. 최소 MAYBE pile 레벨 이상이 되어야만 합격을 노려볼 수 있습니다. 도대체 MAYBE pile 레벨이 되려면 무엇이 필요할까요? 이 질문을 떠올렸다면, 생각의 방향이 올바른 방향으로 전개되고 있다는 신호입니다. 이제는 한국에서의 진학 경험을 중심으로 만들어진 '스펙 중심주의' 세계관을 버려야 할 때입니다.

4

레벨이 무엇인가?
대기업 채용을 살펴보자

YES-MAYBE-NO로 이루어진 3단계 레벨이 아직도 생소한 분들을 위해 2단계 레벨로 살펴보겠습니다. 사실 우리는 이미 2단계 레벨링 선발 과정을 알고 있습니다. 바로 한국의 대기업 채용 과정입니다. 유학 이야기하다가 갑자기 대기업 채용을 이야기하다니 무슨 뚱딴지 같은 소리인가 싶으시겠지만, 한국의 대기업 채용 과정은 미국 석박사 프로그램 선발 과정과 크게 두 가지 관점에서 유사합니다. 따라서, 선/후배 친구들의 사례를 바탕으로 비교적 잘 알고 있을 채용 과정을 먼저 살펴보면, 미국 석박사 과정 합격자 선발 방식을 이해하는 데 도움이 됩니다.

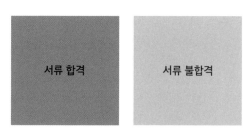

서류 합격자에 한해 면접 진행. 스펙이 좋으면 무조건 서류 합격?

첫 번째 유사성은 '스펙 중심주의' 세계관입니다. 대기업을 지원하는 우리의 선/후배, 친구들 사례에서 미국 유학 준비 과정과 비슷한 '스펙 중심주의' 관점을 확인할 수 있습니다. 학벌, 학점, 영어 점수나 각종 자격증 취득까지, 어느 정도의 '스펙'을 쌓아야 합격할 수 있는지를 굉장히 궁금해합니다. 대기업이 왜 나를 뽑으려고 하는지, 그 근본적인 이유에 대해서 궁금해하는 취업 준비생은 손에 꼽을 정도입니다. 취업 준비생 사이에서 가장 인기 있는 콘텐츠는 합격자의 '스펙'과 그 합격자가 쓴 자기소개서이며, 더 좋은 '스펙'을 쌓기 위해 본인의 시간과 노력을 가장 많이 쏟는다는 점에서 미국 석박사 유학 준비생들과 흡사합니다.

두 번째 유사성은 간단한 레벨링입니다. 대기업, 특히 삼성전자 같은 경우는 한 번의 채용 시즌에 수만 명이 지원합니다. 채용 필수 서류들의 평가 항목 각각에 가중치를 부여해서 점수를 만들면, 76p의 수식과 비슷한 종합 평가 점수 엑셀표를 만들 수도 있을 것입니다. 지원자들이 몇만 명이든 1등부터 꼴찌까지 손쉽게 등수를 매길 수 있겠죠. 하지만 우리가 익히 알고 있는 바와 같이, 대기업은 서류 합격/불합격의 두 가지 레벨로만 지원자를 나눕니다. 미국 유학 과정은 3단계 레벨로 나누기 때문에 대기업 채용과 다르다고 생각하실 수도 있겠지만, 수천~수만 개로 나눌 수 있는 레벨링 과정을 고작 2~3단계로 나눴다는 점에서 본질적으로 동일합니다. 그리고 이 단순한 레벨링으로 인한 결과가 우리가 보기에 이상해 보일 수 있다는 것도 비슷하죠. 예를 들어, 선/후배 친구들 중 '스펙'이 분명히 더 좋은 지원자였음에도 불구하고 서류에서 불합격하는 반면, 상대적으로 낮은 '스펙'의 지원자는 합격하는 경우를 심심치 않게 접했을 것입니다. 마치 2장에서 살펴봤던 유학 준비생의 불합격 사례처럼 말이죠.

그렇다면 '스펙'이 더 좋은 친구는 왜 대기업의 서류 전형에서 떨어졌을까요? 누군가는 자기소개서가 빈약해서라고 답할 수도 있겠습니다만, 이번 챕터의 목적은 대기업 채용 과정을 토대로 미국 석박사 유학의 본질을 이해하는 것이니만큼, 좀 더 근본적인 이유를 고민해야 합니다. 질문을 바꿔 봅시다. 대기업의 목표는 무엇일까요? 기업의 이윤과, 이를 통한 기업 활동으로 비전을 달성하는 것이 기업의 목표입니다. 그렇다면 채용은 왜 하는 것일까요? 바로 기업의 목표에 도움을 줄 사람을 뽑는 것입니다. 훌륭한 인재 자체가 목적은 아니며, 아무리 훌륭한 인재라 할지라도 우리 기업의 목표 달성에 이바지할 수 없다고 판단된다면 선발하지 않을 것입니다. 즉, 기업의 채용은 '우리 회사에 도움이 되는 인재인가?'를 중심으로 선발 기준을 정하게 됩니다. 당장 급한 프로젝트에 도움이 될 수도 있고, 장기적으로 추진 중인 신사업에 도움이 된다고 판단할 수도 있습니다. 기업이 원하는 인재는 왜 일하는지를 이해하고 있고, 성실하게 일하면서도 목표를 달성할 만큼 능력도 있는 사람입니다. 혼자서 일하는 것이 아닌 만큼, 당연히 팀플레이어로 활약할 수 있는 사람을 선호하겠죠. 기업의 채용 과정을 한 문장으로 요약하자면, '같이 일하고 싶은 인재인가?'에 대한 대답이 yes인 사람을 선발하는 과정입니다.

대기업의 채용이 2단계 레벨링을 채택한 이유는 기업의 목표 달성에 도움이 될 인재를 뽑는 방법으로는 상대적으로 간단한 레벨링이 더 적합하기 때문입니다. 구체적으로 얘기하면, 수천~수만 단계의 레벨링이 실제로 더 뛰어난 인재임을 보장할 수 없다는 뜻입니다. 예를 들어, 다른 '스펙'이 동일한 두 지원자가 토익 시험 점수만 10점 차이가 난다고 가정해 봅시다. 토익 점수가 910점인 지원자가 900점인 지원자보다 더 뛰어난 인재이고, 기업의 인재상에 더 맞을까요? 학점만 3.8과 3.9로 차이가 나는 동일한 '스펙'의 두 지원자 중에선 누구를 채용해야 할까요? 가장 정답에 가까운 대답은 '이 정보만으로는 판단할 수 없다'입니다. 그래서 기업에서는 간단한 레벨링으로 서류를 평가한 후, 면접 등으로 기업의 인재상에 맞는 지원자를 선발하는 과정을 마련해 두었습니다. 미국 석박사 과정에서도 마찬가지로 간단한 서류 레벨링 이후 인터뷰라는 과정으로 각 지도 교수가 지원자의 다른 면들을 평가할 수 있도록 했습니다. 실제로 연구를 같이 진행할 지도 교수의 입장에서는 단순히 서류로 확인할 수 있는 정보뿐만 아니라 어떤 사람인지, 일하는 스타일은 어떤지 등 지원자의 다양한 면면을 확인하는 과정이 꼭 필요하기 때문입니다.

대기업의 채용 과정에선 '같이 일하고 싶은 인재인가?'만큼 중요한 질문이 하나 더 있습니다. 바로 '그만큼의 연봉을 투자할 수 있는가?'입니다. 만약 대기업 직원들이 자원봉사자로만 구성되어 있다면 이 질문은 필요 없을 것입니다. 하지만 기업은 직원을 고용하는 대가로써 연봉을 지급해야만 하기 때문에 이는 매우 중요한 질문입니다. 한 지원자에 대한 채용 과정이 종료되면, 해당 지원자의 성과 기대치에 맞게 연봉이 책정되고 계약이 진행됩니다. 연봉이 5천만 원으로 책정된 지원자가 연봉 협상장에서 6천만 원을 달라고 주장하면 어떻게 될까요? 이 지원자가 면접 과정에서 '함께 일하고 싶다'라는 평가를 받았더라도 결과적으로 회사는 계약을 진행하지 않을 것입니다. 왜냐하면, 연봉 5천만 원 정도의 성과가 예상되는 이에게 그 이상의 비용을 지출하는 것은 합리적이지 않은 결정이기 때문입니다. 비슷한 성과가 예상되는 다른 지원자와 고용 계약을 맺게 되겠지요.

미국의 대학원생 선발 과정에도 '그만큼의 연봉을 투자할 수 있는가'와 비슷한 질문이 있습니다. 여러분들이 진학을 목표로 하는 미국의 명문 대학교들은 박사 과정 학생들에게 대부분 '펀딩'을 하기 때문입니다. 선발된 학생의 입장에선 무일푼으로 미국 유학을 가더라도 최소한의 생활이 될 수 있도록 금전적 지원을 받기 때문에 더할 나위 없이 좋은 조건입니다. 문제는 선발 권한이 있는 지도 교수님의 관점입니다. 한 학생의 생활을 보장하는 금전적 지원, 즉 등록금&보험료&생활비&기타 비용을 모두 포함하면 평균적으로 한 학생에게 펀딩해야 하는 금액은 1년에 약 1억 원 정도입니다. 박사 과정의 경우 프로그램을 마칠 때까지 최소 5년 정도가 필요할 테니, 총 5억 원 정도의 금액이 필요하겠네요. 다시 선발 과정에 있는 지원자의 입장으로 돌아와 봅시다. 당신은 5년간 5억 원의 금전적 지원을 받을 만한 가치가 있는 사람인가요? 이 질문의 엄중함을 잘 느낄 수 없다면, 여러분들이 지금까지 평생 번 돈이 얼마쯤인지 계산해 보시기 바랍니다. 1년에 1억 원을 받기 위해서는 어느 정도의 인재여야 할까요? 이 질문의 심각함을 제대로 이해하고 있다면, '스펙 중심주의' 관점이 얼마나 편협한 것이었는지를 다시 한번 느낄 수 있을 것입니다. 여러분의 TOEFL 점수가 120점이라 해도, 누구도 그 이유만으로 5억 원을 투자하진 않으니까요.

　대기업 채용 과정을 아주 압축적으로 요약해 보면 다음 두 가지 질문에 yes라고 답할 수 있는 사람을 뽑는 과정입니다. '같이 일하고 싶은가?', 그리고 '이 연봉을 투자할 가치가 있는가?'. 미국 대학교의 대학원생 선발 과정도 비슷합니다. '같이 일하고 싶은가?', 그리고 '5년 동안 5억 원을 투자할 가치가 있는가?'. 그런데 이 중 두 번째 질문은 주로 박사 과정 선발 과정에 적용되는 질문으로, 석사 과정 지원자들은 대부분 해당하지 않으니 그리 중요하지 않다고 생각할지 모르겠습니다. 그렇지만 박사 과정을 목적으로 석사 과정에 진학하고자 하는 학생들이라면 주의 깊게 살펴봐야 하는 질문임은 명확합니다. 석사 과정 지원자에게만 적용되는 예외적인 내용들은 이 장의 8번째 챕터(126p)에서 다룰 예정이니, 급하신 분들은 발췌독을 먼저 해 보시기 바랍니다.

5

미국 석박사 유학은
채용이다

이렇게, 미국 석박사 선발 과정은 대기업의 채용 과정과 많이 닮아 있습니다. '진학'의 관점을 버리고 '채용'의 관점으로 유학 준비생으로서 중요한 요소들에 집중하는 것이 유학 준비 과정의 본질입니다. 서류를 평가하여 YES-MAYBE-NO pile의 3단계 레벨로 지원자를 분류하는 어드미션 커미티와 인터뷰 등 추가적인 선발 과정을 통해 최종 합격 여부를 결정하는 지도 교수님 모두, 함께 일할 잠재력 있는 연구자를 뽑는다는 본연의 목표에 충실하기 때문입니다. 어드미션 커미티와 지도 교수님에게 정량적인 '스펙'이란, 여러분들이 생각하는 것보다 훨씬 중요도가 낮을 수 있습니다. 잠재력 있는 연구자를 뽑는다는 목표에 충실할 수만 있다면, 정해져 있는 절차가 무시되는 경우도 종종 발생합니다. 다음 두 사례를 한번 살펴보죠.

대부분의 미국 석박사 프로그램에는 TOEFL (또는 IELTS 등 영어 능력시험) 시험의 최소 점수 요건이 있습니다. 최소 기준 점수로써 90점이나 100점을 요구하는 프로그램이 많기 때문에, 대부분의 유학 준비생들은 이 기준을 넘기기 위해 최선을 다합니다. 학원을 다니기도 하고, 기준 점수를 넘는 결과를 받을 때까지 여러 번 시험에 응시하기도 하죠. 한국식 입시 준비를 경험했던 학생들에겐 너무나도 당연해 보이는 과정입니다. 예를 들어, 서울대학교 공과대학 대학원에 입학하기 위한 서류들 중 영어시험인 텝스 점수는 327점 이상으로 명시되어 있습니다. 반드시 327점 이상이어야 하며, 1점이라도 모자란 경우엔 가차없이 서류에서 탈락하죠. 그렇다면 만약 기준 점수로 TOEFL 100점을 요구하는 미국 대학교 석박사 프로그램에 지원할 때, 제출한 TOEFL 점수가 99점이라면 가차없이 탈락하게 될까요?

TOEFL 기준 점수를 넘지 못했지만 합격한 사례는 생각보다 어렵지 않게 찾아볼 수 있습니다. 점수가 몇 점 모자랐지만 조건부로 합격 통지를 받았다는 후기들 말이죠. 합격을 알리는 어드미션 레터에는 '몇 개월 내 TOEFL 기준 점수를 통과한 스코어를 제출'하라는 안내가 쓰여 있죠. 그렇게 받기 힘들다는 어드미션 레터도 쟁취했는데, 이 시점에 TOEFL 점수 몇 점 더 올리는 것이 문제가 될까요? 당연히 대부분의 합격자들은 TOEFL 공부에 올인해서 조건을 충족시킵니다. 점수가 모자랐던 지원자들은 인터뷰 과정에서 지도 교수님에게 직접적인 질문을 받기도 합니다. '너와 얘기해 보니 영어로 의사소통이 원활한데, 왜 TOEFL 점수는 그것밖에 안 되는지?' 정도의 질문이죠. 지도 교수님의 저 질문이 바로, 프로그램 지원 과정에서 TOEFL 점수를 제출 받는 핵심 이유입니다. 우리는 영어를 배우러 미국에 가는 것이 아니라, 연구를 하러 미국에 갑니다. 미국에서 연구를 하기 때문에 영어로 의사소통이 원활해야 하는 것은 너무나도 당연한 전제조건이지요. 그렇다면 TOEFL 점수가 높은 것이 본질에 가까울까요, 아니면 영어로 의사소통이 원활한 것이 본질에 가까울까요? 당연히 후자가 정답이겠죠. TOEFL 시험은 기술적인 한계와 비용 문제 등으로 인해 지원자의 영어 실력을 제대로 평가할 수 없었던 시대에 간접적으로나마 지원자의 영어 실력을 평가할 수 있는 몇 안 되는 지표였습니다. 하지만 요즘은 상황이 약간 변하고 있습니다. 코로나19 이후 비대면 화상회의 툴이 급속도로 발전하고 대중화되면서, 지원자의 영어 실력이 궁금한 지도 교수님들이 손쉽게 그 궁금증을 해결할 수 있는 방법이 생겼기 때문이죠. TOEFL 점수보다 화상회의로 짧은 시간 동안 이야기를 나눠 보는 편이 훨씬 직접적으로 지원자의 영어 실력을 확인해 볼 수 있습니다. 어드미션 커미티와 지도 교수님은 '잠재력 있는 연구자를 뽑는다'라는 본질적인 목표를 달성하기 위해서라면 기존의 선발 과정들을 꼭 따라갈 필요가 없다는 것을 잘 알고 있는 사람들입니다. 그럼 유학 준비생의 입장에서는 어떻게 해야 할까요? 당연히 TOEFL 점수보다는 더 본질적인 영어로 의사소통하고 일할 수 있는 능력, 특히 인터뷰에서 듣고 말할 수 있는 능력을 갖추는 것이 더 가중치가 높은 목표로 두어야 할 것입니다.

두 번째 사례에서는 미국 유학 준비 과정의 본질이 기업 채용 과정과 유사하다는 점을 더 직관적으로 확인할 수 있습니다. 다음 사진은 김박사넷 커뮤니티에 올라온 미국 유학 관련 게시글입니다. 왼쪽 사진에서 확인할 수 있는 바와 같이, 지도 교수님이 지원자를 긍정적으로 보는 결정적인 이유는 석사 시절 국내 대기업과 같이 연구과제를 했던 경험입니다. 우리가 흔히 떠올릴 만한 '스펙'인 지원자의 논문 실적이나 학점, 영어 점수가 아니라는 점을 기억해야 합니다. 이 교수님은 특정 필요에 의해 학생을 모집하고 있었고, 그 필요란 국내 중견기업과의 협업에서 중간 가교 역할을 할 연구자였습니다. 박사 과정 선발 과정이 기업 채용 과정과 같다는 것을 이해했다면, 무리 없이 받아들일 수 있는 합리적인 이유입니다. 실제로 이 교수님은 이 가교 역할을 할 학생 선발이 급한 상황이었던 것 같습니다. 오른쪽 내용에서와 같이, '오프 쿼터 어드미션'을 대학원 사무실에 요청할 테니 지원 서류를 접수해 달라고 요청했네요. 말 그대로 '정원 외' 입학을 통해서라도 학생을 선발하려는 교수님의 의지를 느낄 수 있는 대목입니다.

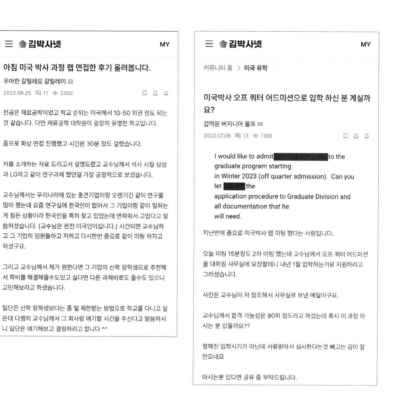

김박사넷 커뮤니티에 올라온 미국 유학 고민 상담 게시글

이해가 잘 안 가신다면, 다시 한번 박사 과정 선발 과정이 기업 채용 과정과 같다는 것을 상기해 봅시다. 만약 기업에서 중요한 일을 진행시키기 위해 꼭 필요한 포지션이 생겼는데, 공채 시즌까지는 아직 시간이 많이 남은 상황이라면 어떻게 할까요? 긴급 채용 공고를 띄울 것임이 명확합니다. 설령 그 포지션이 공채로만 뽑아 왔던 역사가 있더라도, 지금은 그 역사가 중요한 것이 아닙니다. 중요한 일이 진행되느냐, 마느냐가 훨씬 중요하고 본질적인 문제지요.

미국 석박사 유학 과정의 본질이 기업의 채용 과정과 유사하다는 명제를 이제 어느 정도 받아들이실 것으로 봅니다. 긴 배경 설명 없이 간략하게 저 명제만 주장할 수도 있겠지만, 이 책의 독자들이 단순히 저 명제를 외우거나 받아들이는 것을 목표로 삼진 않았습니다. 왜냐하면 가슴 깊이 이해하지 못한 내용을 실선에서 활용하기는 매우 어려운 법이니까요. 미국 석박사 유학 과정의 본질에 대한 이론적 배경과, 실제 사례들의 조합을 바탕으로 '유학=채용'이라는 간단한 공식을 가슴으로 이해하게 되었길 바랍니다. 이제 다음 챕터부터는, 미국에서의 채용 과정에서 승리하기 위해 여러분 스스로를 어떻게 포장해 나갈지에 대해서 다루기 시작할 테니까요.

미국의 레벨링 기준:
워렌 버핏

미국 석박사 유학 과정의 본질이 '채용'인 것은 이제 이해가 되실 것입니다. 그렇다면 MAYBE pile 레벨 이상이 되려면 채용 과정에 어떻게 대비해야 할까요? 우리가 생각해 봐야 할 점은 선발 과정을 진행하는 어드미션 커미티/지도 교수님이 미국인이거나 미국의 채용 문화에 익숙한 사람이라는 것이죠. 그렇다면 미국의 채용 문화에선 지원자의 어떤 요소를 중점적으로 평가하는지 확인해야 합니다.

워렌 버핏을 아시죠? 버핏은 미국의 전설적인 투자자로, 수십 년간 성공적으로 기업을 경영해 왔습니다. 버핏이 경영하는 '버크셔 해서웨이'라는 기업은 시가총액이 전 세계 10위권인, 미국에서도 아주 유명한 회사입니다. 물론 버핏 혼자서 수십 년간 이 눈부신 결과를 전부 이뤄낸 것은 아니죠. 직원들도 현재의 버크셔 해서웨이를 만드는 데 분명히 기여했을 것입니다. 그렇다면, 버핏은 어떤 기준으로 직원을 채용했을까요? 아래는 버핏이 밝힌 채용의 기준입니다. 번역을 하지 않고 영어 원문을 보여드리는 이유는, 버핏이 채용의 기준으로 꼽은 요소들이 번역 과정에서 의미가 혼동될 것을 미연에 방지하기 위함입니다. 버핏이 채용 시 중요하게 보는 세 요소는 Intelligence, Initiative or Energy, Integrity입니다. 얼핏 보면 당연한 말처럼 보일 수 있는 이 세 요소가 미국 석박사 유학 준비 과정에서 어떻게 해석될 수 있는지, 김박사넷 유학교육의 관점을 덧붙여 해석해 보도록 하겠습니다.

> "We look for three things when we hire people. We look for **intelligence**, we look for **initiative or energy**, and we look for **integrity**. And if they don't have the latter, the first two will kill you, because if you're going to get someone without **integrity**, you want them lazy and dumb"

우선, Intelligence는 어떻게 이해할 수 있을까요? 이는 공부를 잘하는 똑똑함과는 다른 능력입니다. 왜냐하면 석박사 과정, 특히 박사 과정생의 연구는 교과서가 없는 영역이기 때문입니다. 연구의 이유, 즉 현재의 문제점을 정확히 파악하고 이를 해결할 수 있는 능력이 Intelligence입니다. 김박사넷 유학교육 프로그램을 운영하며 느낀 점은, 유학 준비생 스스로 본인의 Intelligence에 대해 과도한 걱정을 한다는 것입니다. 예를 들어 내 논문이 충분할까, 영어 점수가 충분할까, 심지어는 합격 후에도 미국에 가서 학업을 잘 따라갈 수 있을까 걱정을 합니다. 그렇지만 제 3자의 관점에서 봤을 때, 미국 유학을 진로의 하나로 고민할 정도의 학생이라면 대개의 경우 Intelligence는 문제가 되지 않는 것 같습니다. 유학 준비생들이 보통 부족한 부분은 나머지 두 요소입니다.

Initiative or Energy는 무언가를 시작하고 끈기 있게 수행하는 능력을 말합니다. 대학원 과정은 최소 2년, 최대 6년 동안(혹은 그 이상) 연구를 진행해야 하는 마라톤이라고 할 수 있습니다. 100미터 달리기처럼 뛰다가는 목표 근처에도 도달하지 못하게 됩니다. 매주 100시간씩 연구하는 것이 중요한 것이 아니라, 70시간이라도 꾸준히 할 수 있는 능력이 중요합니다. 또한, 연구의 특성상 내가 잘 알고 있는 것들만 접하게 되지도 않습니다. 문제를 해결하는 데 도움이 된다면, 처음 접하는 것이라 할지라도 끈질기게 시도해서 결과를 만들어 내는 능력이 중요합니다. 가끔 미국 대학원 과정의 워크-라이프 밸런스에 대해서 물어보시는 분들이 있습니다. 주 40시간만 딱 연구하겠다는 마음가짐으로는 5억 원 상당의 연봉을 받는 박사 과정, 그것도 탑스쿨 박사 과정 입학은 굉장히 어려울 것입니다. 설사 합격한다 하더라도, 지도 교수님과 학과에서 원하는 수준의 결과물들을 만들고 지속하는 데 상당한 어려움을 느끼게 되겠지요. Initiative or Energy는 나의 일상 생활과 연구 활동을 얼라인되게 할 수 있는 능력으로 보는 것이 더 타당합니다.

마지막으로 Integrity는 어떻게 해석할 수 있을까요? 사전을 찾아보고 '정직함'으로 번역하는 경우가 있는데, 여기서의 Integrity는 이렇게 협소한 의미로 해석하기보다는 모티베이션(Motivation)과 태도(Attitude)로 해석하는 것이 더 타당합니다. '진정으로 이 연구를 하고 싶다'라는 동기와, 이 동기로 인해 나는 어떤 태도로 살아왔는지를 보여 줘야만 합니다. 즉, Self-Motivated된 능동적 인재임을 모든 선발 과정에서 적극적으로 드러내야만 합니다. 하지만 김박사넷 유학교육 프로그램을 운영하며 느낀 점은, 유학 준비생들에게 이 Integrity 요소가 가장 부족하다는 점이었습니다. 이 문제는 비난 유학 준비생만의 문제가 아니라 겸손을 강조하는 한국의 사회 분위기 때문일 수도 있겠습니다만, 최소한 미국 유학을 준비하는 과정에서 필요 이상의 겸손함은 지양해야 합니다.

제가 Self-Motivated를 설명하기 위해 즐겨 인용하는 채용 사례를 하나 들려 드리겠습니다. 한 회사의 인사 담당자가 채용 면접을 진행했습니다. 그런데 마침 회의실이 없어 회사 앞 카페에서 1대1 면접을 진행하기로 했죠. 그리고 이 자리 옆에는 카페의 음악이 흘러나오는 스피커가 있었습니다. 1시간여의 면접이 종료된 후, 인사 담당자는 지원자에게 회의실을 예약하지 못해 부득이하게 카페로 자리를 하게 된 것에 미안함을 전하며, 이 카페의 음악소리가 조금 시끄러운 편이었는데 자신의 목소리가 잘 들렸는지를 물어봤죠. 대부분의 지원자는 카페도 괜찮았다고 대답하면서도, 사실은 음악소리 때문에 면접관님의 목소리가 잘 들리지 않았다고 대답했습니다. 놀라운 사실은, 이 회사의 회의실은 내내 비어 있었다는 점입니다. 카페의 좌석도 일부러 스피커 옆으로 자리잡은 거였죠. 도대체 왜 그랬을까요? 이 면접관은 지원자의 Integrity가 보고 싶었던 것입니다. 모든 지원자가 이 회사에 자신이 얼마나 입사하고 싶고, 자신이 얼마나 이 회사에게 도움이 될 수 있는지 어필한 서류들을 제출했는데 이것이 얼마나 진심인지를 확인하기 위해서였죠. Integrity가 있는 지원자는 인터뷰라는 중요한 기회에서 최대한 자신을 어필하고자 했을 것입니다. 그런데 좌석 바로 옆에 있는 스피커에서 나오는 음악소리가 너무 시끄러워서 나의 채용을 결정할 면접관의 목소리가 잘 들리지 않는다면, 어떻게 해야 할까요? 지원자 중 단 한 명만이 카페 사장님에게 1시간 동안만 음악소리를 줄일 수 있냐고 물어봤습니다. 당연하게도, 면접관의 목소리가 잘 들리지 않았다고 대답했던 지원자들은 모두 탈락했습니다. 아무리 '스펙'이 좋았어도 말이죠.

위 사례를 읽고서 어떤 생각이 드시나요? 탈락한 지원자들을 답답하게 생각하실 것 같습니다. 하지만 이 사례가 쉽게 이해되는 이유는 제 3자의 관점에서 살펴보았기 때문이고, 실제로 자신이 현재 겪는 일이 되면 스피커의 소리를 줄여 달라고 요청하는 것이 쉬운 일이 아닙니다. Integrity가 있는 지원자가 된다는 것은, 단순히 말이나 글뿐만 아니라 실제 행동까지 그러한 경우입니다. 이번에는 Self-Motivated가 대학원생에게 적용되는 경우의 사례를 한번 살펴보도록 하겠습니다. 'Self-Motivated Researcher'는 연구를 위해서 어떤 행동까지 할 수 있을까요?

노스캐롤라이나대학교(University of North Carolina)의 대학원생 조 캐포스키(Joe Capowski)는 본인의 연구를 진행하는 데 있어 중대한 차질이 생겼다는 사실을 알았습니다. 연구를 위해 필요한 장비가 있었는데 이 장비는 시카고에서 실어 와야 하는 것이었습니다. 그런데 때마침 트럭 운전사들의 파업이 진행되고 있었고, 며칠이 더 걸릴지 몇 달이 더 걸릴지 알 수 없는 상황이었습니다. 공식적인 프로세스만 기다리고 있다가는 연구가 반 년 이후에나 진행될지도 모르는 상태였죠. 조는 시카고로 날아간 후 트럭을 렌트합니다. 그리고 이 장비를 싣고 시카고로부터 본인의 연구실까지 운전해 왔지요. 이 결정은 오로지 본인의 판단이었고, 아무에게도 미리 이야기하시 않았나고 합니다. 그리고 사후에 소속 학과에 트럭 렌트비를 비롯한 일체의 경비를 청구했죠. 혹자는 이 사례를 보고 너무 무모한 행위가 아니었나 비판할 수도 있겠지만, 이 대학의 컴퓨터공학과를 창설하는 데 크게 기여한 프레드 브룩스(Fred Brooks) 교수님은 조가 일을 처리할 줄 아는 사람(get things done)이라고 공개적으로 지지했습니다. 이 두 사례가 채용의 관점에서 모티베이션과 Attitude 요소를 이해하는 데 도움이 되었으면 합니다.

그렇다면 이 채용 시 필요한 세 가지 요소를 미국 석박사 유학에 필요한 주요 서류들에 어떻게 녹여낼 수 있을까요? 주요 서류들에 대한 설명은 추후 5장과 6장에서 자세히 다루겠지만, 우리의 궁극적인 목표는 기업에 취직하는 것이 아니라 미국 석박사 과정에 합격하는 것이니만큼 중복해서 설명하는 한이 있더라도 간단하게나마 언급하고 넘어가는 것이 적절할 것 같습니다. 다음은 채용에 필요한 주요 서류들이 어떤 평가 요소들을 포함할 수 있는지를 확인할 수 있는 목록입니다.

추천서: Intelligence, Initiative or Energy, Integrity

CV: Intelligence, Initiative or Energy

SOP: Integrity

PS: -

미국 대학원 준비 시 필요한 주요 서류와 채용 3요소의 관계

5장에서도 언급하겠지만, 유학 과정에서 가장 당락에 영향을 미칠 수 있는 서류는 추천서입니다. 왜냐하면 Intelligence, Initiative or Energy, Integrity 3가지 주요 평가 요소에 대해서 긍정적인 내용을 기술하기 적절한 포맷이기 때문이지요. 애초에 좋은 추천서라는 것은 '이 학생을 뽑아라, 내가 보증한다'를 설득력 있게 작성하는 편지이기 때문에, 주요 서류들 중 가장 강력한 영향을 가질 것이 자명합니다. CV는 Integrity에 대한 서술을 하기가 어려운 포맷입니다. 학력, 경력, 실적 등 정량적인 지표들에 대한 언급이 많기 때문이죠. 그래서 SOP에 Integrity를 잘 녹여내야만 합니다. 많은 학생들이 CV에 적힌 내용을 그대로 SOP로 옮기는 식으로 작성하는데, 제출 서류 각각의 목표를 정확히 이해해서 어떤 내용을 서술할 것인지에 대한 고민이 선행되어야만 합니다. PS는 버핏의 채용 요소와는 다른 내용이 필요합니다. 이에 대한 자세한 설명은 5장과 6장에서 상세히 언급하도록 하겠습니다.

버핏이 언급한 채용 3요소 외 다른 평가 요소가 있다면 어떤 것이 있을까요? 기업의 인재상에 따라 조금씩 다르겠지만, 구글 등 미국 유수의 기업들의 채용 과정을 살펴보면 '팀플레이' 요소를 평가하고 있음을

확인할 수 있습니다. 연구의 특성에 따라 팀플레이가 많이 필요할 수도 있고 아닐 수도 있기 때문에, 학과별 또는 교수님별로 팀플레이를 얼마나 중요시할지 그 가중치는 다르겠지만, 연구라는 특성상 혼자서 모든 것을 해내기는 어렵기 때문에 이 요소 또한 평가 지표로서 활용된다고 보는 것이 타당할 것입니다. 주의해야 할 점은, 이 챕터에서 설명 중인 주요 요소들, 즉 Intelligence, Initiative or Energy, Integrity, 팀플레이는 수학의 공리처럼 잘 정의된 용어가 아니라는 점입니다. 기업별, 학교별, 학과별, 교수님별로 같은 의미를 다른 단어로 표현할 수 있으니, 이번 챕터에서 설명한 용어 해석을 참고하여 의미를 이해해야 합니다. 아래 그림은 MIT의 전기컴퓨터공학과 교수님들이 학과 홈페이지에 직접 밝힌 학생 선발 기준입니다. 여러 교수님들이 주요 채용 요소들을 어떤 단어로 표현하고 있는지 살펴보시기 바랍니다. 전문은 사진 옆의 QR코드나 링크로 접속하여 확인할 수 있습니다.

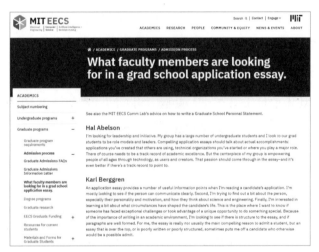

MIT의 학생 선발 기준

마지막으로 언급할 점은, 옆의 링크에서 확인할 수 있듯 채용 요소들 각각의 중요도가 인사권자별로 다르다는 점입니다. 일반적으로 3가지 또는 4가지 요소들이 평가되지만, 그중에서도 무엇을 가장 중요하게 살펴보고 무엇을 가장 덜 중요시하는지는 개인의 관점이 투영되는 것이기 때문에 차이가 있을 수밖에 없습니다. 예를 들어, 버핏에게 가장 중요한 채용 요소는 Integrity입니다. 다른 요소가 아무리 좋아도 Integrity가 없는 지원자를 버크셔 해서웨이에서 채용하지는 않을 것입니다. 김박사넷이 겪어 본 유학 준비생들 대다수의 공통점은 모티베이션이나 Attitude의 중요성을 간과한다는 것입니다. 모티베이션을 가진 사람이 왜 중요한지, 그 중요성을 생택쥐페리가 남긴 어록을 차용하여 다시 한번 강조하며 이번 챕터를 마무리하고자 합니다.

"당신이 배를 만들고 싶다면, 사람들에게 목재를 가져오게 하고, 일을 지시하고, 일감을 나눠 주는 일을 하지 말라. 대신 그들에게 저 넓고 끝없는 바다에 대한 동경심을 키워 주어라."

7

유효한
어드미션 전략

미국 석박사 유학의 본질에 대해서 알아냈으니, 이제 지원 전략을 이야기해 볼 수 있는 단계가 되었습니다. 김박사넷 유학교육이 제시하는 유효한 지원 전략은 두 가지로 요약할 수 있습니다.

첫째, 채용 요소를 반영하여 최소 MAYBE pile 레벨 이상임을 어필하라

첫 번째 전략은 이 장에서 지속적으로 언급하고 있었으니, 더 자세한 설명은 생략하겠습니다. 핵심은 채용 평가 요소를 미국 석박사 과정 지원 서류에 효과적으로 기술하는 데 시간과 비용을 쏟아야 한다는 것으로서, 5장과 6장에서 서류별로 상세하게 설명할 것입니다.

둘째, 가급적 많이 지원하라

많이 지원하는 것이 유리할 것 같긴 한데, 구체적으로 어떤 효과가 있을까요? 첫 번째 전략을 효과적으로 실행하여 최소한 MAYBE pile 레벨 이상이 되었음을 가정해 봅시다. 서로 다른 대학교 프로그램의 커미티는 모두 다른 사람이기 때문에, 각 프로그램의 지원자 평가는 독립적으로 이뤄지게 됩니다. 즉, 통계에서 얘기하는 독립시행 조건이 성립하게 되죠. 예를 들어 다음 그래프처럼 박사 과정에 지원한 학생이 최소 MAYBE pile 레벨이 되었다면 임의의 학교에서 합격 통보를 받을 확률은 대략 16% 정도입니다. 그러면 만약 지원자가 5개 학교에 지원했다면 1개 이상의 대학교에서 합격할 확률은 58%임을 알 수 있습니다. 모든 학교에서 탈락할 가능성이 절반 정도라고 볼 수 있죠. 그럼 지원 숫자를 점점 늘려가면 합격 확률은 어떻게 될까요? 10개 대학교에 지원할 경우 83%, 통상적인 지원 숫자인 15개 대학교에 지원할 경우엔 93%까지 늘어나게 됩니다. 만약 30개 대학교에 지원했다면 합격 확률이 99.5%까지 늘어나게 되죠. 임의의 학교에서 합격 통보를 받을 확률 16%는 UCLA의 모든 프로그램의 2020년 평균 합격 확률이기에, 각 프로그램에 모두 들어맞는 수치는 아닙니다. 그렇지만 이 챕터에서 얘기하고자 하는 두 번째 전략의 핵심은 여전히 유효합니다. 그림 옆의 계산 공식에서 확인할 수 있듯이, 지원 대학교 수가 많을수록 합격을 알리는 어드미션 레터를 받을 확률은 빠르게 증가합니다. 통상적으로 15개 내외의 프로그램에 지원하는데, MAYBE pile 레벨 이상의 지원자라면 1개 이상의 대학교에 합격할 확률이 최소 90%가 될 것이라고 기대할 수 있는 것입니다. 탑스쿨만 진학 목표로 삼고, 5개 내외의 프로그램에만 지원하는 것은 자칫 모든 대학교에서 불합격 통보를 받을 가능성이 높습니다. 자신이 YES pile 레벨이라고 확신하는 경우라면 적은 숫자를 지원해도 괜찮겠습니다만, 흥미로운 점은 오히려 YES pile 레벨의 유학 준비생들이 최대한 많은 프로그램에 지원한다는 사실이죠. Integrity와 합격 확률 간의 강한 상관관계를 확인시켜 주는 사례가 아닐까 싶습니다.

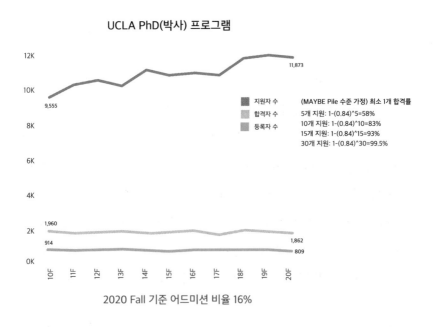

그렇다면 30개 이상의 대학교에 지원하면 되는 것 아닐까요? 지원 과정에 더 시간이 많이 들고, 서류 접수 비용도 많이 들겠지만 합격 확률이 비약적으로 상승한다면야 치를 만한 비용이니까요. 하지만 대부

분의 지원자들이 최대 15개 내외의 프로그램에만 지원하는 현실적인 이유가 있습니다. 그것은 바로 추천서입니다. 추천서는 준비해야 하는 주요 서류들 중에서도 여러분이 컨트롤 할 수 없는 서류입니다. 추천서는 보통 교수님이 써 주시기 때문이지요. 그런데, 우리가 짐작하는 것보다 교수님은 훨씬 더 바쁩니다. 그렇다고 대가를 받고 써 주시는 것도 아니지요. 순전히 호의로 여러분의 추천서를 써 주시는데, 그렇다면 어떻게 해야 교수님이 나를 위한 추천서를 많이 써 주실 수 있게 설득할 수 있을까요? 여기에 대한 고민을 미리 하고, 단계별로 교수님을 설득할 수 있는 방법을 찾아야만 할 것입니다. 보통 교수님들은 추천서를 많이 쓰려고 하시지 않습니다. 몇 개의 학교를 쓸지 깊은 고민도 해보지 않았고, 유학을 가야 하는 이유도 설득력 있게 얘기하지 못하는 유학 준비생들이 너무 많기 때문이죠. 추천서가 별 도움이 되지 않을 것 같은 학생에게 내 소중한 시간을 희생해 가며 무조건적 지원을 퍼부을 교수님은 거의 없을 것입니다. 당연히, 추천서를 써 주실 교수님과의 관계를 미리 고민하고 실행에 옮긴 유학 준비생일수록 합격 확률을 높일 수 있을 것입니다.

8
——

석사 유학의
본질

앞 챕터에서는 박사 과정 지원자를 예시로 지원 대학교 수에 따라 합격 확률을 계산해 보았습니다. 그렇다면 석사 과정 지원자의 경우는 어떨까요? 지원하는 학과/프로그램의 평균 합격 확률만 바꿔서 계산해 볼 수 있으며, 그 원리는 동일합니다. 그런데, MAYBE pile 레벨 기준도 동일하게 적용되는 것일까요? 3장에서 다룬 레벨링을 결정하는 중요한 두 가지 질문 중 하나는 '5년/5억을 투자할 가치가 있는지'였는데, 이 질문이 유효하려면 석사 과정 입학생도 펀딩을 받아야 합니다.

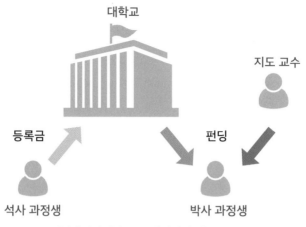

대학교

지도 교수

등록금

펀딩

석사 과정생

박사 과정생

박사와 석사 과정 프로그램의 차이점은 펀딩 유무

　대부분의 석사 과정 입학생들은 펀딩을 받지 못합니다. 간혹 석사 과정임에도 불구하고 펀딩을 받는 뛰어난 학생들이 존재하지만, 이는 극소수이며 대개는 등록금을 내고 학교를 다니게 됩니다. 석사 과정생이 낸 등록금은 대학교를 운영하는 데 사용되며, 일부는 박사 과정생을 펀딩하는 데 쓰이기도 합니다. (박사 과정생 펀딩은 많은 부분 정부와 기업에 의존합니다.) 위 그림에서 표시한 '돈'의 흐름이 박사 학위 프로그램과 석사 학위 프로그램의 가장 큰 차이입니다. 쉽게 얘기하면, 석사 과정 합격생은 돈을 내고, 박사 과정 합격생은 돈을 받죠. 이 점이 앞에서 살펴본 석사 과정 합격률과 박사 과정 합격률의 차이(16p의 그래프)의 원인입니다. 따라서 석사 과정에 지원하는 유학 준비생들은 '5년/5억을 투자할 가치가 있는지'라는 질문을 준비하는 면에서는 박사 과정 유학 준비생에 비해 자유롭습니다.

그럼에도 불구하고, 석사 과정 합격률이 높은 편은 아닙니다. UCLA 전체 학과 기준으로도 2/3는 탈락하죠. 이 이유는 미국의 좋은 대학교에 진학하고자 하는 학생들이 전 세계에서 몰리기 때문입니다. 돈을 내고서라도 석사 과정에 입학하려는 지원자가 석사 과정 정원보다도 훨씬 많다는 뜻입니다. 인기 학과는 당연하게도 더 경쟁률이 심합니다. 2020년 UCLA에서 발표한 컴퓨터공학과 석사 과정 지원자의 합격률은 약 8%였습니다. 등록금을 낸다는 이유로 나를 뽑아 주기엔 경쟁자가 너무 많다는 것이 문제입니다. 그럼 이 경쟁자들 사이에서 어떻게 어드미션 커미티가 나를 뽑도록 만들 수 있을까요? 그 답은 '같이 일하고 싶은 인재인가?'라는 질문에 어드미션 커미티가 yes라고 대답할 수 있게 준비하는 것입니다. 결국, 석사 과정 지원자들에게는 하나의 질문─펀딩할 만한 가치가 있는가─이 빠질 뿐, 박사 과정 지원자들과 동일한 수준의 준비 과정을 겪어 내야만 하는 것입니다. 미국 석박사 과정의 핵심 본질은 석사 과정 지원자에게도 여전히 유효합니다.

9

한국과 미국의
대학원 제도 비교

한국의 대학원 과정 구조와 특징

한국의 학위 제도를 이해하면 미국 석사 및 박사 과정의 특징을 더 잘 이해할 수 있습니다. 한국에서는 대학원 입학 시 선택할 수 있는 과정이 크게 석사 과정, 박사 과정, 석박사 통합 과정으로 나뉩니다. 학석사 연계 과정은 이 글의 주제에서 벗어나므로 다루지 않겠습니다.

한국의 석사 과정과 박사 과정 입학에 필요한 학위는 각각 학사, 석사 학위입니다. 즉, 학사, 석사, 박사 학위를 순차적으로 밟도록 설계되어 있죠. 석사 학위가 없는 상태에서 박사 과정으로 입학할 수는 없습니다.

예외적으로 석박사 통합 과정은 학사 학위만 있어도 입학할 수 있습니다. 이 과정은 석사–박사 학위를 연속적으로 취득하고자 하는 학생들에게 여러 장점을 제공합니다. 우선 석사 학위 논문심사를 별도로 거치지 않아도 되어 행정적 부담이 줄어들며, 하나의 큰 주제 아래에서 연구를 지속적으로 수행할 수 있습니다. 또한 많은 학교에서 등록금 감면 혜택을 제공하며, 장기적인 연구 프로젝트에 참여할 기회도 더 많습니다. 일반적으로 석사와 박사 과정을 순차적으로 밟을 경우 총 4-6년이 소요되는데, 석박사 통합 과정 역시 보통 5년 정도의 기간이 필요합니다.

석박사 통합 과정은 교수진에게도 선호받는 제도입니다. 일반 석사 과정 학생들의 경우 연구실 적응과 졸업 준비에 각각 6개월 정도가 소요되어 실질적인 연구 기간이 1년 남짓에 불과합니다. 반면 통합 과정 학생들은 5년 이상의 충분한 시간 동안 한 분야를 깊이 있게 연구할 수 있어, 보다 의미 있는 연구 성과를 도출할 수 있습니다. 이는 교수와 학생 모두에게 장기적인 관점에서 연구의 연속성과 깊이를 보장해주는 장점이 됩니다.

미국 대학원 과정 구조와 특징

미국의 대학원에서는 석사 과정과 박사 과정 모두 학사 학위만 있으면 지원이 가능합니다. 즉, 박사 과정 진학을 위해 반드시 석사 학위가 필요하지는 않습니다. 이러한 점에서 미국의 박사 과정이 한국의 석박사 통합 과정과 비슷해 보일 수 있지만, 실제로는 상당히 다른 특징을 가지고 있습니다. 이는 미국과 한국의 교육문화 차이에서 비롯된 것으로 이해할 수 있습니다.

미국의 박사 과정은 지원자가 이미 실질적인 연구 경험을 가지고 있다고 전제합니다. 5년 기준으로 약 5억 원에 달하는 연구 펀딩이 제공되는 만큼, 이는 마치 기업이 적합한 인재를 채용하는 과정과 유사합니다. 한국과 달리, 미국 학생들은 학부를 마치고 곧바로 박사 과정으로 진학하는 경우가 많습니다. 이들에게 박사 과정 진학은 전문 연구자가 되어 연구를 자신의 직업으로 삼는다는 의미입니다. 따라서 학생들은 진학 전에 반드시 연구가 자신의 적성에 맞는지 확인해야 합니다. 실제로 박사 과정에 진학하는 대부분의 미국 학생들은 최소 1년 이상의 연구 경험을 가지고 있습니다. 학부생임에도 연구실에서 능동적으로 연구에 참여하면서 자신의 적성을 검증하는 것입니다. 이 과정에서 연구가 자신과 맞지 않다고 판단되면, 대학원 진학 대신 다른 진로를 모색합니다.

미국의 석사 과정 유형

미국의 석사 과정은 전문 석사 과정과 연구 석사 과정으로 구분됩니다. 전문 석사 과정은 특정 전문 분야의 기술적 역량을 향상시키는 것을 목적으로, 주로 산업체 진출을 목표로 하는 학생들이 선택하며 학생이 등록금을 전액 부담하는 것이 일반적입니다.

반면 연구 석사 과정은 연구 잠재력은 있으나 실제 연구 경력이 부족한 학생들을 위한 과정입니다. 이 과정에서는 연구 방법론을 배우고 학문적 깊이를 키우는 데 중점을 둡니다. 향후 박사 과정 진학 가능성을 염두에 둔 학생들이 주로 선택하며, 대부분의 학생이 스스로 등록금을 부담하지만 연구 성과에 따라 부분적인 지원을 받을 수도 있습니다. 이는 대부분의 대학원생이 등록금을 면제받는 한국의 시스템과는 큰 차이를 보입니다.

한국과 미국의 또 다른 중요한 차이점은 과성 선환의 유연성입니다. 한국에서는 반드시 석사 학위를 취득한 후에만 박사 과정 진학이 가능한 반면, 미국에서는 석사 과정 중 뛰어난 연구 역량을 보여주는 학생의 경우 졸업 전이라도 박사 과정으로 전환할 수 있습니다. 이러한 전환이 이루어지면 학생은 등록금 부담에서 벗어나 펀딩을 받으며 학업을 계속할 수 있게 됩니다.

한국의 학부 연구생 제도

최근 한국에서도 학부 연구생 제도가 증가하는 추세를 보이고 있습니다. 이는 연구 문화의 발전이라는 측면에서 긍정적인 변화지만, 미국의 학부 연구 문화와 비교하면 여전히 질적인 차이가 있습니다. 한국의 학부 연구생 활동은 주로 이력서의 '스펙' 쌓기로 인식되는 경향이 강해, 실질적인 연구 경험을 제공하는 데 한계를 보입니다.

현재 한국의 학부 연구생 활동은 보통 3–6개월의 기간으로 진행되며, 방학에 짧게 하는 경우가 많습니다. 미국의 경우 대부분 1년 이상 한 연구실에서 지속적으로 활동하며, 학생들이 독립적인 프로젝트를 수행하거나 대학원생들의 연구에 직접적으로 참여하는 경우가 많습니다. 미국과 비교하면 한국의 학부 연구생은 상대적으로 보조적인 활동에 머무는 경향이 있어, 미국의 박사 과정 지원 시 요구되는 수준의 연구 역량을 입증하기에는 아직 부족한 경우가 많습니다.

다만 이러한 격차는 점차 줄어들 것으로 기대됩니다. 글로벌 연구 환경에서 경쟁력을 갖추기 위해 한국의 연구 문화도 꾸준히 발전하고 있기 때문입니다. 최근 몇 년간 한국의 주요 대학들은 학부생 연구 프로그램(Undergraduate Research Program, URP)을 확대하고, 1년 이상의 장기 학부 연구생 제도를 도입하는 등 실질적인 연구 경험을 제공하기 위해 노력하고 있습니다.

한국과 미국의 대학원 제도 차이는 단순한 제도의 차이를 넘어 각국의 교육 문화와 연구 환경의 차이를 보여줍니다. 이러한 차이에 대한 이해는 양국의 대학원 과정에 더 효과적으로 접근할 수 있게 해 여러분의 커리어 모색에도 도움이 될 것입니다.

4장

왜 대학원을,
그것도 미국으로
가려고 하는가?

1

스스로 답변해야 할
중요한 질문

미국 대학원 진학을 준비하면서 가장 먼저 해야 하는 것은 무엇일까요? 이 책의 앞선 내용을 읽지 않은 분들이라면 TOEFL 점수나, 논문 같은 실적을 꼽을지 모르겠습니다. 대체로 지원에 필요한 서류와 관련 있는 요소들의 준비를 이야기하죠. 하지만 김박사넷 유학교육 선생님들은 이 모든 것에 우선하는 것이 있다고 생각합니다. 바로 다음 두 가지 질문에 대한 답변입니다.

왜 나는 석박사라는 학위가 필요한가?
왜 미국에 가야 하는가?

'미국에서 석박사 학위 취득'이란 목표를 향해 가다 보면, 향후 인생의 방향성을 크게 바꿀 수 있는 이 두 가지 중요한 질문을 마구잡이로 섞어서 생각하게 됩니다. 하나씩 따로 떼어서 생각해도 답을 내리기 힘든 질문 두 가지를 한꺼번에 생각하다 보면, 명확한 답을 내리기가 어려워집니다. 하지만 본인의 기준으로 내린 명확한 답변 없이는, 유학 준비를 하다 준비 과정이 조금만 어려워져도 포기하기 일쑤입니다. 그뿐만이 아닙니다. 오히려 더 나쁜 것은 각오 없이 덜컥 합격해 버리는 것이죠. 미국 생활이 기대했던 것과 너무나 달라서 심리적으로 괴로워하고 건강을 잃거나, 심해지면 중도 포기하는 경우를 종종 목격해 왔습니다. 박사 과정 도중에 중도 포기한다면 20대 후반~30대 초반의 황금 같은 시간이 아깝게 낭비되는 것입니다. 석사 과정 도중이라면 여기에다 등록금과 생활비까지 낭비되겠죠. 따라서 우리는 저 두 고민에 대해 깊이 고민해 보고 나름의 답을 먼저 찾아야만 합니다.

우선 첫 번째 질문을 살펴봅시다. '왜 나는 석박사라는 학위가 필요한가?' 이 질문을 던졌을 때 가장 자주 들었던 답변은 '학위를 최소 요건으로 하는 직장에 취업해야 하기 때문'이었습니다. 예를 들어 교수나 정출연 연구원이 목표라거나, 석사 학위를 가진 연구원 등이 목표인 것이죠. 틀린 대답은 아니지만, 여러분들은 더 근원적인 질문을 스스로에게 던져야 합니다. '취업은 왜 해야 할까요?', '취업하지 않으면 무엇이 문제인가요?' 등 더 근원적인 질문에 대답할 수 있어야 합니다. 이 질문들의 끝자락은 한 인간으로서 정립한, 또는 정립해 나갈 철학에 닿을 수 있어야 합니다. 또는 인간적인 욕망에서 파생됐을 수도 있습니다. 어떤 방향이든 중요한 것은 꼬리에 꼬리를 무는 질문들에 계속해서 답변해 보는 것입니다.

이 질문의 끝에는 무엇이 있을까요? 예를 하나 들어 보겠습니다. 그 질문의 끝에는 '돈을 많이 벌고 싶어서'라는 답변이 나올 수도 있습니다. 제가 실제로 들었던 답변이기도 하죠. 자, 그러면 다시 생각을 시작할 질문을 던져 보겠습니다. 과연 석박사를 하면 돈을 무조건 많이 벌 수 있을까요? 석박사 학위 취득을 위해 사용할 시간과 자원으로 의사나 변호사 등 다른 돈 많이 버는 직업을 선택할 수는 없었을까요? 음식점 등 창업은 답이 될 수 없었나요? 이런 질문을 하면, 해답이 나오지 않는다는 생각에 허탈할 수도 있을 것 같습니다. 하지만 확실한 것은, 이런 종류의 질문들에 언젠가는 대답해야 할 날이 올 것이라는 것입니다. 그날이 미국에서 한창 공부하던 때라면, 그리고 다른 결정을 내리게 된다면 생각보다 더 많은 것들을 대가로 치러야 할 것입니다.

대학원을 경험하지 못한 많은 사람들이, 석박사 학위가 더 나은 미래를 가져다 줄 것이라고 생각합니다. 물론 사실일 가능성이 높고, 인생을 통계적인 기댓값으로만 본다면 틀린 말은 아닌 것 같습니다. 문제는 통계는 다른 사람들의 이야기일 뿐이고, 여러분의 인생이 통계를 따를 것이라는 보장이 없다는 것입니다. 조금 더 구체적으로 살펴보겠습니다. 석사 학위만 취득한 경우는 좀 낫습니다만, 박사 학위를 취득한 경우엔 여러분이 취업할 수 있는 일자리가 급격히 줄어듭니다. 박사 학위자는 아주 특별한 분야에 전문성을 가지고 있는 경우가 대부분인데, 이 특수한 분야가 산업적으로 활발한 분야가 아니라면 좁은 문을 뚫고 취업을 위한 경쟁을 펼쳐야 합니다. 문제는, 경쟁자들도 모두 박사 학위를 가지고 있다는 것이죠. 성과를 잘 내고 있는 경우라면 상대적으로 다행이지만, 다른 경쟁자들을 압도할 만한 정도가 아니라 약간 좋은 성과만으론 좋은 결과를 무조건 얻어낼 수는 없습니다. 운도 많이 따라야 하죠. 생각보다 치열한 경쟁에 지쳐 경쟁률이 다소 낮아 보이는 직무 관련성이 없는 곳으로 눈을 돌린다면, 더 엄격한 검증을 받게 될 것입니다. '박사 학위자가 왜 여기에 지원했을까? 성과가 좋지 않거나 이상한 사람인가?'라는 의문 말이죠. 이제는 내가 올라탄 박사 학위라는 것이 꽃가마가 아니라 호랑이 등이라는 것을 뒤늦게 눈치챕니다. 내리기도 힘들고, 어떻게든 버텨서 끝까지 가야 될 것만 같습니다.

Post-doc 포지션으로 일하고 있는 수많은 박사 학위자들은 이러한 경쟁을 뚫고 교수나 정출연의 연구원으로 임용되기 위해서 노력하고 있습니다. 학사 학위를 취득한 시점을 기준으로 보자면, 석사&박사 학위에 6년, Post-doc 기간까지 또 오랜 기간 본인을 극한으로 밀어붙이고 있는 상황입니다. 다행히 운이 좋다면 학사 학위를 받은 후 8년 전후로 교수 임용이 가능합니다. 하지만 어디까지나 운이 좋은 경우이고, 10년 이상이 걸리는 경우도 허다하죠. 그럼 다시 '돈을 많이 벌고 싶어서' 석박사를 선택한 경우를 생각해 봅시다. 과연 박사 학위를 받고 교수가 되는 것과 1년간 수능을 다시 준비하고 의대 진학 후 6년 공부 후에 의사가 되는 것, 어떤 길이 돈을 더 많이 벌 수 있을까요? 2년간 LEET 시험을 준비 후 합격하여 3년 공부 후 변호사가 되는 길은 또 어떤가요?

'왜 나는 석박사 학위가 필요한가?'라는 질문에는 '명예'나 '세상에 대한 기여' 등 다른 대답도 얼마든지 있을 수 있습니다. 어떤 대답이든 좋습니다. 다만 이 질문들에 꼬리를 계속 이어 가며 깊이 고민해 보시기를 강력히 추천합니다. 그래야만 석박사 과정을 진행하는 동안, 그리고 학위 후 목표를 달성하는 데까지 생겨나는 여러 어려움을 극복할 수 있는 핵심 무기를 손에 쥘 수 있기 때문입니다.

이번에는 두 번째 질문인 '왜 미국에 가야 하는가?'를 살펴봅시다. 이 두 질문을 던진 이유는 각 질문을 분리해서 고민해 보는 것이었기 때문에, 학위와도 분리해서 생각해야 합니다. 즉, '왜 미국에서 살고 싶어 하는지'만 보세요. 제가 들었던 이유 중 가장 설득력 있는 대답은 '세계 최고의 국가에서 더 많은 기회를 찾고 싶어서'입니다. 한국과 미국은 경제 규모만 보더라도 비교가 되지 않기 때문에, 당연히 더 많은 기회가 있을 것으로 기대됩니다. 그렇다면 그 다음 질문을 던져 보겠습니다. 미국에 꼭 석박사 유학생으로 가야 하나요? 바로 취업을 할 순 없나요? 예를 들어 박사 유학생으로 간다면 기회를 부여받을 때까지 6년 이상의 시간이 걸리겠지만, 취업을 한다면 지금 당장 기회를 받을 수 있는데요. 이 질문의 핵심은 이러한 관점에서도 미국 유학 도전을 고민해 본 적이 있냐는 것입니다. 비자 발급 등의 문제는 현실적인 문제일 뿐 이 문제를 충분히 고민하고 내린 해답은 아니기 때문이죠. 극단적인 가정이지만, 미중 무역 분쟁의 승자가 중국이 되었다고 가정해 봅시다. 그래도 미국에서 살고 싶은 것은 여전한가요? 그렇다면 그 이유는 무엇인가요?

많은 학생들이 미국 유학을 위해 영어 공부를 어떻게 하냐고 묻습니다. 미국 유학 자체에 대한 고민은 진지하게 해보지 않은 채, 일단 영어 공부에 시간과 돈을 투자하지요. 물론 공부가 나쁜 것은 아니고, 나중에는 어떤 형태로든 지금의 공부가 긍정적인 영향을 미칠 수 있겠지만 핵심은 공부 자체가 아닙니다. '왜 영어도 못하면서 미국에서 살고 싶어 하는지'가 더 핵심적인 질문이지요. 미국으로 진학하는 유학생에 비해 아주 적은 수이지만, 일본으로 진학하는 유학생들은 '일본에 관심이 있고 일본 문화를 경험하고 싶어서' 일본으로 진학했다는 말을 자주 합니다. 보통은 일본어에도 이미 어느 정도 익숙한 경우가 많죠. 그 국가에 대한 관심으로 인해 학위 과정을 그 나라에서 진행하는 것은 자연스러운 현상인 것 같습니다. 그런데 왜 미국으로 유학을 가고자 하는 학생들은 영어에 익숙한 경우가 별로 없을까요? 본인의 영어가 아무리 노력해도 늘지 않는다면, 과연 '미국에서' 석박사 과정을 밟는 것이 본인에게도 유리한 결정인지를 깊이 고민해 보시기 바랍니다. 만일 석박사 학위를 가져야 할 이유만 명확하다면, 미국이 아닌 한국이나 다른 나라가 답이 될 수도 있을 테니까요.

2

미국 대학교의
목표

이전 챕터에서 던진 질문 두 개가 선문답으로 느껴지는 분들이 꽤 많을 것입니다. 하지만 저 질문에 대해서 깊이 고민하고 나름의 답을 갖고 있어야만 비로소 자기 어필을 할 준비가 된 것입니다. '유학=채용'이라는 공식을 기억하실 것입니다. 기업은 기업의 이윤과 비전 실현을 위해 채용을 하고, 사업을 전개합니다. 그렇다면 미국의 대학교는 어떨까요? 미국의 대학교가 이윤 실현을 목표로 하진 않을 것 같습니다. 그렇다면 남은 것은 비전밖에 없죠. 미국의 대학교는 어떤 비전을 가지고 있기에 자국 학생이 아니라 외국인에게 펀딩을 주면서까지 최고의 환경에서 연구할 기회를 제공할까요? 우리는 미국인도 아니고, 선발 당시에는 향후 미국에서 일하며 미국의 GDP에 기여할지조차 불확실한데 말이에요. 이 질문에 대한 답을 이해해야만, 내가 미국의 대학교에 진학하기 위해서 어떤 점을 전략적으로 어필해야 할지를 알 수 있습니다.

MIT와 Stanford의 비전

위 사진들은 메사추세츠공과대학교(Massachusetts Institute of Technology, MIT)와 스탠퍼드대학교(Stanford University) 홈페이지에 소개되어 있는 비전입니다. 두 학교의 비전은 서로 다른 단어와 문장으로 표현되어 있을지언정 뜻하는 바는 일치합니다. '사람들을 위한 더 좋은 세상을 만드는 것'입니다. 그리고 이를 만들기 위한 방법으로 innovation을 제시하고 있다는 공통점이 있네요. 다른 대학교의 비전을 살펴봐도 대동소이합니다. 모두 더 좋은 세상을 만드는 것에 관심이 있습니다. 그렇다면, 대학교는 이 비전을 어떻게 달성하려는 것일까요? 대학교 총장님이 더 좋은 세상을 만들기 위해 직접 실험실에서 연구를 하고 있을까요? 너무나 당연하게도, 학생들이 그러한 세상을 만들 수 있도록 서포팅하는 것이 이 비전을 달성하기 위한 실질적인 방법, 즉 미션입니다.

그렇다면, 앞선 챕터에서 다뤘던 선문답 같았던 두 질문을 통합해서 다시 해봅시다. 대학교가 여러분들한테 직접 질문한다면 이러한 문장이 되겠습니다. '당신은, 특히 외국인인 당신은 왜 우리 학교에서 석박사 학위를 하고 싶은가요?' 우리는 앞에서 MIT와 스탠퍼드대학교의 존재 이유인 비전에 대해서 이미 알아봤습니다. '최고의 대학교인 MIT에서 박사 학위를 받고 교수라는 좋은 직업을 가지는 것이 목표다'와 '최고의 대학교인 MIT에서 XXX 연구를 수행하여 YYY 분야에서 innovation을 만들어 세상을 더 좋게 만드는 것이 목표다' 중, 어느 대답을 하는 것이 대학교 입장에서 더 매력적일까요?

후자의 대답인 것이 너무나도 당연한 결론입니다. 미국 최고의 대학교들은 자선사업을 하기 위해서 외국인인 여러분들에게 펀딩을 줘 가면서 박사 과정으로 선발하는 것이 아닙니다. 또는 등록금을 낸다고 해서 석사 과정으로 덜컥 받아 주지도 않습니다. 최고의 대학교들은 자신들의 비전을 달성하기 위해 여러분들에게 최고의 환경에서 연구할 '기회'를 주는 것입니다. 따라서, 개인의 부귀영달에 관련된 목표를 제시하는 유학 준비생의 매력도는 매우 떨어지는 것입니다. 여러분들이 '미국에서 수학해야 하는 이유'에 대해서 진지하게 고민해야 하는 이유입니다. 여러분이 고민하며 내린 대답이 '세상을 더 좋게 만드는 것'에 가까울수록 소속 기관과 여러분의 목표가 닮아가기 때문입니다. 예를 들어 여러분들이 공학도라면, 세상을 바꿀 수 있는 기술적 진보를 최고의 대학교의 연구 환경을 활용해 만들어 내고 싶다고 답할수록 MIT의 비전과 일치하는 목표가 되는 것이죠.

김박사넷 유학교육 프로그램을 운영하며 많은 SOP를 봤지만, 대부분의 SOP는 이미 첫 문단부터 틀렸습니다. 90% 정도는 첫 문단에서 자신의 목표를 교수나 정출연 연구원으로 지정하고 있기 때문입니다. 이 오류를 넘어설 경쟁자 대비 압도적인 학점이나 성과, 또는 사전 컨택을 통한 교감이 이미 있지 않은 이상, 어드미션 커미티 입장에서는 매력적인 지원자가 아닙니다. 지원자 본인의 개인 영달을 위해 펀딩까지 주면서 최고의 연구 환경에서 기회를 줄 이유가 없기 때문이죠.

혹자는 교수나 정출연 연구원이 되어야만 세상을 바꿀 진보를 만들어 낼 수 있는 것 아니냐고 반문할 수도 있겠습니다. 분명히 말씀드리고 싶은 점은, 교수나 정출연 연구원만이 그러한 진보를 만들어 내지는 않는다는 것입니다. 예를 들어, 알파고는 구글 딥마인드라는 회사에서 만든 것입니다. 창업자인 데미스 하사비스(Demis Hassabis)는 네이처, 사이언스, PNAS 등 권위 있는 저널에 연구를 발표한 전도유망한 신경과학 분야 박사였지만, 교수나 연구원의 길을 걷지 않고 회사를 세웠습니다. 그리고 회사에서 세상을 바꿀 진보를 만들어 내고 있지요. 이런 사례는 해외에서만 가능한 일일까요? 한국 이공계 연구자들의 최고 영예인 한국공학한림원 정회원의 절반은 학계가 아니라 산업계에 소속된 연구자입니다. 이러한 분들에게 직업 자체는 목표가 아닙니다. 세상을 바꿀 진보를 목표로 가던 중에 얻게 된 중간 결과물에 가깝죠.

자, 여러분들은 어떤 비전을 가지고 대학교의 어드미션 커미티를 설득할 것인가요?

3

비전과 미션을
설정해야 하는 이유

여러분들은 단순히 직업적 목표를 이야기해선 안 됩니다. 실현 가능성
은 다소 떨어지더라도, 대학교의 비전을 달성할 수 있는 혁신적인 목표
를 수립해야만 합니다. 대학교와 어드미션 커미티의 입장에서 생각해
봅시다. 90% 이상 달성 가능해 보이는 목표, 즉 교수라든지 연구원이
라든지, 또는 작은 아이디어를 가진 지원자 100명을 선발하는 것과, 달
성 가능성이 10%도 안 되어 보이지만 Integrity가 뛰어난 지원자 100명
을 선발하는 것, 둘 중 어떤 선발 방식이 우리의 미래에 혁신을 가져올
수 있을까요? 대학교는 여러분들에게 '투자'하는 입장입니다. 지원자들
자신의 비전이 얼마나 혁신적인지, 지원자가 이 비전을 달성할 수 있
는 가능성이 얼마나 되는지 종합적으로 고려하여 선발 여부를 결정하
게 됩니다. 물론 박사 과정생 선발 최종 결정은 학생을 지도할 당사자
인 지도 교수님의 결정에 따르지만, 대학교의 소속된 한 연구자로서 지
도 교수님의 미션은 대학교의 미션과 같은 방향으로 설정되어 있을 가

능성이 아주 높습니다. 따라서, 여러분들은 유학 준비생으로서 스스로의 비전과 미션을 설정해야 합니다. 이 책에서는 비전과 미션을 다음과 같이 정의합니다.

비전은 '내가 만들고 싶은 세상의 모습'에 가깝습니다. 물론 그 미래 세상은 본인의 관점이 들어간 더 좋은 모습의 세상이어야 할 것입니다. 내가 만들고 싶은 세상을 내 평생에 실현할 수 있을 가능성이 반절일 만큼, 굉장히 큰 스케일의 목표입니다. 굳이 반절이라는 표현을 쓴 이유는, 실현 가능성이 0에 가까운 목표는 허무맹랑한 이야기일 것이기 때문이죠. 반대로, 실현 가능성이 100%라면 굳이 내가 없더라도 그러한 세상은 만들어질 테니 오히려 적절하지 않습니다.

미션은 비전을 달성하기 위한 방법론이라고 할 수 있습니다. 만들고 싶은, 꿈꾸고 있는 그 세상을 어떤 방법으로 구현할 생각인가요? 내가 만약 공대생이라면 신기술을 발명해서 그것으로부터 세상을 바꿀 기회를 얻을 수 있을 것입니다. 내가 만약 정책/행정 전공자라면 정책을 만들어 행정적으로 세상을 바꿀 기회를 얻을 수 있겠죠. 비전이 동일하더라도, 미션은 서로 다를 수 있습니다. 왜냐하면 내가 가지고 있는 관점과 능력은 내 고유의 경험과 가치관에서부터 비롯된 것이기 때문입니다. 비전이 내 평생에 걸친 목표라면, 미션은 5~10년 정도의 시간 스케일에서 달성할 수 있는 목표입니다. 5~10년이라는 시간이라면, 미국에서의 학위 과정 동안 이룰 수 있을지도 모릅니다. 그렇다면 여러분들이 SOP에서 충분히 제시할 만한 스케일의 연구 주제일 것이고, 큰 연구 주제를 정하면 이를 뒷받침할 세부 연구 주제들을 정할 수 있을 것입니다. 미션 또한 마찬가지입니다. 이 책에서는 미션을 달성하기 위한 세부적인 미션들을 서브 미션(sub-mission)으로 호칭할 것입니다. 이 서브 미션들은 짧으면 6개월, 길면 1~2년 단위로 구성됩니다.

비전과 미션, 서브 미션들이 구체적으로 무엇인지 이해를 돕기 위해 예시를 하나 들어 보겠습니다. 다들 빌 게이츠(Bill Gates)와 일론 머스크(Elon Musk)는 알고 계실 것입니다. 마이크로소프트의 창업자와 테슬라 CEO죠. 이 두 명 또한 본인의 비전이 투영된 재단과 기업을 통해 각자의 비전과 미션을 수행하고 있습니다. 게이츠와 머스크는 모두, 인류에게 더 나은 미래를 선물하고 싶어합니다. 이것이 게이츠와 머스크의 비전입니다. 혼자서는 이 비전을 구현할 수 없기 때문에, 여러 사람의 힘을 모으기 위해 재단이나 기업을 설립하고 운영하는 것이죠. 흥미로운 점은, 이 둘의 비전은 비슷하지만 그 방법론인 미션은 완전히 다르다는 것입니다.

우선 게이츠는, 빌&멀린다 게이츠 재단을 통해 인류가 현재 살고 있는 지구의 문제를 해결하고자 합니다. 대표적인 문제로, 전 세계적으로 약 35억 명의 사람은 하수도 시스템 등 안전하게 관리되는 위생 시설 없이 살고 있습니다. 오염된 물을 마시고 설사로 사망하는 사람은 매년 50만 명이 넘는 것으로 추정되죠. 빌&멀린다 게이츠 재단의 대표적인 미션 중 하나는, 하수도 시설이 필요 없는 화장실을 만드는 것입니다. 하수도 시설 같은 국가 기반 산업은 막대한 자본이 필요한 사업이기 때문에 개발도상국에서는 투자할 여력이 없습니다. 이 미션을 수행하기 위해 전 세계의 발명가들에게 연구비를 제공하고 발명자에게 줄 상금도 내걸었지요. 다른 미션도 있습니다. 미래엔 막대한 에너지가 필요하여 에너지난이 생길 것으로 예상되는 바, 화석 연료를 대체할 차세대 원전을 개발하는 프로젝트입니다. 게이츠는 이러한 미션들을 해결하면 궁극적인 비전을 달성할 것으로 기대하고 있는 것입니다.

반면 머스크는 지구에서의 문제 해결보다 지구를 벗어나는 데 더 관심이 있습니다. 인류를 다행성 종족으로 만드는 것이 인류의 미래를 위한 일이라고 생각하며, 이를 위해 화성에 식민지를 건설하는 것이 그의 미션입니다. 이 미션을 달성하기 위해서는 여러 가지 서브 미션이 필요합니다. 일단 화성까지 수없이 오가게 될 텐데, 현재로써는 우주선을 한 번 발사하는 데 너무 많은 비용이 듭니다. 이 문제를 해결하기 위해, 이미 우리가 알고 있듯이 스페이스 엑스라는 회사를 설립하고 재사용이 가능한 로켓을 만들어 발사 비용을 획기적으로 줄였습니다. 서브 미션은 성공적이었고, 화성 식민지 건설이라는 미션을 달성하기 위해 지금도 막대한 투자를 지속하고 있습니다.

게이츠와 머스크의 사례로 비전과 미션, 서브 미션이 무엇인지 어느 정도 이해하셨을 것이라 믿습니다. 비전이 제일 중요한 것이며, 미션과 서브 미션은 방법론의 차원이라는 것을요. 방법론의 관점에서 미션이란, 비전을 구현하기 위해 가장 가능성이 높다고 생각한 가설이므로 실제로는 내가 설정한 미션으로 비전을 구현하지 못할 가능성도 있습니다. 하지만 이번에 설정한 미션으로 원하는 세상을 만드는 것에 실패하더라도 괜찮습니다. 왜냐하면 비전을 달성하기 위해 여러분은 다음 미션을 시작할 것이기 때문입니다. Integrity가 뛰어난 Self-Motivated Researcher라면 말이죠.

4

모티베이션과
단순 흥미의 차이

개인의 비전과 미션이 필요한 이유는 선발의 주체인 대학교/어드미션 커미티의 비전과 결이 맞아야 하기 때문임을 말씀드렸습니다. 이제 '세상을 바꾸는' 큰 스케일의 논의가, 석박사 과정 선발이라는 본래의 목적과 어떻게 연결되는지를 알아보겠습니다. 채용에서 중요한 요소들을 기억하고 계실 것입니다. Intelligence, Initiative or Energy, Integrity, 팀플레이였죠. 이 중 비전/미션 설정과 가장 관련이 높은 요소는 무엇일까요?

세상을 바꾸는 데 채용의 주요 요소들이 모두 필요하겠지만, 최소 5~10년에서 길게는 평생이 걸릴 비전/미션의 시간 스케일을 고려하면 가장 중요한 것은 Integrity — 즉, 모티베이션과 태도입니다. 다른 말로 하면, 이 비전과 미션을 얼마나 진실되게 추구하고 있는가 하는 질문과 관련이 있습니다. 아무리 Intelligence가 뛰어나다 한들, 1년밖에 그 능력을 활용할 수 없다면 비전과 미션을 달성하는 일은 요원할 것입니다. 여러분들을 선발한 대학교, 어드미션 커미티, 지도 교수님의 공통적인 바람은 여러분들이 스스로 세운 비전과 미션을 끈질기게 밀고 나가는 것입니다. 그래야만 현실화 될 가능성이 낮았던 그 일이 현실이 되고, 결국에는 더 좋은 세상을 만들 수 있을 테니까요. 어드미션 커미티와 지도 교수님의 성향에 따라 다르겠지만, 여러분은 인터뷰에서 '이 비전과 미션을 얼마나 오래 유지할 수 있을까'의 질문을 받게 될 것입니다. 즉, 여러분들의 모티베이션은 끊임없이 평가 받게 될 것이며, 이에 대비해야 합니다.

김박사넷 유학교육 선생님들은 여러분들이 단순한 흥미와 모티베이션을 구별하길 바랍니다. 모티베이션을 '동기'로 이해하는 경우가 많은데, 우리말 번역이 정확한 의미를 전달하지 못해서 그런 것 같다는 생각이 듭니다. 이 연구를 하게 된 '동기'를 물어보면 단순한 흥미 수준으로 대답하는 경우가 잦습니다. 예를 들면, '수업 시간에 들었더니 흥미로웠다'거나 '검색을 해봤더니 유망해 보였다'는 수준의 대답이 돌아옵니다. 이 대답이 문제가 되는 이유는, 5~10년을 꾸준히 연구할 만한 연구자의 사고방식을 드러낼 수 없는 수준이기 때문입니다. 이 연구 분야를 수업 시간에 접한 것은 '계기'가 될 순 있겠으나, 이 연구 분야를 내 비전/미션으로 설정한 이유의 근거가 될 모티베이션으로는 충분하지 않으니까요.

이 챕터에서 던지는 질문들이 답변하기 쉽지 않다는 것을 알고 있습니다. 어떻게 답변해야 할지가 막막하다면, 원점으로 돌아가서 스스로에게 질문을 다시 던져 보기 바랍니다.

나는 왜 석박사 학위가 필요한가?
나는 왜 미국에 가고 싶은가?

5장

주요
서류 준비:
중요도와 타임라인

1

2X2 매트릭스로 보는
필수 서류 목록

4장에서는 비전과 미션의 중요성에 대해 살펴보았습니다. 5장에서는 미국 대학원에서 요구하는 필수 서류들을 어떻게 준비할지 알아보겠습니다. 이 책을 읽는 유학 지원생들의 전공 계열은 크게 인문/경영/이공/예체능으로 나눌 수 있겠는데요, 전공과 상관없이 각 프로그램에서 공통적으로 요구하는 서류들은 다음과 같습니다.

필수 서류: 추천서, 성적증명서, SOP, CV, 영어 점수
추가 서류: PS, GRE, Writing Sample, Portfolio

준비해야 하는 서류들을 본격적으로 들여다보기 전에, 여러분이 지원 시기 1년 전부터 준비한다고 가정해 볼까요? 1년이면 꽤 여유로운 것처럼 느껴지겠지만 실질적으로 우리가 서류 준비에 집중할 수 있는 시간은 길지 않습니다. 그렇기 때문에 사전에 무엇이 중요하고 무엇이 덜 중요한지를 파악한 뒤 시작해야 합니다. 그러면 무엇이 가장 중요할까요? 3장에서 이야기했던 미국 석박사 유학의 본질에 대해 잠시 복습하도록 하겠습니다.

미국 대학원의 석박사 프로그램은 진학이 아니라 채용의 관점으로 접근해야 한다고 말씀 드렸지요. 즉, 여러분은 기업의 채용 공고에 지원한다고 생각해도 무리가 없습니다. 쉽게 설명하자면, 대학원은 교수님이 이끄는 연구실(Research group)로 구성되어 있습니다. 그리고 이러한 연구실에는 교수, 박사후연구원, 박사 과정 대학원생, 석사 과정 대학원생, 학부 연구생 등이 소속되어 연구를 진행합니다. 박사 과정에 선발된다는 것은, 대학원 혹은 연구실에서 함께 일할 '연구자'로서 채용된다는 뜻입니다. 그렇기 때문에 채용하는 사람의 입장에서 볼 때 '함께 일하고 싶은 사람'이라는 생각이 들도록 설득하는 것이 핵심입니다.

합격자 선발을 위한 지원 서류를 검토하는 사람은 어드미션 커미티입니다. 커미티는 교수들로 구성되어 있고, 지원자가 내 동료 교수와 함께 일할 만한 사람인지 평가하게 됩니다. 조금 더 구체적으로 이야기하자면 이렇습니다. 내 동료 교수, 혹은 본인이 5~6년간 펀딩을 지원하고, 또 매주 일정 시간을 내어 논문 지도를 할 가치가 있는지, 해당 연구실에 합류하여 얼만큼 자신의 몫을 할 수 있을지, 나아가 지원자가 우리 학교에서 진행할 연구가 해당 학교, 학계, 사회에 어떤 기여를 할 수 있을지 등 '연구자로서 잠재력'을 볼 것입니다.

'함께 일하고 싶은 사람'이라는 관점은 워렌 버핏의 인재 채용 기준을 빌려 설명했었습니다. 그중에서도 Self-Motivated된 연구자라는 표현이 기억나시나요? 우리는 지금부터 이 말을 기반으로 서류 준비를 할 것입니다. 어플라이 과정은 지원자가 Self-Motivated된 연구자임을 어드미션 커미티에게 설득하고, 어드미션을 받기 위한 것이니까요!

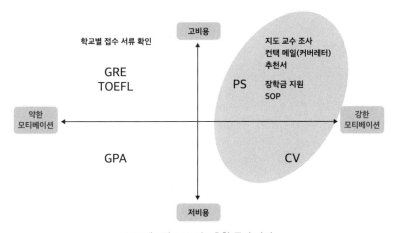

2X2 매트릭스로 보는 유학 준비 과정

위 그래프는 우리가 의사결정을 할 때 활용하는 2X2 매트릭스에 준비 과정을 배치한 것인데요, 바로 비용과 모티베이션으로 분류한 것입니다. 비용은 시간적 비용과 금전적 비용을 모두 포함하고, 모티베이션은 연구자로서의 지원자를 잘 드러내는 지표입니다. 우리의 시간적, 금전적 비용이 유한함을 생각해 볼 때, 상대적으로 모티베이션이 잘 드러나는 쪽에 힘을 쏟아야 할 것은 당연합니다. 예를 들어, 지도 교수 조사는 비용이 많이 들지만 가장 강한 모티베이션을 보여 주네요. 왜 이 과정이 가장 중요할까요? 나의 연구 과정에 대해 잘 알고, 내가 같이 연구하고 싶은 지도 교수를 찾는 것보다 더 확실하게 모티베이션을 드러내는 과정은 없기 때문이겠지요.

반대로 학교별 접수 서류 확인 과정은 비용이 많이 들지만, 모티베이션이 약합니다. 학교별 지원 서류 기준이 다르기 때문에 일일이 찾아야 한다는 점에서 시간적 비용이 상당하지만, 단순한 준비 서류 확인이기 때문에 연구자로서의 모티베이션과는 매우 약한 관계입니다. GRE나 TOEFL도 마찬가지로, 시험 점수는 정량평가의 기준으로 사용될 뿐 연구자로서의 모티베이션을 드러내기에는 약하지요. 일종의 준비된 지원자라는 점에서는 괜찮아 보일 수 있겠지만, 시험 점수의 목적을 생각해 볼 때 연구자로서의 모티베이션과 관련이 크게 없다는 사실을 어렵지 않게 알 수 있을 것입니다.

이제 우리는 지원 과정들을 이것을 할 수 있다와 할 수 없다, 그리고 중요하다와 덜 중요하다로 나누어 살펴보도록 하겠습니다. 중요하다의 기준은 연구자로서의 모티베이션을 잘 드러내는지입니다. 여기서 덜 중요하다는 것은 어디까지나 상대적인 의미이지, 필요 없다는 것으로 오해하지는 마세요. 우리가 어디에 가중치를 두고 준비해야 하는지를 파악하기 위한 구분입니다.

	중요하다	덜 중요하다
할 수 있다	지도 교수 조사 컨택 메일 추천서: 추천인 선정 장학금 지원 SOP CV PS	학교별 접수 서류 확인 GRE TOEFL
할 수 없다	추천서: 추천서 작성	GPA

　할 수 있다×중요하다 칸에 있는 서류들은 모두 지원자 스스로 준비할 수 있는 서류들입니다. 지도 교수 조사나, 컨택 메일 작성, 장학금 지원, SOP나 CV와 같은 중요한 서류들이지요. 이 서류들이 중요한 이유는 바로 지원자의 연구자로서의 모티베이션을 잘 드러내는 서류들이기 때문입니다. 이 서류들은 앞으로 순서대로 차근차근 살펴보겠습니다만 그중 눈에 띄는 추천서에 대해 먼저 조금 설명하겠습니다. 추천서는 매우 중요한 서류인데, 지원자가 스스로 할 수 있기도, 할 수 없기도 합니다. 왜 이렇게 모순적인 결과가 나오느냐 하면, 원칙적으로 추천서는 추천인이 작성하기 때문에 지원자가 그 내용을 알 수 없는 서류이기 때문입니다. 즉, 그 내용을 지원자가 컨트롤할 수 없습니다. 하지만 지원자는 좋은 추천서를 작성해 줄 추천인을 선정할 수 있지요. 내가 어떤 연구자이고, 어떤 연구를 해왔고, 앞으로 어떤 연구를 할 수 있는지를 자세히 써 줄 수 있는 사람 말입니다. 그렇기에 이 중요한 서류는 할 수 있다/할 수 없다라는 두 가지 항목에 걸쳐져 있는 것이고요.

다음으로는 여러분이 할 수 있지만 덜 중요한 항목입니다. 학교별 접수 서류 확인이나 GRE, TOEFL과 같은 시험이 있네요. 여기에 있는 준비 과정은 필수적이지만 모티베이션을 상대적으로 덜 드러내는, 어떻게 보면 지원 요건을 갖추기 위한 과정이라고 할 수 있습니다. 예를 들어 우리가 스탠퍼드대학교의 생물학 박사 과정 프로그램에 지원하려면, 그 프로그램에서 요구하는 필수 서류를 확인하겠죠? 이때, 필수 서류 중 하나라도 누락되면 해당 프로그램에는 지원이 불가능합니다. 시험 점수도 마찬가지입니다. 외국인으로서 미국에 있는 대학원에서 연구 활동을 한다면, 당연히 연구실 멤버들과는 물론이고 학회 등에서 자신의 연구에 대해서 자유롭게 말할 수 있어야 합니다. 그런 의미에서 영어 실력을 확인하는 용도로 점수를 요구하는 것입니다. 마찬가지로 GRE 또한 대학원에 입학하기 위한 수학 능력을 판단하는 것이 목적인 시험입니다. 그런 의미에서 접근한다면, 영어 점수도 최소 기준만 맞추고 다른 서류 준비에 더 힘을 쏟을 수도 있고, 혹은 GRE 시험 준비 여부를 전략적으로 판단할 수 있습니다.

그럼 할 수 없지만 상대적으로 덜 중요한 항목을 살펴볼까요? 여기에 GPA가 있는 이유는 말 그대로 우리가 이미 나온 성적을 바꿀 수 없고, 재수강 등을 통해 0.XX점을 더 올린다고 해도 어드미션 여부에는 큰 영향을 주지 않기 때문입니다. 즉 GPA를 높이는 데 집중하기보다는 '중요하다'에 있는 컨택 메일을 보내거나, SOP를 더 잘 쓰는 것이 어드미션을 받을 확률을 높인다는 뜻입니다. 어드미션은 종합적인 평가(Holistic Review)를 바탕으로 이루어지는 것입니다. 어드미션 커미티는 각 서류를 신중하게 검토하겠지만 GPA의 소수점 자리가 바뀌는 것으로 드라마틱하게 결과가 바뀌거나 하지는 않습니다. 3장에서 본 YES pile(1등 서류더미), MAYBE pile(2등 서류더미), NO pile(3등 서류더미)를 잠시 떠올려 보겠습니다. 0.XX점으로 서류가 YES pile에서 MAYBE pile로, NO pile에서 MAYBE pile로 옮겨질 것 같지는 않습니다. 물론 그렇다고 해서 GPA가 낮아도 상관없다는 뜻은 아닙니다. 이미 나와 있는 결과를 바꾸려고 애쓰기보다는 더 중요한 곳에 집중하라는 것이죠.

2

유학 준비
타임라인

자, 중요한 서류가 무엇인지를 살펴보았다면 그것에 쏟아야 할 시간적 비용을 계산해 볼 차례입니다. 기본적으로 미국의 학사 과정 중 신학기는 가을, 보통 9월에 시작됩니다. 우리나라와는 정반대이지요? 지원서를 입력하는 사이트 또한 9~10월에 열립니다. 보통 박사 과정은 1년에 한 번, 가을학기에 입학하는 것으로 모집하며 계열에 따라서는 추가적으로 봄학기에 모집하는 경우도 있습니다. 2026년 9월 가을학기 입학을 기준으로 구성한 타임라인을 한 번 살펴볼까요?

		2025.9~12
		원서 접수 (지원 사이트 오픈)
2026.1~4	2026.7~8	2026.9
인터뷰 & 결과 발표, 결과 발표 후 비자 수속	출국 준비	신학기 시작

2026 가을학기 기준 준비 일정표

기본적으로 지원 사이트는 9~10월에 오픈하여 12~1월에 닫습니다. 이 시기 동안 우리는 준비했던 서류들을 열심히 입력해야 하는데요, 프로그램에 따라서는 아직 원서가 마감되기도 전에 인터뷰를 시작하기도 합니다. 이런 프로그램을 우리는 롤링 어드미션 프로그램(Rolling-basis Admission)이라고 합니다. 원서가 제출되는 대로 검토하여 합격자를 발표하는 시스템입니다. 만약 그런 시스템을 운영하는 프로그램이라면 원서를 빠르게 제출할수록 어드미션 확률이 높아지겠죠? 뒤로 갈수록 남아 있는 자리가 적어질 테니까요. 또 인터뷰 없이 합격 발표를 하는 곳도 있습니다. 그런 지원자는 사전에 추천서 혹은 컨택을 통해 인터뷰에 준하는 평가, 즉 검증을 받았거나 서류만으로도 YES pile에 분류된 지원자로서 먼저 어드미션을 받은 것입니다.

아래는 지원 준비 과정을 중요한 순서대로 배치한 표입니다. 준비해야 하는 시기의 중요도가 높다면 서류의 중요도보다 우선합니다.

	지원연도											
	1월	2월	3월	4월	5월	6월	7월	8월	9월	10월	11월	12월
연구 활동(학위/인턴)	░	░	░	░	░	░	░	░	░	░	░	░
교수 조사 & 컨택	░	░	░	░	░	░	░	░	░	░		
추천서	░	░	░	░	░	░	░	░	░	░		
장학금 지원					░	░						
SOP						░	░	░	░	░		
PS						░	░	░	░	░		
CV						░	░	░	░	░		
학교별 필수 서류 확인									░			
TOEFL	░	░	░		░	░	░					
GRE	░	░	░		░	░	░					
지원 사이드 입력											░	░

서류 중요도에 따른 일정

가장 상단에 위치한 세 가지 준비 과정은 바로 연구 활동(학위/인턴), 지도 교수 조사 & 컨택, 그리고 추천서 준비입니다. 논문을 쓰거나 컨퍼런스에 참석하는 것들이 모두 연구 활동에 포함됩니다. 이 연구 활동을 통해 내가 가진 모티베이션을 드러낼 수 있는 어떤 결과물을 만들 수 있을 것이므로, 가장 중요하겠죠. 당연히 지도 교수 조사를 통해 내가 하려는 관심 연구 분야와 얼라인되는 교수들을 찾아내야 합니다. 그리고 그런 교수님을 찾아냈다면 갖은 방법을 통해 컨택해서 관계를 어느 정도 형성해두어야 합니다. 요즘 교수님들은 X(구 트위터)라든지 링크드인과 같은 소셜미디어에서도 활발히 활동합니다. 이런 채널에서 지도 교수님을 깊이 조사하면서 알게 된 내용을 컨택 메일에 언급할 수도 있고, 운이 조금 따라준다면 해당 채널에서 직접 이야기를 나눌 수도 있겠죠. 5장 후반부에서도 다루겠지만 컨택 과정은 매우 중요하고, 만약 박사 과정을 지원한다면 이 중요성은 더욱 커집니다.

　　추천서는 유학을 결심했다면 가장 먼저 계획을 세워 준비해야 하는 서류입니다. 왜 추천서가 중요한가 의아할 수 있는데, 미국의 추천서는 우리나라에서 생각하는 추천서와 의미가 조금 다릅니다. 이는 미국 사회가 고신뢰 사회인 것과도 연관이 있는데, 어드미션 커미티는 추천서를 굉장히 중요하게 검토합니다. 한 문장으로 간단히 표현하자면, 추천서는 추천인이 누구인가에 따라 그 서류의 힘이 결정됩니다. 예를 들어, 어드미션 커미티가 추천인을 잘 알고 있고 그 사람을 신뢰할 수 있다면? 피추천인에 대한 자격 검증에 대한 비용이 대폭 줄어들게 됩니다. 왜냐하면 추천서를 작성한 추천인의 판단을 신뢰하기 때문입니다.

행여 어드미션 커미티가 추천인을 잘 모른다고 하더라도, 기본적으로 추천인의 판단을 '신뢰'합니다. 따라서 추천서는 그저 그런 요식행위가 아니라, 매우 중요한 문서입니다. 또 다른 이유로는 프로그램당 세 통의 추천서를 제출해야 하므로, 추천서를 몇 통 확보하느냐에 따라 지원할 수 있는 프로그램 개수가 달라지기 때문입니다.

장학금은 보통 지원 전 장학금과 지원 후 장학금으로 나눌 수 있습니다. 장학금과 펀딩에 대해서는 5장 후반에서 다룰 것이고, 여기서는 장학금 지원 일정을 염두에 두는 것이 좋다 정도만 짚어 두겠습니다. 이렇게 지도 교수 조사와 컨택, 추천서를 준비하면서 SOP, PS, CV 등 나머지 서류도 여러 버전으로 준비합니다. 9, 10월이 되면 먼저 지원 사이트에 원서를 접수하게 되는데, 이 사이트도 오픈 후 한 번씩 먼저 살펴 둘 필요가 있습니다. 필수 서류들을 제출하고 끝나는 것이 아니라, 학교/프로그램마다 요구하는 질문들이 있기 때문입니다.

자, 마지막으로 TOEFL이나 GRE 같은 시험은 목표 점수를 설정 후, 되도록이면 단시간 내에 준비하는 것이 중요합니다. TOEFL을 예로 들어 볼까요? TOEFL 99점과 100점은 자릿수가 바뀌기 때문에 엄청나게 큰 차이로 보이지만 사실 그렇지 않습니다. 우리는 한국 사회의 정량평가의 기준에 익숙하기 때문에 이 차이를 중요하게 생각하지만, 어드미션 커미티는 모든 서류를 종합적으로 검토하기 때문에 1점 차이에 큰 의미를 부여하지 않습니다. GPA 0.XX점 차이로 서류가 MAYBE pile에서 YES pile로, NO pile에서 MAYBE pile로 옮겨지지 않는 것과 같은 이치입니다. TOEFL은 말 그대로 영어 실력을 가늠하기 위한 자료입니다. 프로그램에서 제시하는 최소 점수를 충족했다면, 시험을 더 준비하기보다는 회화 실력을 높이는 데 더 집중하세요. 점수보다 중요한 것은 미래의 내 지도 교수와의 인터뷰에서 내 연구에 대해 이야기할 수 있는가입니다. GRE도 마찬가지입니다. 시험 점수는 지원사의 준비 상태를 판단하는 자료이지, 연구자로서 연구를 얼마나 잘 하는가에 대한 모티베이션이나 연구 우수성을 드러낼 수는 없습니다.

타임라인만 보면 꽤 시간이 여유로운 것처럼 느껴지지만 사실 그렇지 않습니다. 우리가 미국 대학원 지원에만 모든 시간을 투자할 수 있는 것이 아니고, 행여 그렇다 하더라도 우리 인생에서 언제 어떤 이벤트가 발생할지는 알 수 없습니다. 이 빠듯한 일정을 효율적으로 잘 준비하기 위해서는 미국 석박사 유학의 방향성을 설정한 후에 진행하는 것이 중요합니다. 만약 준비를 하다가 방향성을 잃는 듯한 느낌이 든다면 딱 한 단어만 생각하세요. Self-Motivated된 연구자. 지금 내가 준비하고 있는 이 과정들이 나를 Self-Motivated된 연구자로 보이게 하는지, 어드미션 커미티가 그렇게 생각할 것인지 생각해 보면 답을 얻을 수 있을 것입니다.

먼저 준비해야 할 것, 추천서

미국에서 추천서가 갖는 의미

대학원 어드미션 커미티는 지원자가 제출한 서류를 종합적으로 평가하고, 어드미션 여부를 판단합니다. 하지만 그중에서도 추천서가 중요한 이유는 학계, 혹은 산업계에 있는 누군가가 지원자의 역량을 보증하고 추천하는 문서이기 때문입니다. 추천서가 이러한 역할을 할 수 있는 이유는 앞서 간단하게 설명했듯이 미국이 기본적으로 고신뢰 사회라는 데서 출발합니다. 고신뢰 사회란, 사회적 차원의 신뢰가 사회 전반적으로 넓게 형성되어 있는 곳을 가리킵니다. 신뢰가 낮으면 같은 일을 할 때도 더 많은 보증이나 계약, 변호사 등이 필요하겠지만 미국과 같은 고신뢰 사회는 그렇지 않죠. 그래서 추천서와 같은 문서를 신뢰할 수 있는 것입니다. 단, 여기에는 또 다른 사회적 약속이 있습니다. 쉽게 말하면, 내가 누군가를 추천한다는 것은 넓은 의미에서 나도 피추천인의 성과에 대해 책임을 지겠다는 뜻을 내포합니다. 즉 피추천인의 성과가 추천인의 명성과 신뢰도에 영향을 줄 수 있다는 것이죠. 예를 들어, 추천인을 통해 피추천인을 고용했는데 회사나 프로젝트에 큰 손해가 생겼다고 가정해 볼까요? 그렇다면 추천인도 일종의 연대 책임을 지게 됩니다. 자신의 이름과 커리어를 걸고 추천한 것이니, 그 사람의 이후 추천서는 신뢰도가 하락하는 방식으로 말입니다.

이를 대학원 지원 과정에 대입해 보겠습니다. 미국 박사 과정에 지원하는 김철수가 있습니다. 지도 교수 홍길동이 김철수를 '매우 뛰어난 박사 과정 후보자로서, 연구 우수성은 물론이고 인성도 훌륭하여 귀 연구실에서 핵심적인 역할을 할 수 있다'고 보증하는 추천서를 작성했다고 가정해봅시다. 다른 항목에서도 좋은 평가를 받은 김철수가 박사 과정에 합격합니다. 그런데 왜인지 그는 미국에서 만난 연구실 동료와도 불화를 일으키고, 연구 성과도 그리 좋지 못합니다. 김철수의 미국 지도 교수도 여러 번 기회를 주었지만 잘 풀리지 않았다고 가정합시다. 홍길동 교수님은 다른 연구자들을 위해서도 추천서를 작성할 텐데, 과연 이전과 같은 영향력을 발휘할까요? 아마 아닐 겁니다. 추천서는 이렇듯 미래 가치까지 포함하여 개인적인 보증을 하기에 매우 중요한 문서입니다. 그렇기 때문에 지원자를 잘 모르는 교수님이라면, 추천서 요청을 거절하실 수도 있습니다. 여기에 너무 상심하지는 마세요.

추천서의 역할은 잘 알았는데, 그럼 어드미션 커미티, 채용하는 입장에서는 무엇이 좋을까요? 바로 인재 검증 비용이라는 관점에서 생각해볼 수 있습니다. 지원자에 대한 검증 비용은 다음과 같이 정리됩니다.

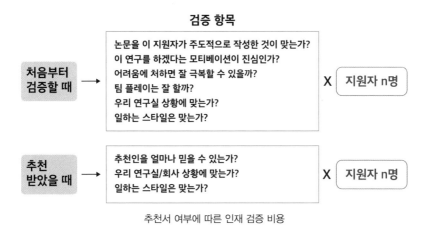

검증 항목

| 처음부터
검증할 때 → | 논문을 이 지원자가 주도적으로 작성한 것이 맞는가?
이 연구를 하겠다는 모티베이션이 진심인가?
어려움에 처하면 잘 극복할 수 있을까?
팀 플레이는 잘 할까?
우리 연구실 상황에 맞는가?
일하는 스타일은 맞는가? | X | 지원자 n명 |

| 추천
받았을 때 → | 추천인을 얼마나 믿을 수 있는가?
우리 연구실/회사 상황에 맞는가?
일하는 스타일은 맞는가? | X | 지원자 n명 |

추천서 여부에 따른 인재 검증 비용

위를 보면 인재를 처음부터 검증할 때와 추천 받았을 때의 검증 요소 개수가 다른 것을 확인할 수 있습니다. 채용하는 입장에서는 검증 요소의 개수에 지원자 수를 곱해야 검증해야 하는 요소의 총합이 되는데, 추천을 받는다면 절반으로 줄어드니 추천서가 아주 큰 역할을 합니다. 물론, 저 정도로 검증 요소를 줄일 수 있다는 것은 반대로 저 내용이 추천서에 있어야 한다는 뜻입니다. 즉, 워렌 버핏의 채용 기준 세 가지 Intelligence, Initiative or Energy, Integrity에 해당하는 모든 내용들이 담겨 있어야 하는 것이죠. 앞 챕터에서 추천서는 추천인이 누구인가에 따라 아주 강력한 역할을 할 수 있다고 말씀드렸었는데요. 추천서를 검토하는 사람, 즉 어드미션 커미티가 추천인을 잘 안다면 그 가치가 더 올라갑니다. 추천인의 판단을 신뢰할 수 있기 때문에 그만큼 추천서에 대한 신뢰가 두터워지는 것이죠. 반대로 어드미션 커미티가 추천인을 잘 모른다고 하더라도 그를 보완하기 위한 장치들이 마련되어 있기 때문에 결국 중요한 것은 추천서에 담긴 내용입니다. 이러한 배경을 알면 미국 석박사 지원에서 좋은 추천서를 받아야 하는 이유도 이해가 되실 겁니다.

좋은 추천서란 무엇인가

그렇다면 좋은 추천서란 무엇이고, 지원자는 누구에게 추천서를 받아야 할까요?

 박사 과정을 지원할 경우, 대부분 세 통의 추천서를 제출합니다. 많은 프로그램에서 다음과 같은 조건을 명시합니다. 세 통 중 적어도 두 통은 학계에 있는 사람, 그중에서도 교수(Academic Faculty)에게 받을 것. 추천서가 어떤 문서인지 이해했다면 이러한 조건이 합리적이라는 걸 아실 겁니다. 어드미션 커미티는 학계에서 함께 일할 연구자를 찾고 있으므로, 추천인은 이 지원자가 어떤 연구자인지를 평가하고 보증할 수 있는 위치의 사람이어야 합니다. 즉 이 사람과의 코워크한 경험 등을 통해 이 지원자가 어떤 연구를 해왔고, 앞으로 어떤 연구를 할 사람인지 추천서에 담아야 한다는 것이지요. 추천인을 교수로 제한하는 이유 역시 명료합니다. (정확히는 미국의) 학계를 잘 알고, 어떤 내용이 들어가는지 아는 사람에게 받아야 하니까요. 학계와 산업계는 추구하는 방향이 다르기 때문에, 학계 외부에서 받은 추천서는 어드미션 커미티가 알고 싶은 내용을 제대로 제시하지 못할 때가 있기 때문입니다.

 가장 중요한 추천서, 강력한 추천서는 누구에게 받아야 할지 명확합니다. 바로 지도 교수님입니다. 반대로 약한 추천서는 어떤 것일까요? 학부 때 수업을 들었던 교수님의 추천서일 것입니다. 단순히 학점이 좋다, 나쁘다 정도의 이야기만 할 수 있을 테니까요. 하지만 만약 그 교수님이 지원자가 문제 상황을 어떻게 받아들이고 해결하는지에 대해 잘 알고 있어, 보다 구체적인 내용들을 다룰 수 있다면 괜찮은 추천서일 것입니다. 직장 상사의 추천서도 마찬가지입니다. 문제 해결 과정에서 어떤 창의력을 발휘하여 문제를 해결할 수 있었다는 내용을 명확하고 디테일하게 다룰 수 있다면 교수님의 단순한 추천서보다 낫습니다. 만약 지원자가 학계보다 산업계에 오래 있었다면, 추천인이 직장 상사라는 것은 오히려 합당할 것입니다. 특히 회사가 진학하여 연구하려는 분야와 관련이 있고, 직장 상사 또한 그 분야 전공자라거나 박사 학위가 있다면 신뢰도가 조금 더 올라가겠지요.

마지막으로 추천서를 가장 먼저 확보해야 하는 이유는 바로, 추천서 확보 개수가 지원할 수 있는 프로그램 수를 좌우하기 때문입니다. 박사 지원자 기준 세 통의 추천서가 필요하다고 말씀드렸지요? 만약 10개 학교에 지원한다면 30통의 추천서가, 20개 학교에 지원한다면 60통의 추천서가 필요합니다. 그런데, 프로그램마다 추천서를 제출하는 방법이 다르다는 점도 고려해 볼까요? 또 교수님 입장에서는 추천서를 부탁할 지원자가 몇 명이나 될까요? 그렇기 때문에 교수님에 따라서는 요청할 수 있는 추천서 개수를 제한하기도 합니다. 이미 추천서가 추천인의 신뢰도에 영향을 끼치는 문서라는 점을 알고 있으니, 그런 결정의 이유를 이해할 수 있을 겁니다.

가장 좋은 추천서란?

김박사넷 유학교육 프로그램을 수료한 한 지원자는 인터뷰 없이 미국 박사 과정에 합격했습니다.

이 지원자의 비결은 학회에서 지도 교수님과 함께 식사를 한 것인데, 이때 미국 지도 교수님 본인이 식사를 하면서 이 지원자의 실력과 인성을 스스로 검증했기 때문입니다. 즉, 제일 좋은 추천서는 지원자의 미래 지도 교수 스스로가 마음 속에 품고 있는 추천서입니다.

김박사넷 유학교육 프로그램에서 사전 컨택의 중요성을 강조하고, 또 가급적 가고 싶은 연구실에서 인턴이나 교환학생을 경험하는 것을 추천하는 이유도 같은 선상에 있습니다.

추천인 선정 기준

이전 챕터에서 다뤘던 필수 서류의 중요도 표를 떠올려 봅시다. 그중 추천서는 중요하다 × 할 수 있다 & 할 수 없다 항목에 있었죠. '할 수 없다' 항목에 있던 이유도 기억하나요? 지원자는 추천서의 내용을 컨트롤 할 수 없기 때문입니다. 원칙적으로 그 내용을 알 수가 없거든요. 지원자가 좋은 추천서를 받기 위해 할 수 있는 일은 바로 그런 추천서를 써 줄 수 있는 추천인을 선정하는 것입니다. 즉 지원자가 Self-Motivated된 연구자임을 보여줄 수 있는 사람이어야 하겠죠. 가장 첫 번째 추천인은 지원자의 연구 경험을 평가할 수 있는 위치에 있고, 지원자를 일정 기간 이상 지켜봐 왔으며, 연구 능력 외 다른 점들도 함께 판단할 수 있는 사람이어야 할 것입니다. 바로 지도 교수님이지요.

하지만 박사 과정 기준으로 추천인은 3명이어야 하니, 나머지 추천인 2명은 누구로 선정해야 할까요? 어떤 추천인이 나에게 좋은 추천서를 써 줄 수 있을지 알기 위해서는, 추천서를 제출하기 위한 사이트에서 어떤 내용을 요구하고 있는지를 살펴봐야 합니다. 아래는 펜실베니아대학교(University of Pennsylvania) 박사 과정에 지원할 때 추천인에게 요구하고 있는 내용입니다.

실제 추천인이 보는 화면

추천인이 추천서 제출 전 입력하는 항목
펜실베니아대학교 박사 과정 프로그램

1 추천인의 인적사항을 작성하시오.
  A. 이름
  B. 연락처
  C. 소속기관
  D. 직위

2 지원자를 얼마나 오래 알고 지내왔는지 선택하시오.
  A. 1년 이하
  B. 1-2년
  C. 3-4년
  D. 5년 이상

3 지원자와는 어떠한 계기로 알게 되었는지 선택하시오.
  A. 교수
  B. 고용주
  C. 학계에서
  D. 기타

4 지원자를 다른 비교 그룹과 비교하고 해당 그룹의 교육 수준을 표시하십시오. 지원자를 1에서 6까지 평가해 주십시오. 1은 평균 이하, 6은 정말 뛰어난 것입니다.
     <비교 그룹>
  A. 학부생 4학년
  B. 대학원생 1년차
  C. 석사 과정
  D. 박사 과정

5 이 평가는 다음 질문에 대한 답변을 기반으로 합니다.
  A. 몇 년 동안 지원자를 가르치고/조언/감독해 왔습니까?
  B. 그 시간 동안 대략 몇 명의 학생을 가르치고/조언/감독했습니까?

6 지원자의 학업 능력 및 해당 분야의 연구/직업적 성취 가능성에 관한 추천서를 업로드하십시오. 지원자의 강점과 약점, 그리고 원하는 학위를 취득하거나 목표를 달성할 수 있는 지원자의 능력과 관련된 기타 사항에 대한 의견을 제시하십시오.

이전 챕터에서 어드미션 커미티가 추천인을 잘 모른다고 하더라도, 그를 보완하기 위한 장치들이 마련되어 있다고 말씀드렸습니다. 옆의 항목들을 보면 단순히 추천서만 업로드하는 것이 아니라, 추천인의 인적사항과 함께 피추천인과의 관계에 대해 자세히 묻고 있죠? 여기서 우리는 추천인이 어떤 사람인지 간단하게 검증하고 있는 것을 볼 수 있습니다. 특히 단순히 지원자가 우수하다, 우수하지 않다로 끝나는 것이 아니라 비교 그룹을 설정하여 평가할 것을 요구하고 있지요. 또 해당 비교 그룹을 얼마나 오래 지도했는지를 통해 이 사람이 지도 교수로서의 시각을 가지고 있는지도 확인합니다. 결국 이것은 추천인이 피추천인의 연구 능력을 어떤 시각에서 판단하고 있는지를 가늠하기 위한 문항들입니다.

이제 추천인이 어떤 항목 등을 통해 추천인을 평가하는지 알았으니, 추천인 선정 기준도 확실해졌습니다.

지원자의 추천인 선정 기준

1 추천인이 교수 혹은 교수에 준하는 위치에 있는가?

2 추천인은 지원자를 어떠한 계기로 알게 되었으며, 얼마나 알고 지내왔는가?

3 추천인은 지원자의 연구 경험, 그리고 연구자로서의 능력을 평가할 만한 위치에 있는가?

4 3항에서 그렇다고 응답했다면, 지원자의 능력 중 아래 항목을 1-6점 스케일(6점 만점)이라 할 때 어떻게 평가할 것인가?
 A. 학업 성취도(Academic achievements)
 B. 연구 잠재력(Research potentials)
 C. 진실성(Integrity)
 D. 책임감(Responsibility)
 E. 창의력(Creativity)
 F. 커뮤니케이션 능력(Communication skills)
 G. 대인관계(Interpersonal skills)
 H. 리더십(Leadership)

5 이외 지원자의 강점과 약점, 혹은 개인적 성향 등에 대해 추가적으로 평가할 만한 관계에 있는가?

추천인 선정 기준 항목을 하나씩 살펴보겠습니다.

1번 항목, 추천인은 교수 혹은 교수에 준하는 위치에 있는가를 물어보는 이유는 바로 추천인이 지도 교수의 시각을 겸비하고 있는지를 확인하기 위해서입니다. 미국 석박사의 본질은 결국 채용이라고 말씀드렸습니다. 따라서 어플라이 과정에서 '강력한 추천서'를 작성할 수 있는 사람이란 학계, 그중에서도 대학원에서 진행하는 연구가 추구하는 방향성을 이해하고 어드미션 커미티가 알고 싶은 내용을 제시할 수 있는 사람이어야 합니다. 바로 어드미션 커미티와 같은 대학원 교수이지요. 그리고 교수님의 경험도 지도한 학생 그룹과 지도 연수를 통해 간접적으로 파악합니다. 따라서 추천인을 선정할 때는 추천인의 현재 소속 기관과 직위가 첫 번째로 중요하다고 하겠습니다.

2번 항목과 3번 항목은 이어지는 내용입니다. 만약 추천인이 학부 때 수업을 들은 교수님이라고 가정해봅시다. 해당 교수님과 연구 프로젝트를 추가적으로 진행하지 않은 이상 지원자의 연구적 능력에 대한 이야기는 하기가 힘듭니다. 하지만 반대로 박사 학위가 있는 직장 상사를 추천인으로 선정했고, 지원자의 연구 분야에서 같은 프로젝트를 1년 이상 함께 진행했다면 어떨까요? 단순히 학부 때 수업을 들은 교수님보다 지원자의 연구 경험을 평가하기에 훨씬 유리한 포지션에 있기 때문에 훨씬 질 좋은 추천서를 받을 확률이 큽니다. 그리고 만약 지원자의 직장 경력이 오래되었다면 직장 상사의 추천서가 없는 것이 오히려 더 이상하겠죠.

1번에서 3번 항목으로 이어지는 부분을 통과했다면 아마 좋은 추천서를 써 줄 확률이 높은 분들일 것입니다. 특히 4번과 5번 항목도 추천인의 입장에서 유심히 살펴보세요. 지원자가 추천인과의 관계를 평가하는 것이 아니라, 추천인이 되었다고 생각하고 나를 평가해야 합니다.

과연 나에게 좋은 추천서를 써 줄 수 있는 분일까요? 결국 지원자는 사전에 다양한 교감을 통해 추천인과의 관계를 잘 다져 두는 것이 필요하겠네요. 또 추천인을 선정하는 데서 끝나면 안 됩니다. 우리가 앞으로 강조할 Self-Motivated된 연구자로서의 스토리라인에 해당하는 자료들을 공유해서, 추천인이 좋은 추천서를 쓸 수 있는 글감을 만들어 드려야겠죠. 과연 어떤 자료를 드려야 좋은 추천서를 받을 수 있을지도 고민해야 합니다.

마찬가지로 추천서 부탁은 이르게 할수록 좋고, 늦어도 원서 마감일 세 달 전에는 구해져 있어야 합니다. 앞에서 언급했다시피 해당 추천인에게 추천서를 부탁드릴 지원자가 몇 명이 될 지 모르기 때문에 일단 추천서를 확보하는 것이 중요합니다. 또 추천서 작성 일정을 꾸준히 리마인드하면서, 내 연구 방향성에 대한 이야기도 공유하세요. 내가 그동안 이룬 학업 성취나 연구 내용, 논문, 그리고 원서를 작성할 스토리라인 등에 대한 방향을 공유하면 더 좋은 추천서를 얻을 가능성이 높아지겠죠? 우리가 제출하게 될 필수 서류인 CV, SOP 등은 모두 하나의 스토리로 이어져야 합니다. 이러한 내용을 추천인에게 사전에 공유한다면 추천서 작성에 참고할 테고, 그럼 추천서 또한 스토리라인을 받치는 한 축으로서 기능할 수 있을 것입니다.

번외 추천서, 어떻게 제출하는가

지원자는 각 프로그램의 지원 사이트에서 인적사항을 비롯한 질문들에 응답하면서 필수 서류를 제출하게 되는데요, 그중에서도 추천서 제출과 관련하여 주의사항을 하나 짚고 넘어갈까 합니다. 보통 지원 사이트마다 요구하는 항목이나 질문 등이 다 다르기 때문에 한번에 작성하고 제출하는 것은 드문 편입니다. 그래서 지원자는 계속해서 원서를 수정하게 되는데, 프로그램마다 추천서 링크 전송 방법이 다르기 때문에 제출 과정에서 곧잘 이슈가 발생합니다. 기본적으로 지원자는 원서의 추천서 항목에서 추천인의 인적사항 및 관계 등을 입력하게 됩니다. 아래는 조지아공과대학교(Georgia Institute of Technology) 지원 사이트에서 작성하는 추천서 항목에 해당하는 내용입니다.

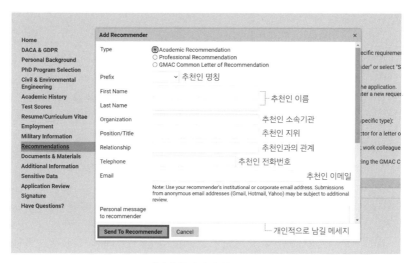

실제 추천인 인적사항 작성창

아래의 [Send To Recommender] 버튼을 누르면 추천인의 이메일로 추천서를 작성할 수 있는 링크가 전송됩니다. 문제는 어떤 프로그램은 원서를 완전히 제출해야 추천서 작성 링크를 전송할 수 있고, 어떤 프로그램은 원서 접수 중에도 추천서 작성 링크를 전송할 수 있다는 점입니다. 만약 원서를 완전히 제출해야 해당 링크를 보낼 수 있다면, 해당 사항을 미리 추천인에게 안내하고 반드시 원서 마감일로부터 여유 기간을 두어 원서를 제출하는 게 중요하겠죠? 추천인도 추천서에 작성할 내용들을 미리 준비해서 마감일 전에 제출해야 하니까요.

한 가지 더 꼭 체크해야 하는 항목이 있습니다. 바로 추천인의 인적 사항을 입력할 때, 추천서 열람 권리를 포기할 건지 다음과 같이 물어보는 문항이 있는데 '포기한다'에 체크해야 합니다.

The Family Education Rights and Privacy Act of 1974 and its amendments guarantee you access to educational records concerning yourself. You also are permitted by those laws to voluntarily waive that right of access. Do you waive your right to examine this recommendation?

[∨] I waive my right to access this report.
[   ] I do not waive my right to access this report.

왜 이 권리를 포기해야 하는지 모르지는 않겠죠? 지원자가 추천인에게 추천서 작성 링크를 보내면, 해당 페이지에 열람 포기 여부를 안내

받습니다. 만약 피추천인이 추천서의 내용을 볼 수 있다면 추천인이 정직한 평가를 할 수 있을까요? 그리고 그렇게 작성된 추천서를 어드미션 커미티는 이 추천서를 어떻게 평가할까요? 추천서의 역할에 대해 다시 한번 떠올려보면 쉽게 해답이 나올 것입니다.

4

주요 서류 준비 순서와
의존성 관계

서류 준비와 모티베이션

자, 이제 본격적인 서류 준비 방법을 다루기 전에 정말 중요한 이야기를 하나 하려고 합니다. 5장 첫 번째 챕터에서 다뤘던 2×2 매트릭스와 중요하다/덜 중요하다로 정리된 표를 다시 살펴보겠습니다.

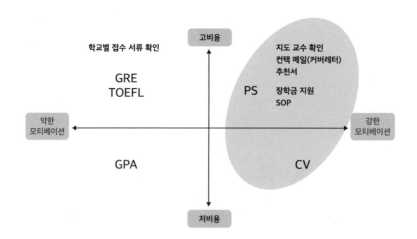

	중요하다	덜 중요하다
할 수 있다	지도 교수 조사 컨택 메일 추천서: 추천인 선정 장학금 지원 SOP CV PS	학교별 접수 서류 확인 GRE TOEFL
할 수 없다	추천서: 추천서 작성	GPA

우리는 중요하다×할 수 있다 항목에 해당하는 서류들에 가중치를 두고 준비해야 한다는 것을 알았습니다. 하지만 그것만으로는 부족합니다. 실제로 많은 지원자들이 SOP 작성을 어려워하고 PS와의 차이점에 대해 고민하는데, 사실 SOP는 템플릿이 일관되지 않아서 가장 까다롭게 느껴지는 것입니다. 만약 SOP 작성이 어렵다면 사실은 준비 서류 전체에서 문제가 발생하고 있을 가능성이 높고, 이 여파는 인터뷰까지 이어집니다. 이는 3장에서 다뤘던 비전과 미션에 대한 고민이 없기 때문입니다. 다시 말해, 미국 석박사 과정에 가야만 하는 이유, 그 모티베이션이 보이지 않을 가능성이 높습니다. 모티베이션이 있더라도 매우 약해서 어드미션 커미티를 설득하지 못할 정도이겠지요.

그렇다면 지원자의 모티베이션은 어떻게 평가할 수 있을까요? 여러 가지가 있지만 다음 세 항목을 살펴보겠습니다.

왜 석박사를 해야 하고, 왜 미국에서 해야 하는지에 대한 이유가 드러나 있음

비전과 미션을 가지고 Self-Motivated된 연구자로 살아온 스토리라인이 있음

Intelligence와 Energy를 가지고 있다면 비전과 미션 달성의 중간결과물도 자연스럽게 가지고 있음

즉 이것을 스토리라인으로 풀어내면 왜 나는 연구자가 되고 싶은가, 그리고 그 과정에서 어떤 일을 진행해 왔고 그로 인해 배운 것은 무엇인지, 아직 해결되지 않은 문제는 무엇이고, 그 문제 해결을 위해 남은 과제는 무엇인지, 그것을 통해 내가 이루려는 가치는 무엇인지, 그리고 그 가치를 달성하기 위해서는 지금 지원하는 이 프로그램에 진학해야 한다는 당위성이 드러나 있는, 깊은 고민이 드러난 설득력 있는 글이어야 합니다.

그렇기 때문에 지원자들은 미국 대학원 준비에 필요한 글쓰기를 시작하기 전, 나만이 가지고 있는 연구자로서의 역량과 잠재력을 발견하고 파악하는 과정을 거쳐야 합니다. 그래야 설득력 있는 글을 작성할 수 있기 때문입니다. 자기 자신을 잘 알아야 포장도 할 수 있는 법입니다. 이러한 과정 없이 무작정 컨택 메일을 쓰거나 SOP를 작성하면 사실상 지원 전략을 세우지 않은 거나 마찬가지죠. 내가 쓴 글을 읽고 어드미션 커미티가 설득되어야 하는데, 단순한 답변을 늘어놓는 지원자가 과연 매력적일까요? 어드미션 커미티가 서류들을 통해 지원자가 어

떤 사람인지를 파악하려 할 때, 모든 경험들이 논리적으로 이어져야 설득력이 있다고 생각하게 됩니다.

연구 잠재력 50문 50답

따라서 이러한 서류 준비에 앞서 선행되어야 하는 것은 내가 연구자의 길을 걷도록 하는 모티베이션—그 동력은 무엇인지, 그리고 내가 해온 경험 중 어떤 일들이 연구 잠재력을 가지고 있는 것인지를 발견하는 것입니다. 그 과정에서 의미를 부여할 수 없거나, 논리적 흐름을 해치는 경험은 과감하게 제외하는 것도 필요합니다. 예를 들어 단순히 복수전공을 했다거나, 대외활동 경험이 있다든가 하는 것이 연구자로서의 잠재력을 나타내진 않습니다. 연구 잠재력을 발견하는 과정은 개인으로서의 나와 연구자로서의 나를 보다 심도 있게 분석하는 과정이라 할 수 있습니다.

연구 잠재력을 파악하기 위해서는 이때까지 내가 경험한 모든 일들을 마인드맵을 통해 정리해 보는 과정이 필요합니다. 다음 표는 김박사넷 유학교육 프로그램에서 고심하여 설계한 연구 잠재력 질문입니다. 아래 질문들을 기초로 내가 가진 연구자로서의 강점과 잠재력을 파악하여 본인만의 스토리 아웃라인을 작성해 보세요. 여기 있는 모든 주제들을 SOP에 포함하는 것이 아니라, 전략적으로 선택해서 쓰는 것입니다.

SOP 작성 전 고민해야 하는 연구 잠재력 질문 LIST

나는 연구자로서 어떤 강점과 잠재력을 가지고 있나요?

장기 목표: 인생의 장기적인 목표가 무엇인가요? 어떤 사람이 되고 싶은지를 스스로에게 물어 보세요.

비전을 달성하기 위해 수행해야 할 미션들은 어떤 것들이 있다고 생각하나요? 각 미션들을 달성하기 위해서는 어떠한 서브미션들이 달성되어야 한다고 생각하나요?

나의 장기적 비전은 무엇인가요? 어떤 이유에서 이것을 나의 비전으로 설정했나요?

나는 왜 대학원을, 그것도 미국으로 가려 하나요?

교수/연구원이 목표인가요? 어느 나라에서 연구를 계속할 생각인가요?

교수/연구원이 목표가 아니라면, 학위를 마친 후 어떤 진로를 생각하고 있나요?

50세가 되면 어떤 직업을 가지고 있을 것 같은가요? 그 이유는 무엇인가요?

자기 성찰: 유학을 준비하기 전, 나는 어떤 사람인지 시간을 내서 고민해 볼 필요가 있습니다.

나는 어떤 사람인가요? 행복은 무엇이라 생각하나요? 나는 행복을 좇는 사람인가요? 만약 그렇다면 방법론은 무엇이라 생각하나요?

나는 어떤 성격이라고 생각하나요? 연구자는 어떤 성격이 어울린다고 생각하나요?

정말 궁금해서 답을 찾고 싶은 일들이 있나요? 궁금한 순서대로 세 가지만 나열해 보세요. 이것들이 궁금한 이유는 무엇인가요?

내 인생을 통틀어 가장 힘들었던 일은 무엇이었나요? 이 일을 극복하기 위해 무엇을 했나요? 아직 극복하지 못한 일이라면, 이 일이 나의 삶에 어떤 영향을 끼치고 있나요?

문화적 다양성: 사회적 약자를 어떻게 대하고 있는지에 대해 고민해봅니다.

사회적 약자를 위해서 내가 한 일은 무엇인가요?

본인이 사회적 약자라고 생각하나요? 그렇게 생각한다면, 어떤 이유에서인가요?

외국어 능력: 성공적인 미국 유학 생활을 위해 외국어 능력은 기본 중의 기본입니다.

영어 외 사용할 수 있는 언어가 있나요? 이 언어는 어떤 계기로 배우게 되었나요?

영어 회화 수준은 어느 정도인가요? 국제 학회에서 만난 대가 교수님과 얼마나 오래 대화할 수 있을 것 같나요?

티칭 경험: 대학생 이상을 대상으로 강의를 한 경험이 있다면 고려합니다.

수업 조교로 활동시, 학생들이 가장 이해하기 힘들어했던 점은 무엇이었나요? 학생들의 이해를 돕기 위해 어떤 도움을 줬나요?

수업 조교로 일한 적이 있나요? 어떤 수업이었나요? 해당 수업은 영어로 진행되었나요?

해외 체류 경험: 여행을 제외하고, 가족/학업/일 때문에 해외에 체류한 경험이 있다면 고려합니다.

영어권 외 국가에서 생활한 경험이 있나요? 어떤 이유로 이 국가에서 지내게 되었나요?

미국 또는 다른 영어권 국가에서 고등학교, 또는 대학교를 졸업했나요? 생활한 기간은 어느 정도인가요?

미국 시민권이나 영주권이 있나요? 미국에서 생활한 기간은 어느 정도인가요?

장학금 & 입상 내역: 각종 대회에서 수상하거나, 학회에서 우수발표상을 받은 경험, 또는 우수한 인재로 선발되어 장학금 등 펀딩을 받은 적이 있다면 고려합니다.

학회 또는 대회에서 입상한 적이 있나요? 이 상을 받으면서 느낀 점은 무엇인가요?

장학금을 받은 적이 있나요? 장학금 수혜 금액은 얼마인가요? 이 장학금의 선발 기준은 무엇인가요?

논문 출판 & 학회 참석: 연구자로서 논문을 쓰고 학회에 참석하면서 겪은 일들을 써 보세요.

학회에서 만난 다른 나라 연구자들과 연락을 주고받은 적이 있나요? 어떤 점이 궁금해서 개인적인 연락을 했나요?

국제학회에서 영어로 발표해 본 적이 있나요? 어떤 내용의 질문을 받았나요?

논문 출판 과정에서 리뷰어에게 어떤 코멘트를 받았나요? 리비전 과정에서 가장 힘들었던 점은 무엇인가요?

논문 출판과 학회 참석을 위해 노력한 일들 중 가장 기억에 남는 에피소드를 써 보세요.

직장 경험: 직장에 다닌 경험 등 사회에서 일한 경험이 있다면 어떤 경험을 쌓았는지 생각을 정리해 보세요. (단순 아르바이트가 아닌 직장 경력이 있는 경우 작성)

직장 생활을 하다 어떤 계기로 미국 대학원 진학을 생각하게 됐나요?

회사에서 맡은 역할은 무엇인가요? 나는 회사에서 어떤 일을 하나요?

이 회사에서 일하게 된 이유는 무엇인가요?

내가 다닌 회사를 소개해 주세요. 이 회사는 어떤 일을 하나요?

학부생 경험: 미국에서 석사 또는 박사 과정으로 대학원을 시작하려 하나요? 학부 생활을 돌아보며 생각을 정리해 보세요(대학원 경험이 있는 경우, 이 카테고리는 작성하지 않아도 됩니다).

추천서를 써 주실 만한 세 분을 꼽아 보세요. 이 분과 진행한 연구 활동이 있나요? 어떤 내용인가요?

학부 때 교환학생을 다녀온 경험이 있나요? 교환학생 때는 어떤 경험을 했나요?

논문에서 봤거나, 또는 학회에서 만나봤던 관심 연구실이 있나요? 이 연구실에 관심이 가는 이유는 무엇인가요?

석사 유학, 박사 유학 중 어떤 학위를 생각하고 있나요? 그 이유는 무엇인가요?

전공 공부 외 학부생으로서 경험한 흥미로운 경험이 있나요?

기업 인턴 경험이 있나요? 얼마나 오래, 어떤 일들을 했나요?

학부생 인턴 경험 외, 관심 있는 연구 분야에 관련된 활동을 한 적이 있나요?

학부생 인턴 경험이 있나요? 어디에서 어떤 연구 주제를 다뤄 봤나요?

대학원 경험: 석사 학위 중이거나, 석사 학위가 있다면 다음 질문들에 대한 생각을 정리해 보세요.

추천서를 써 주실 만한 세 분을 꼽아 보세요. 이 분과 진행한 연구는 어떤 것들인가요?

석사 학위 기간 동안 교환학생(파견 연수 등)을 다녀온 경험이 있나요? 이 경험에서 습득한 지식은 무엇인가요?

논문에서 봤거나, 또는 학회에서 만나봤던 관심 연구실이 있나요? 이 연구실에 관심이 가는 이유는 무엇인가요?

유학을 간다면, 석사 과정 동안 고민했던 연구 주제를 어떤 관점에서 해석해 보고 싶나요?

학위 기간의 내 연구 결과는 경제적, 산업적으로 의미가 있나요? 어떤 의미가 있는지 설명해 보세요.

학위 기간의 내 연구 결과는 어떤 함의를 가지고 있나요? 어떤 문제를 해결했는지, 또는 해결책을 제시했는지 설명해 보세요.

내 학위 논문을 요약하자면 어떤 내용인가요? 옆 연구실 친구가 알아들을 수 있을 정도로 설명해 주세요.

석사 연구원으로서의 나를 다른 사람에게 두세 문장으로 짧게 설명해 보세요.

학위를 받으면서 이루고 싶은 목표는 무엇인가요? 이 목표는 왜 중요하다고 생각하나요?

대학원에 진학한 이유는 무엇인가요?

관심 연구 분야: 관심 연구 분야에 대해서 얼마나 알고 있나요? 제대로 모른다면, 연구를 꼭 해야 하는지부터 생각해야 합니다.

이 분야의 도전할 만한, 또는 해결해야 할 문제는 무엇이라 생각하나요? 그렇게 생각하는 이유는 무엇인가요?

이 연구 분야는 왜 중요하다고 생각하나요? 이 연구 분야가 발전할 때 예상되는 학문적, 경제적, 사회적 가치에 대해서 생각해 보세요.

이 연구 분야에 흥미가 생긴 계기는 무엇인가요? 흥미가 생긴 이후에는 어떤 것들을 해봤나요?

관심 연구 분야의 핵심 키워드들을 영문으로 써 보세요. 비전공자도 알 만한 키워드만 있는 것이 아닌지 생각해 보세요.

관심 연구 분야를 설명해 보세요. 이 분야에 대해서 본인이 얼마나 알고 있다고 생각하나요?

Terminology의 중요성

Terminology는 전문적인 키워드 정도로 번역할 수 있는데, 완벽히 매칭되는 단어가 없는 만큼 여기서는 그대로 사용하겠습니다. 연구 잠재력 50문 50답을 작성하면서 이 용어를 깊이 고민하여 선정하는 작업이 필요합니다. 왜냐하면 Terminology는 연구자의 프로페셔널함을 측정할 수 있는 지표 역할을 하기 때문입니다. 만약 연구 분야를 설명하는데 일반적인 용어만 사용한다면 어떨까요? 해당 단어가 의미하는 분야가 방대한 만큼, 지원자가 연구하는 분야와 그 방법론을 정확하게 설명하지 못할 가능성이 훨씬 높습니다. 그렇기 때문에 좋은 연구자들은 Terminology를 사용하며, 논문을 쓸 때도 문제 상황과 Terminology에 대한 정의를 먼저 규정합니다.

지원자들은 자신의 연구 분야에 대해 언급하면서 자연스럽게 전공 용어를 사용하게 됩니다. 지원자가 (예비)연구자로서 해당 분야에 대한 지식이 어느 정도 있는지, 또 최신 기술에 대해서 어떤 기준으로 정리해서 이해하고 있는지는 Terminology를 기준으로 쉽게 판단할 수 있습니다. 그렇기 때문에 Terminology를 용례에 맞게 사용하는 것만큼 중요한 것은 사용하는 Terminology들 간 Hierarchy가 제대로 구성되어 있는지입니다. 어떤 단어를 보고 상하 관계를 파악할 수 있다면, 그 연구의 수준을 알 수 있기 때문입니다. 즉, 서로 다른 수준의 Terminology가 같은 수준에서 사용되고 있는 글은 이해하기 어렵습니다. 긴 시간을 들여 읽는다면 모르겠지만, 우리가 작성해야 하는 글은 다릅니다. 어드미션 커미티와 미래 지도 교수님은 시간이 부족할수록 첫 문장을 읽은 다음,

눈으로 문단을 훑으면서 키워드를 확인할 것입니다. 그러므로 각 키워드가 눈에 잘 띄는 것이 중요합니다. 그동안 섞어서 사용해 왔던 용어들을 분류하여 카테고리로 나눈 후 다시 Hierarchy를 만들어 보세요. 분명 어려운 작업이지만 그만큼 중요하니까요.

주요 서류 준비 순서와 의존성 관계

다음 내용은 특히나 중요한데, 유학 준비생들에게 가장 부족한 요소인 Integrity 문제가 발생하는 이유가 바로 여기에 있기 때문입니다. 주요 서류들이 서로 어떤 관계인지 고려하지 않은 채로 글쓰기를 시작하면, 사실상 지원 전략을 세우지 않고 주먹구구로 준비하는 것과 다르지 않습니다.

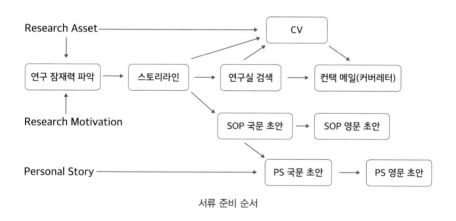

서류 준비 순서

위의 그림을 보면 주요 서류 준비는 자신의 연구 잠재력을 파악하는 데서 시작합니다. 연구 잠재력과 함께 Terminology를 정리하는 것이 선행되어야 하겠고요. 이를 정리한 후에는 '스토리 아웃라인'을 만들어야 합니다. 스토리라인을 만드는 과정은 가장 중요하고, 또 가장 많은 시간이 소요되는 일이기도 합니다. 쉽게 표현하자면 내게 5년간 5억을 투자하라는 투자 제안서의 초안을 만드는 것입니다. 미국 석박사는 '채용'이니, 인사 담당자가 '함께 일하고 싶은 사람'으로 느껴질 수 있노록 설득해야겠죠. 하지만 나를 매력적으로 그려내면서도 논리적 흐름을 갖춰서 술술 읽히는 스토리라인을 만드는 것은 생각보다 쉽지 않습니다. 내가 이때까지 해온 연구 경험들이 하나로 이어지게끔 해야 하는데, 보통 내 경험에 기반한 연구 잠재력들은 일관성 없이 진행된 것이 대부분일 테니까요.

4장에서 다뤘던 '스스로 답변해야 할 중요한 질문'이 결국 스토리라인의 단초가 될 수 있습니다.

왜 나는 석박사라는 학위가 필요한가?
왜 미국에 가야 하는가?

두 가지 질문에서 시작하여, 내가 가진 연구자로서의 비전과 미션 그리고 연구 잠재력들을 하나로 이어 보세요. 전체적인 스토리라인은 내가 왜 이 분야에 관심을 가지게 되었는지, 나아가 이 분야에 어떤 기여를 하고 싶은지를 담고 있어야 합니다. 그 과정에서 수행했던 연구의 디테일을 잘 설명하고 그 연구가 왜 중요한지를 설득해야 하지요. 중요한 것은 이러한 스토리라인이 일종의 학술적인 서사(Academic

Narrative)의 형태를 지녀야 한다는 것입니다. 내가 학술적으로 어떤 방향으로 가고 싶고, 내가 생각하는 가치는 무엇인지를 통해 어드미션 커미티가 지원자를 한 명의 연구자로서 이해하기 쉽게 글이 쓰여야 합니다. 이렇게 만들어진 스토리라인을 중심으로 SOP와 커버레터를 작성하고, 나아가 인터뷰에 대한 대비도 할 수 있습니다. 왜냐하면 연구자가 가져야 할 Integrity와 Attitude에 대한 깊은 고민이 이루어지기 때문입니다.

주요 서류 준비 방법은 중요도에 따라 스토리 아웃라인, SOP, PS, CV, 그리고 연구실 검색과 커버레터 순서로 살펴보겠습니다.

5

아웃라인
준비 방법

아래 예시를 통해 스토리 아웃라인의 중요성을 한 번 살펴보겠습니다. A와 B 중 어떤 지원자가 더 합격할 가능성이 높을 것 같나요?

A 제 꿈은 인간의 뇌와 컴퓨터를 연결시킨 사이보그를 만들어 인간의 한계를 뛰어넘는 것입니다. 전기공학 제어를 기반으로 BCI 시스템을 만들려 했지만, 뇌세포 신호를 추출하는 과정에서 실패했습니다. 석사 과정 동안 제어기술 기반 쥐의 뇌-소자 실험을 진행하여 뇌세포 기록을 성공적으로 추출했지만, 이 정보로 명령을 내리기 위해서는 뇌의 동작원리를 이해할 필요성이 있었습니다. 하버드대학교의 XXX 교수님 연구실에서 이 비밀을 밝히는 데 기여하고 싶습니다.

B 제 꿈은 교수가 되는 것입니다. 학부 때 전기공학을 전공하여 최우등 졸업을 했습니다. 뇌과학에 관심이 가지게 된 이후 뇌과학과 석사 과정에 진학했습니다. 석사 과정동안 네이처 자매지에 1저자 논문을 1편을 출판했고, 리비전을 진행중인 1저자 논문도 1편이 있습니다. 박사 과정 동안은 하버드대학교의 XXX교수님 연구실에서 더 좋은 논문을 많이 쓰는 것이 목표입니다. 저를 뽑아주신다면 밤을 새서라도 결과를 만들고, 또 연구실 동료들과 사이 좋게 지내겠습니다.

김박사넷 유학교육 프로그램에서 설문을 진행하면 지원자 A와 B의 경쟁이 꽤 치열한 편입니다. 누가 합격할 가능성이 높은지는 이번 챕터 마지막에서 다시 이야기하겠습니다. 스토리 아웃라인에 대해 이해하게 되면 자연스럽게 그 답도 알게 될 겁니다.

스토리 아웃라인의 중요성

이 책에서는 편의상 스토리라인이라고 표현하지만, 보다 정확한 용어는 바로 서사(Narrative)입니다. 서사, 스토리라인이 중요한 이유는 무엇일까요? 바로 어드미션 커미티가 지원자가 어떤 사람인지 서류와 인터뷰를 통해 판단하려고 하는 것이기 때문입니다. 즉, 지원자가 학문이라는 여정에서 과거 어떤 길을 걸어왔고, 현재 어떤 길을 걷고 있고, 앞으로 그 길에서 무엇을 달성하고 싶은지에 대한 내용이라 할 수 있습니다. 쉽게 말하자면 '채용' 과정에서 내가 어떤 사람인지를 어필할 전략 설계입니다. 만약 스토리라인 없이 필수 서류를 작성한다면, SOP를 비롯한 다른 서류들에서 문제가 생기거나, 인터뷰에서 문제가 발생할 수 있습니다.

Integrity 문제가 발생한 서류를 검토하는 어드미션 커미티는 어떤 생각을 할까요? 대표적인 사례를 가져와 봤습니다.

CV를 봤을 땐 특허 실적이 많았는데, 왜 SOP에서는 기초과학 연구에 관심이 많다고 할까?

기술 응용에 관심이 많다고 했는데, 왜 마음껏 기술을 활용할 수 있는 현장인 회사를 그만두고 유학을 오려는 걸까?

CV를 보니 출판 논문이 많은데, 이 연구를 왜 했는지는 SOP에는 나와 있지 않네. 지도 교수가 시켜서 한 건가?

SOP에 있는 내용들을 지금 연구한다고 보기엔 CV의 재직 회사에서는 다른 일을 하는 것 같고, 학교 졸업한 지도 오래 됐군.

지원자의 CV에는 특허 실적이 많은데, SOP에서는 기초과학 연구에 관심이 많다고 썼다고 가정해 봅시다. 특허는 기술 응용에 중점을 둔 연구 결과인데, 앞뒤가 안 맞는 이야기를 하고 있죠. 또는 CV에는 출판 논문이 많은데, 이 연구를 왜 했는지 SOP에 나와 있지 않다면 어드미션 커미티는 어떻게 판단할까요? 높은 확률로 지도 교수가 시켜서 한 게 아닌가, 하는 의구심이 들 것입니다. Integrity 문제는 유학 준비생들에게 가장 부족한 요소입니다. 왜냐하면 보통 '좋은 소재'라고 판단한 이야기를 전부 사용하기 때문이지요. 그렇게 하면 Integrity를 의심받을 수 있습니다. Integrity가 있는 지원자는 단순히 말이나 글뿐만 아니라 실제 행동까지 그래야 하기 때문입니다.

어플라이 과정은 지원자가 Self-Motivated된 연구자임을 어드미션 커미티에게 설득하고 어드미션을 받기 위한 것이라 거듭 말씀드렸지요. 어드미션 커미티는 필수 서류를 종합적으로 검토(Holistic Review)하며, 각 서류에서 알고 싶은, 기대하는 내용이 있습니다. 아무리 사실을 작성하였더라도 글의 목적에 맞지 않게 쓰였거나 혹은 서로 다른 이야기를 하고 있다면 논리적 흐름이 깨지겠죠. 그렇기 때문에 스토리라인을 먼저 만든 뒤, 각 서류들이 스토리라인을 뒷받침하도록 작성되어야 합니다. 되는대로 서류를 각개격파하면 안 됩니다.

좋은 스토리라인이란 무엇인가

좋은 스토리라인이 무엇일지 이야기하기 전에, 한 가지 질문을 하겠습니다. 모두가 관심 있는 100점짜리 스토리가 있을까요? 글쎄요, 하지만 모두가 관심 없어 할 스토리는 있을 것 같습니다. 스토리는, 읽을 독자 중 절반만 사랑해 줘도 아마 대성공이라고 할 수 있을 것입니다. 그렇다면 여러분은 스토리라인을 읽을 독자가 좋아할 만한 스토리를 작성해야겠지요. 지원자의 글을 읽을 사람은 바로 어드미션 커미티와 미래의 지도 교수입니다. 최종 목표는 바로 스토리라인을 통해 '이 친구와 일하고 싶다'라는 마음이 들도록 하는 것이죠.

좋은 스토리라인은 Intelligence, Initiative or Energy, Integrity가 유기적으로 연결되어 있고 또 진정성 있게 느껴져야 합니다. Intelligence가 중요한 이유는 석박사 과정, 특히 박사 과정생의 연구란 교과서가 없는 영역이기 때문입니다. 그런데 미국 유학을 진로의 하나로 고민할 정도의 학생이라면 대개의 경우 Intelligence는 문제가 되지 않는 것 같습니다. 그렇다면 나머지 Initiative or Energy, Integrity가 문제가 되겠지요. Integrity에 해당하는 모티베이션부터 살펴보겠습니다. 이미 모티베이션이 무엇인가에 대해 다뤘지만 잠시 복습하는 시간을 가져볼까요?

모티베이션이란 '정말 이 일을 해내고 싶은 동기'를 가리킵니다. Motivation-driven Life라는 표현이 그 뜻을 잘 설명해주지요. 바로 내 삶을 이끌 정도로 강력한 동기입니다. 이를 단순히 동기라고 이해해서는 안 되며, 단순한 호기심과 모티베이션은 반드시 구별되어야 합니다. 모티베이션을 규정하기 위해서는 이 일을 못 하면 무엇이 문제인지, 내 삶에 어떤 영향을 끼치는지 설명할 수 있어야 합니다. 즉, 개인의 철학에까지 닿을 수 있는 심도 있는 주제입니다. 우리는 전문적인 연구자를 뽑으려는 곳에 지원하며, 5년 동안 5억에 달하는 펀딩도 목표로 하죠. 당연히 그에 걸맞은 비전과 미션을 보여 주어야 합니다.

비전과 미션은 무엇으로 보여 줄 수 있을까요? 비전은 현재 상황에 대한 문제를 정의하는 것에서 시작합니다. 지금 직면한 문제를 해결해서 만들고 싶은 세상이 비전입니다. 비전을 달성하기 위한 방법론이 미션입니다. 미션은 지원자의 적절한 성취를 통해 보여 줄 수 있습니다. 지원자가 이야기하는 모티베이션이 진짜라면 그 목표를 이루기 위해 무언가를 해 왔을 테니까요. 여기서 적절한 성취란 연구와 관련된 경험들입니다. 보통은 논문, 컨퍼런스, 특허, 프로젝트 경험 등이 그 예시가 될 수 있는데, 연구 분야와 관련된 직장 경험 또한 그 성취로써 어필할 수 있습니다.

Initiative or Energy는 무언가를 시작하고 끈기 있게 수행할 수 있는 능력입니다. 대학원 과정은 최대 6년간 연구를 진행할 텐데, 이 기간 동안 연구 하나에만 몰입하는 것이 항상 즐거울까요? 또 연구의 특성상 내가 잘 알고 있는 것들만 다루지는 못합니다. 문제를 해결하기 위한 태도에는 어떤 것이 있을까요? 끈질기게 시도해서 결과를 만들어 낼 수 있다는 것은 어떻게 보여 줘야 가장 효과적일까요? 그리고 그 결과가 지도 교수님과 학과에서 원하는 수준이 될 수 있을까요? 그런 관점에서 나의 연구적 성취를 정리하고 스토리라인을 만들어야 합니다.

자, 여기까지 따라오신 분들께 다시 질문해 보겠습니다. 아래 A, B 두 지원자 중 어떤 사람이 더 합격할 가능성이 높다고 생각하시나요?

A 제 꿈은 인간의 뇌와 컴퓨터를 연결시킨 사이보그를 만들어 인간의 한계를 뛰어넘는 것입니다. 전기공학 제어를 기반으로 BCI 시스템을 만들려 했지만, 뇌 세포 신호를 추출하는 과정에서 실패했습니다. 석사 과정 동안 제어기술 기반 쥐의 뇌-소자 실험을 진행하여 뇌세포 기록을 성공적으로 추출했지만, 이 정보로 명령을 내리기 위해서는 뇌의 동작원리를 이해할 필요성이 있었습니다. 하버드대학교의 XXX 교수님 연구실에서 이 비밀을 밝히는 데 기여하고 싶습니다.

B 제 꿈은 교수가 되는 것입니다. 학부 때 전기공학을 전공하여 최우등 졸업을 했습니다. 뇌과학에 관심이 가지게 된 이후 뇌과학과 석사 과정에 진학했습니다. 석사 과정 동안 네이처 자매지 1저자 논문을 1편을 출판했고, 리비전을 진행중인 1저자 논문도 1편이 있습니다. 박사 과정 동안은 하버드대학교의 XXX교수님 연구실에서 더 좋은 논문을 많이 쓰는 것이 목표입니다. 저를 뽑아주신다면 밤을 새서라도 결과를 만들고, 또 연구실 동료들과 사이좋게 지내겠습니다.

정답은 A입니다. 여기서의 반전은 A와 B가 같은 사람이라는 것입니다. 이 지원자가 스토리라인 없이 작성한 SOP를 요약한 것이 B이고, 연구잠재력을 파악한 뒤 스토리 아웃라인을 만든 것이 바로 A입니다. A에서는 연구자로서 비전과 미션이 보이고, 박사 과정을 지원하고자 하는 이유가 짧게나마 들어가 있죠? B에서 단순히 교수가 되는 것이 꿈이고 논문을 많이 쓰는 것이 목표라고 한 데 비해서 훨씬 성장한 모습을 보이고 있습니다. 대부분의 유학 준비생의 문제점이라고 설명했던 Integrity의 부족을 살펴볼 수 있는 게 B처럼 작성한 SOP입니다.

이처럼 스토리 아웃라인을 작성하며 주의할 점은, 지원자가 생각하는 장점들을 누적한다고 능사가 아니라는 점입니다. 최우등 졸업, 네이처 자매지 1저자 논문 1편과 같은 결과물로 어필하려고 하기보다는, 어떤 비전을 꿈꿨고 그 미션을 수행하는 과정에서 얻은 인사이트를 서술하는 것이 훨씬 좋은 스토리입니다. 스토리라인의 핵심은 지원자가 'Self-Motivated'된 연구자임을 드러내는 것에 있으며, 그 목적은 내가 제시한 스토리대로 어드미션 커미티가 생각하도록 유도하는 것이니까요. 가장 효율적인 서류 작성은 스토리라인을 바탕으로 이뤄질 수 있다는 점을 유념하시기 바랍니다.

SOP의 역할은
무엇인가

SOP의 목적: 모티베이션

Statement of Purpose, Personal Statement, Research Statement, Teaching
Statement, …

미국 석박사 프로그램에 지원할 때, 계열에 따라서 다양한 Statement를
제출해야 합니다. 편의상 이런 Statement 종류의 글들을 한데 묶어 에
세이라고 하는데, 에세이는 보통 나 자신에 대한 이야기를 자유롭게 작
성하는 글이기 때문에 쉽게 느껴지기도 합니다. 그중에서도 가장 중요
한 글은 바로 Statement of Purpose, SOP입니다. 한국어로는 다양하게
번역되는 것 같으나 번역에 따라 생각이 제한될 수 있어 이 책에서는
SOP라고 그대로 사용하겠습니다. SOP는 Purpose, 어떤 목적에 대한
자신의 생각을 밝히는 글입니다. 그렇다면 SOP의 목적은 무엇일까요?
바로 지원자가 가진 연구자로서의 모티베이션을 드러내는 데에 있습니

다. 단순한 호기심과 모티베이션을 혼동해서는 안 된다고 했었지요. 단순한 호기심으로는 다음과 같은 예시를 들 수 있겠네요.

학부 전공은 달랐지만 최근 AI에 관심이 생겨서 관련 학과로 진학하고 싶어요
학부 수업을 듣고 Bioinformatics에 관심이 생겨서 신학하고 싶어요

모티베이션은 이보다 더 구체적인, 내 삶을 이끌 정도로 강력한 동기입니다. 내가 왜 이 연구를 하고 싶은지, 그리고 그 연구를 하기 위해 미국 유학이 어떤 역할을 하는지를 모티베이션이라는 것으로 설명할 수 있어야 하죠. 그런 꼬리 질문을 잇다 보면 개인의 철학까지 엿볼 수 있는 것이 바로 모티베이션입니다. 학부 수업을 듣고 AI에 관심이 생긴 것은 단순한 호기심에서 비롯된 것이지 모티베이션이라 할 수 없습니다.

만약 지원자가 미국 유학을 목표로 Self-Motivated된 연구자로 살아왔다면 SOP 작성은 쉽습니다. 살아온 대로만 써도 스토리라인이 금세 완성될 테고, 커버레터 작성과 인터뷰도 수월하게 진행됩니다. 이미 미래의 지도 교수님과 대화하고 있을 수도 있겠네요. 모티베이션이 있는 삶이란 그런 것일 테니까요. 그렇다면 남은 것은 지원자의 Initiative or Energy에 대한 판단이나 Research Fit 정도일 것입니다. 하지만 대부분은 그렇게 살지 않았기 때문에 SOP 작성이 어렵지요. 그렇다면 어떻게 해야 할까요? 내 스토리라인에서 어떤 모티베이션을 어필하면 좋을지 한 번 생각해 보세요. 그리고 그 모습대로 준비하면 됩니다.

조금 더 이해를 돕기 위해, 미국 대학원에서 제시하는 SOP의 가이드라인을 살펴보겠습니다.

Materials Science and Engineering, Stanford University (PhD)

The Statement of Purpose should describe succinctly your reasons for applying to the proposed program at Stanford, your preparation for this field of study, research interests, future career plans, and other aspects of your background and interests which may aid the admissions committee in evaluating your aptitude and motivation for graduate study. The Statement of Purpose should not exceed two pages.

SOP에는 당신이 스탠퍼드대학교 이 학과에 지원하는 이유를 간결하게 작성합니다. 이 연구 분야에서 당신의 준비 정도(어떤 연구를 해 왔는지), 관심 연구 주제는 무엇인지, 그리고 향후 커리어 계획은 어떠한지입니다. 이외에 당신의 성장 배경이나 관심사를 작성해도 좋습니다. 그 정보들이 어드미션 커미티가 당신이 과연 석박사 과정에 적합한지, 그리고 어떤 모티베이션을 가지고 있는지 평가하는 데 도움이 된다면요. SOP 분량은 2페이지를 초과하지 않아야 합니다.

Mechanical Engineering, Purdue University (PhD)

A statement of approximately 500 words is encouraged concerning your interest in undertaking or continuing graduate study, your reasons for wanting to study at Purdue, and your professional plans, career goals, and research interests. You also may explain any special circumstances applicable to your background and elaborate on your special abilities, awards (including fellowships), achievements, scholarly publications, and/or professional history. The graduate program to which you are applying may have additional requirements.

당신이 대학원 공부를 시작하거나 계속하려는 관심사, 퍼듀대학교에서 공부하려는 이유, 커리어 계획과 목표, 그리고 연구 관심사에 대해서 약 500단어 정도로 작성하세요. 당신의 성장 배경에서 겪은 특별한 일들과, 특기사항 – 펠로우십을 포함한 수상 내역, 성과, 학술 논문, 그리고 직장 경력 등을 자세히 설명할 수 있습니다. 지원 프로그램에서 추가 요구사항이 있을 수 있습니다.

스탠퍼드대학교 재료공학과와 퍼듀대학교(Purdue University) 기계공학과의 박사 과정 SOP 가이드라인입니다. 각 대학원의 SOP 가이드라인에서 가장 먼저 나오는 내용은 '해당 학교와 프로그램에 지원하는 이유'입니다. 어디서 많이 본 내용 같지 않나요? 네, 4장에서 이미 다룬 주제입니다. 스스로 답변해야 할 질문으로 소개했었죠.

왜 나는 석박사라는 학위가 필요한가?
왜 미국에 가야 하는가?

이런 질문을 하는 이유는 결국 SOP가 지원자의 모티베이션을 드러내는 글이기 때문입니다. 그렇다면 모티베이션은 왜 중요할까요?

우리는 어떤 일을 할 때 그 일을 하는 이유를 알고 있어야 합니다. 그 일을 하는 이유를 알고 있으면 목표가 생기고, 그것을 달성하기 위한 계획들을 수립하고 수행하게 됩니다. 모티베이션은 바로 그 일을 하는 이유입니다. 모티베이션이 있는 사람은 어떻게 일을 할까요? 그 일을 하는 목적을 이해하고 그 필요성에 공감하고 있기 때문에, 그 일을 잘 해내기 위해 치열하게 고민할 것입니다. 모티베이션이 있는 사람은 실패를 받아들이는 방법도 다릅니다. 왜냐하면 실패는 목적 달성을 위한 과정이기 때문입니다. 그 실패를 철저히 분석하고 다시 그 일이 일어나지 않게 하면 되는 거지요. 결국 모티베이션은 그 사람이 일하는 이유이자 열정이며 성장할 수 있는 동력으로 작용합니다. 반대로 모티베이션이 없는 사람은 어떻게 일을 할까요? 그 일을 하는 이유를 알지 못하니 그 일이 성공해야 하는 목적에도 공감할 수 없습니다. 그렇기 때문에 수동적으로 그 일을 하게 됩니다. 문제가 생기더라도 적극적인 해결을 하기보다는 현상 유지에 급급할 것입니다. 만약 여러분이 인재를 채용하는 입장이라면 어떤 사람을 뽑고 싶나요?

만약 지금까지 모티베이션에 대한 깊은 생각이 없었다면, 지금부터 내가 해 왔던 일들에 대한 깊이 있고 치열한 고민들이 필요합니다. 그 과정에서 내가 해 왔던 일들을 정리하고, 내가 어떤 사람인지를 알게 될 겁니다. 그렇게 내가 왜 이 일을 하고 싶은지에 대한 이야기를 거슬러 올라가다 보면 나만의 모티베이션을 찾을 수 있습니다. 모티베이션의 중요성에 대해 이해했다면 이제 SOP를 쓰기 위한 첫 번째 단추가 꿰어진 것입니다.

그렇다면 SOP의 첫 문장은 내가 왜 이 연구 분야에 관심을 가졌는지에 대한 계기로 시작할 수 있겠네요. 모티베이션이 생겼기 때문에 그 분야에 대한 공부나 연구를 하는 것이 자연스럽겠습니다. 논문도 읽고 교수님께 질의를 하다 보니 자연스럽게 학부연구생 혹은 석사 과정에 진학하는 등의 노력을 했을 겁니다. 혹은 관련 분야로 취업을 했을 수도 있겠죠. 그렇다면 직장에서 실무도 익혔을 테고요. 그렇게 열심히 쌓은 경험들을 통해 내가 이 분야에 가진 열정이나 관심사를 표현할 수 있을 것입니다. 하지만 이런 사실들은 연구 잠재력 중 하나일 뿐, 나열하기만 해서는 모티베이션이 드러나지 않습니다.

SOP가 까다롭게 느껴지는 이유

많은 유학 준비생들이 준비 과정 중에서 SOP 작성이 가장 까다롭다고 생각합니다. SOP가 까다롭게 느껴지는 이유는 템플릿이 일관되지 않아서일 뿐, 사실은 준비하고 있는 서류 모두에서 문제가 있을 가능성이 높습니다. 바로 Integrity의 부족이죠. 그리고 그 여파는 인터뷰까지 이어지게 됩니다. 왜냐하면 내 연구에 대한 깊이와 스토리라인에 대한 고민이 부족하기 때문입니다. 깊이 고민하지 않은 내용은 되려 마이너스가 되는데, 어떤 질문에 대한 응답을 통해 그 깊이에 대한 대략적인 판단이 가능하기 때문입니다. 벼락치기로는 그 깊이를 만들기 힘듭니다.

우리가 주요 서류 준비에 앞서 연구 잠재력과 Terminology Hierarchy를 정리하고 그것을 바탕으로 스토리라인을 만든 것은 그 과정에서 내가 연구자로서 살아왔던 과거, 그리고 현재, 미래까지 깊이 사유할 수 있기 때문입니다. 나만의 스토리라인을 비전과 미션으로 풀어낼 수 있다면, 그리고 주요 서류의 의존성 관계에 따른 준비 단계를 이해했다면 이제 SOP를 작성할 수 있습니다. 그리고 다른 사람이 작성한 SOP, 예를 들어 합격자의 SOP를 템플릿처럼 여기고 베껴서는 안 됩니다. SOP를 비롯한 각 서류들은 지원자를 Self-Motivated된 연구자로 보이게 하는 것이 핵심인데, 우리는 그 사람처럼 살아오지 않았죠. 즉 다른 사람의 글을 베끼는 것은 Integrity 부족으로 보이는 지름길입니다.

나쁜 SOP와 좋은 SOP

이전 챕터에서 소개해 드렸던 미국 대학원의 SOP 작성 가이드라인에 제시되는 내용을 단순하게 생각해서는 안 됩니다. 그 가이드라인에 담긴 내용들은 어드미션 커미티가 지원자의 SOP를 읽으면서 나오기를 기대하는 내용이자, 지원자가 Self-Motivated된 연구자인지에 대해 평가할 기준입니다. 다음 정도로 정리할 수 있습니다.

문제를 제대로 파악하고 있는가

솔루션으로서 내 연구의 임팩트가 무엇일지 예상하는가

내 연구의 의미를 미시적, 거시적으로 파악하고 있는가

내 연구를 핵심 내용만으로 요약할 수 있는가

이를 뒷받침할 Research history가 적당한가

어드미션 커미티의 평가 기준에 대해 유념하면서 전형적인 나쁜 SOP, 그리고 좋은 SOP에 대해 살펴보겠습니다.

나쁜 SOP

서론
교수/연구원이 꿈이다
Research Asset과 상관없는 비전과 미션 언급

본론
해왔던 일을 시간 순서대로 작성
출판물 개수와 저널 등을 강조
연구/실험 과정의 디테일에 대한 설명

지원 학과의 교수 중 1명 정도만 알아들을 수 있는 기술적 내용
부족한 점 없이 완벽한 성취물이라는 내용
연구와 관련 없는 인간성, 협동심에 대한 내용

결론
서론에서 언급되지 않은, 관련성 낮은 내용의 언급

지원자들이 SOP를 쓸 때, 잘못 접근하는 대표적인 사례가 바로 내 꿈은 교수, 연구원이기 때문에 석박사 과정에 지원한다고 하는 것이기 때문입니다. 어드미션 커미티가 어떤 연구자를 뽑고 싶어 하는지 다시 한번 되새겨 볼까요?

"비전을 가지고 있고, 비전을 실행하기 위한 미션이 있는 사람. 그리고 그 비전으로 학교의 명성을 높이고 인류 발전에 공헌할 수 있는 사람"

지도 교수와 커미티는 단순히 교수나 연구원이 되려는 사람을 위해 5년 동안 5억이라는 비용을 투자하는 것이 아닙니다. 내가 바라는 직업과 내가 석박사 과정을 통해 달성하려는 비전을 혼동해서는 안 됩니다. 게다가 우리는 세계 각국에서 모이는 우수한 인재들과 경쟁을 해야 하는데 이러한 내용으로 커미티의 눈을 사로잡을 수 있을까요?

다음으로 나쁜 SOP의 사례는 해왔던 일들을 시간 순서대로 작성하는 것입니다. 이 때의 문제점은 지원자의 모티베이션이 드러나지 않는다는 점입니다. 오히려 시키는 대로만 한 사람처럼 보일 가능성이 높습니다. 연구 잠재력을 정리하고 스토리라인을 정비하는 이유는 모티베

이션을 드러내기 위해서입니다. 시간과 상관없이 연구 내용들을 키워드 순으로 뽑아 재배치하는 과정들이 바로 그래서 필요하지요.

출판물 개수와 저널 등 나의 실적을 강조하는 것 역시 의미가 없습니다. 석박사 어드미션은 스펙순으로 선발하는 것이 아닙니다. 어드미션 커미티가 알고 싶은 것은 학문이라는 여정을 어떻게 걸어왔는지에 대한 내용이며 앞으로 이 사람이 어떤 성과를 낼 수 있는지에 대한 잠재력인데, 과거에 좋은 성과를 냈다고 해서 미래에도 좋은 성과를 낼 수 있을까요? 미국 대학원이라는 언어, 문화 모든 것이 익숙하지 않은 곳에서 새롭게 시작을 해야 하는데요? 지금까지 좋은 실적을 내 왔다면 환경을 바꾸기보다는 익숙한 환경에서 계속해서 연구하는 게 더 좋을 텐데 말입니다.

연구나 실험 과정에 관한 디테일 역시 어드미션 커미티가 원하는 내용이 아닙니다. 커미티는 지원자가 그 연구를 통해 무엇을 찾으려 했고, 어떤 어려움이 있었으며 그것을 어떻게 대처해 냈고 결과적으로 어떤 것을 배웠으며, 앞으로는 무엇을 개선하여 연구를 할 것인가 등의 내용을 알고 싶어 하지, 실험을 어떻게 세팅해서 수치는 뭐가 나왔고 등의 내용은 궁금해 하지 않습니다. 오히려 그런 디테일은 인터뷰 요청을 통해 미래 지도 교수가 질문을 하면 언급할 사항입니다. 어드미션 커미티 중에서 내 연구 분야와 일치하는 연구를 하는 교수가 있을 가능성은 얼마나 될까요? 게다가 그런 테크닉적인 부분에 집중하면 연구자가 아니라 테크니션에 가까운 인상을 줄 수 있습니다.

연구가 부족함 없이 완벽하게 이루어졌다는 내용은 내 실적만 강조하는 것입니다. 만약 실제로 연구가 그렇게 이루어졌다고 해도 앞으로도 그렇게 풀리리라는 보장은 없죠. 오히려 내가 처음 세웠던 가설을 검증하는 과정에서 예상치 못했던 일들이 있었고, 그런 내용을 어떻게 극복하려고 했는지를 보여 주는 것이 연구자로서 잠재력을 보여 줄 수 있는 좋은 사례입니다. 왜냐하면 우리는 하고 싶은 연구만 할 수 없으므로, 돌발상황에 어떻게 대처하는지가 매우 중요하기 때문입니다. 그런 내용을 이야기하다 보면 좀 더 디테일한 내용에 대한 질문도 들어올 것이고, 자연스럽게 내 연구 디테일에 대해서도 내용을 대화를 나누게 됩니다.

또 흔히 하는 실수는 연구와 관련이 없는 인간적인 부분이나 협동심과 같은 내용을 언급하는 것입니다. 보통 미국에 가서 잘 적응할 수 있다는 점을 강조하려 이런 이야기를 하는데, 오픈마인드로 접근하는 것은 연구자로서 당연한 태도입니다. 1~2장, 500단어 정도밖에 쓸 수 없는 SOP의 소중한 지면에 그런 내용을 굳이 언급해야 한다면 모티베이션의 일부여야 할 것입니다. 하지만 보통은 어드미션 커미티에게 나를 Self-Motivated된 연구자로 설득하기 위한 내용과는 매우 거리가 먼 내용이지요.

마지막은 보통 서론에서 언급한 비전이나 미션과 같은 내용을 환기하면서 마무리하는데, 여기서도 서론과 전혀 다른 내용을 이야기하는 실수를 많이 합니다. 즉 각 문단에서 서로 다른 이야기를 하고 있어 스토리라인이 하나로 이어지지 않고, 내가 우수한 연구자임을 설득하지 못한 채로 끝맺는 것입니다. 그렇다면 좋은 SOP는 어떻게 작성해야 할까요?

좋은 SOP

서론
비전과 미션 언급: 내 연구의 잠재 파급력이 어느 정도인지
나는 지금 미션 달성을 위해 어디쯤 와 있는지
비전과 미션 설정의 계기&동기 언급 가능

본론
서브미션들을 달성하기 위해 무슨 연구(일)를 했는지
성취한 중간 결과물이 있다면 내 비전과 미션 달성에 있어 어떤 의의가 있는지
성취의 의의에도 불구하고 어떤 부족한 점이 있는지

결론
부족한 점을 해결하기 위한 계획은 무엇인지
어느 연구실이 계획에 적합한지
학위 이후 계획은 무엇인지

좋은 SOP에는 어드미션 커미티들이 알고 싶은 모든 내용들이 들어가 있습니다. 서론에는 자신의 연구자로서의 비전과 미션을 언급하면서 내 연구의 가치를 밝히고 있습니다. 지금 그 연구자로서의 여정에서 어느 지점에 와 있는지, 그리고 왜 그러한 비전과 미션을 갖게 되었는지 이야기합니다. 그리고 본론에서는 비전 달성을 위한 미션의 세부사항들을 쓸 것입니다. 그중 연구 활동을 통해 성취한 중간 결과물이 연구적으로 내 비전과 미션 달성에 어떤 의미를 가지는지, 또 부족한 점은 없는지를 당연히 이야기하겠죠? 그리고 결론에서는 그 부족한 점을

해결하기 위한 계획을 희망 지도 교수님의 연구와 자연스럽게 연결하여 해당 프로그램에 지원하는 당위성을 밝힙니다. 그리고 마지막으로 커리어적인 목표에 대해서 이야기하는 것이 모범적인 SOP 사례라 할 수 있습니다.

하지만 현실적으로 우리가 원하는 연구만 할 수 있는 것은 아닙니다. 때로는 과제 때문에 갑자기 연구 주제가 변경되기도 하죠. 그럴 때는 스토리라인을 어떻게 정리할 수 있을까요?

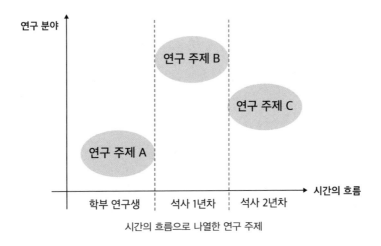

시간의 흐름으로 나열한 연구 주제

보통 스토리 아웃라인을 만들 때, 시간의 흐름에 따라 연구 주제를 정리하게 됩니다. 학부 연구생 때 다룬 연구 주제 A, 석사 1년 차 때 연구 주제 B, 석사 2년 차 때는 연구 주제 C를 다뤘다고 가정해봅시다. 이를 시각자료로 만들면 위의 그림처럼 나타낼 수 있겠죠. 이렇게 보면 A, B, C는 서로 다른 연구처럼 보입니다. 같은 연구 분야 내에서 진행한 연구 프로젝트인데도 말이에요. 이렇게 정리한 내용을 그대로 스토리라인으로 옮기게 되면 어떻게 될까요? 위에서 이야기했던 나쁜 SOP의 사례가 되겠죠. 지난 연구 경험을 시간 순서대로 작성하니 어쩔 수 없이 출판물 개수와 저널 같은 결과물에만 집중하게 됩니다. 그게 가장 포인트가 되기 때문입니다.

문제는 이러한 스토리라인이 어드미션 커미티를 설득하기 어렵다는 것입니다. 많은 지원자들이 어려움을 겪는 것도 이 때문입니다. 내가 다뤘던 연구에 대한 글이기 때문에 SOP를 잘 쓴 것처럼 느껴지거든요. 사실 스토리라인을 저런 식으로 작성하게 되면 문장 표현 같은 지엽적인 부분만 수정하게 될 뿐, 사실상 스토리라인 자체에 대한 변경은 거의 하지 못합니다. SOP 피드백에서 가장 중요한 것도 논리적 흐름이 틀어진 부분을 짚어 주는 것입니다. 하지만 설사 논리적 흐름을 짚어 냈다 하더라도 이미 쓴 SOP를 개선하는 것은 아주 어려운 일입니다. 차라리 다시 쓰는 편이 더 나을 때도 있습니다. 그렇기 때문에 이 책에서 스토리라인 아웃라인 작성을 강조하는 것이고, 글의 뼈대를 마련하는 것에 그토록 오랜 시간이 걸리는 것입니다.

내 연구 역량을 제대로 강조하면서 어드미션 커미티를 설득할 수 있는 논리적인 구조를 갖추려면 어떻게 해야 할까요?

앞서 확인했던 그림을 다시 살펴보겠습니다. 시간의 순서대로 내 연구 주제를 나열한 것은 내가 무슨 연구를 했는지 미시적으로만 파악하고 있을 뿐, 연구에 대한 거시적인 관점을 갖추지 못했기 때문에 설득력이 부족해집니다. 이런 구성의 글은 아마추어처럼 보이고 어드미션 커미티를 설득하기엔 역부족입니다. 내 연구를 미시적으로나 거시적으로나 잘 파악하고 있어야 내 연구의 가치가 문제 해결에 있어 어떤 역할을 하고, 그 가치가 어떤 임팩트를 가져올지를 예상할 수 있기 때문입니다. 결국 SOP 스토리라인은 내 연구를 핵심 내용만으로 요약하면서 내가 가진 연구자로서의 역량과 잠재력을 어드미션 커미티를 설득하는 것입니다.

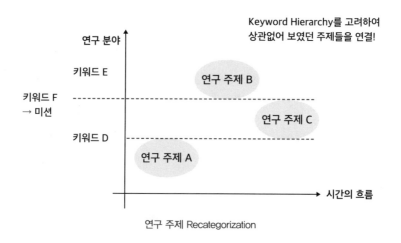

연구 주제 Recategorization

자, 그렇다면 어떻게 어떤 식으로 내 연구 잠재력을 정리해야 할까요? 시간의 흐름대로 연구 주제를 나열할 것이 아니라, 연구 분야에 초점을 맞추어 키워드를 분석해야 합니다. 이를 시각자료로 만들면 위의 그림: 연구 주제 Recategorization으로 나타낼 수 있습니다. 연구 주제별 키워드를 뽑아내어 키워드 간의 공통점을 찾고, Terminology Hierarchy

에 따라 상관없어 보이던 주제들을 하나로 연결할 수 있어야 합니다. 이렇게 구성하면, 내가 해온 연구 경험은 각자 별개로 존재하는 것이 아니라 하나의 스토리라인에서 당위성을 찾게 되고, 나를 Self-Motivated된 연구자로 보이게 합니다. 이때 연구가 진행되었던 시간의 순서에 구애 받을 이유가 없습니다. 언제 했든지 내가 가진 비전을 달성하기 위한 미션 중 하나이니까요.

국문 초안 자체 평가

이렇게 완성한 스토리 아웃라인을 바탕으로 국문 초안을 작성한다면 자체평가를 할 수 있습니다.

▼ 국문 초안 자체 평가

    내가 고안한 스토리라인을 다각도로 평가

    Purpose가 명확한가? 삼성전자 입사 시 사용해도 문제 없을까?

    모티베이션이 명확한가? 문제를 잘 정의하고 있는가?

    풀 가치가 있는 문제인가? 스케일이 너무 크거나 작지 않은가?

    이 문제를 풀기 위해서 무엇을 해왔나?

    적절한 수준으로 포장했는가?

가장 중요한 것은 논리적 흐름과 서사입니다. 내가 만든 스토리라인이 논리적인지, 그리고 SOP의 목적인 박사 과정 연구자로서 어드미션 커미티 설득이라는 목적대로 잘 쓰였는지를 판단합니다. 이때 내가 쓴

SOP가 삼성전자 지원에 사용해도 문제가 없을 것 같다면 방향을 제대로 잡지 못한 것입니다. 학계와 산업계가 연구를 통해 추구하려는 방향이 다르기 때문이지요. 그런데 만약 내가 가진 연구자로서의 비전, 문제 해결 방법이 산업과 밀접한 연관이 있고, 박사 과정에 진학하려는 이유가 미션 중 하나라면 오히려 논리적일 것입니다. 실제 모티베이션이 그러하니까요. 그런 경우라면 스토리라인 또한 논리적으로 작성할 수 있습니다.

마찬가지로 내가 연구 주제로 선정한 문제가 가진 가치를 잘 정의할 필요가 있습니다. 비전은 다소 먼 주제라도, 미션은 현실적으로 해결할 만한 이슈를 다루고 있어야 합니다. 아직 시도해 보지도 않은 문제 해결법을 무작정 제시하는 것은 당연히 논리적이지 않으니, 내가 해온 연구 경험에서 얻은 결과를 제시하고, 결과에 대한 평가를 하면서 문제 해결 방법을 재정의하는 것이 바람직합니다. 이때 나의 노력과 성취에 대한 적절한 수준의 포장이 필요합니다. 내가 해온 연구의 발자취는 모두 학술적으로 의미가 있어야 하고요. 설사 실제로는 그렇게 의미를 두고 했던 일이 아니라고 하더라도 말이죠.

내가 쓴 SOP 국문 초안을 영문으로 옮기기 전에 반드시 지도 교수님, 선배와 동료 연구자들에게 부탁하여 논리적 흐름의 문제는 없는지, 자연스럽게 글이 이어지는지에 대한 피드백을 받으세요. 초안에서 더 이상 수정할 만한 부분이 없다면 이제 영문 초안을 작성할 수 있습니다.

번외 영문 SOP 작성 주의사항

영문으로 작성한 SOP도 국문과 마찬가지로 논리적 흐름, 그리고 연구자로서의 목소리가 잘 담겨 있는지가 가장 중요합니다. 영문 SOP는 단순히 영어 작문 실력을 평가하는 것이 아닙니다. 물론 문법적으로 오류가 없고 잘 쓰여진 글이 잘 읽히므로 작문 실력도 평가의 한 부분일 수는 있겠지만 핵심은 그것이 아니라는 것, 이제는 아시리라 생각합니다. 만약 내가 편한 언어가 영어라면 한국어로 초안을 잡을 필요 없이 영어로 초안을 바로 작성해도 괜찮습니다. 여기서는 국문으로 초안을 작성하고 영문으로 옮긴다는 전제하에 이야기하도록 하겠습니다.

국문 초안을 작성할 때는 Terminology와 표현을 굳이 한국어로 옮기기보다는, 영문 표현을 그대로 작성하는 편이 더 효율적입니다. 예를 들어 이런 식으로 작성할 수 있겠네요.

내 연구는 XX가 more complexed environmental conditions에서도 작동하면서, YYY를 A level 뿐만 아니라 B level에서도 적용할 수 있는 데 목적을 두고 있다.

이렇게 쓰는 것을 추천하는 이유는 교정 중 일어나는 실수를 사전에 방지하기 위해서입니다. 보통 영문 SOP를 작성한 뒤 주변에 영어를 잘하는 친구나 동료, 원어민 에디터에게 교정을 맡기게 되는데요. 문장을 패러프레이징 할 때, Terminology Hierarchy 때문에 문제가 발생하곤 합니다. 내 연구 주제를 나와 지도 교수님 외에는 잘 모른다는 사실을 간과하여 생길 수 있는 문제입니다. 이게 와닿지 않는다면, 옆 연구실에 있는 친구의 논문 주제나 연구를 읽고도 한번에 이해할 수 있는지 생각해 보세요. 따라서 이런 실수가 일어나지 않도록 사전에 대비하는 것이 최고의 방책입니다.

마찬가지로 국문 초안에서 다르게 해석될 수 있는 모호한 표현은 지양해야 합니다. 우리말로 썼을 때도 여러 가지 가능성이 있는 문장을 영어로 옮긴다면 어떻게 될까요? 한국어를 영어로 옮길 때 단어나 표현이 1:1로 대치되지 않는다는 것을 떠올려 보세요. 국문을 영문으로 옮기는 과정에서 자연스럽게 문장이나 문단들이 쪼개지게 됩니다. 이때, 국문 문장이 명확하지 않다면 영문으로 옮긴 글에서는 논리적인 흐름이 깨질 수 있습니다. 따라서 영문으로 SOP를 옮긴 후에도 국문 초안 자체 평가의 기준으로 평가해야 합니다. 글은 논리적으로 이어지는지, 모티베이션이 잘 드러나 있는지 말이죠.

문법적으로 오류는 없는지, 그리고 어색한 표현은 없는지도 확인하세요. 국문 초안은 아무래도 비유나 표현이 한국식으로 이루어지기 때문에 이를 1:1로 직역해 버리면 뜻이 잘 전달되지 않는 경우가 많습니다. 원어민 교정을 맡기더라도 글의 흐름 정도를 체크해 주는 정도이지, 여러분의 글을 처음부터 끝까지 완벽히 수정해 줄 거라고 생각하면 안 됩니다. 전체적인 글의 톤앤매너가 깨질 수 있기 때문에 누군가가 수정해 주는 일이 꼭 좋은 것도 아닙니다. 기본적으로 내 영어 실력을 높이는 것이 더 중요한 이유입니다.

　마지막으로 해야 할 것은 지원 프로그램별로 관심 교수님의 이름과 대학교, 프로그램명이 잘 입력되어 있는지를 더블체크하는 것입니다. 여러 학교에 동시에 지원하기 때문에 학교 이름을 잘못 기입하는 실수는 꽤 빈번하게 일어나는 일입니다. 제출 전 마지막에 반드시 확인하세요.

7

PS의 역할은
무엇인가

Personal Statement는 줄여서 PS라고 부르는데, Diversity와 관련이 있는 문서입니다. 미국에서 Diversity는 성별, 인종, 장애 유무와 종교 등을 아우르는 큰 개념입니다. 함께 주로 사용되는 키워드는 Diversity, Equity, and Inclusion(DEI)이며, 한국어로는 '다양성, 형평성, 포용성' 정도로 옮길 수 있습니다. Diversity는 전통적으로 사회에서 과소대표되는 그룹(Underrepresented Group), Minority를 가리킵니다. 오늘날 DEI는 미국 사회의 핵심 가치로 강조되고 있습니다. 미국을 구성하고 있는 사람들이 서로 다른 문화적 배경을 가지고 있고, 서로 공동체를 이루며 발전하고 있다는 것을 생각하면 매우 자연스러워 보입니다. 그렇다면 PS는 어떤 목적으로 작성하는 것일까요?

고등교육을 제공하는 대학에서 Diversity가 어떤 역할을 하는지 생각해 볼까요? 기초교육과 달리 고등교육을 받는다는 것은 어떻게 보면

'선택'이고, 관점을 달리 하면 '혜택'입니다. 고등교육을 받기에 사회적인 장애물이 있었지만 이를 극복한, 모티베이션이 훌륭한 지원자에게는 교육에 대한 기회가 절실할 것입니다. 만약 그런 지원자에게 기회를 준다면 어떨까요? 그 사람이 성장하여 훗날 대학이라는 공동체가 발전할 수 있도록 보답하는 선순환 관계가 이루어질 것입니다. 공동체는 도전과 기회를 통한 평등이란 가치를 학습할 수 있고, Diversity가 만들어내는 Conversion(융합)을 통해 한층 더 발전할 수 있습니다. 그렇기 때문에 PS는 대학에서 마련한 Fellowship이나 외부 재단에서 조성된 기금 장학 등을 수여할 때 참고할 수 있는 자료가 됩니다. 간혹 펀딩 조건 때문에 PS 제출 대상자를 시민권/영주권자, 혹은 미국의 고등학교 졸업자로 제한하기도 합니다.

Tip 학교에 따라서는 SOP와 PS를 혼용해서 사용하기도 하니, 가이드라인을 통해 어떤 글을 써야 하는지 확인할 필요가 있습니다.

그럼 실제로 학교에서 제시하는 가이드라인을 통해 PS가 어떤 문서인지 살펴보겠습니다.

Materials Science and Engineering, Stanford University (PhD)
Stanford University regards the diversity of its graduate student body as an important factor in serving the educational mission of the university. We encourage you to share unique, personally important, and/or challenging factors in your background, such as work and life experiences, special interests, culture, socioeconomic status, experiences, special interests, culture, socioeconomic status, the quality of your early educational environment, gender, sexual orienta-

tion, race or ethnicity. Please discuss how such factors would contribute to the diversity (broadly defined) of the entering class, and hence to the experience of your Stanford classmates. (1000 characters)

스탠퍼드대학교는 대학원생의 다양성을 대학의 교육 사명을 수행하는 데 중요한 요소로 생각합니다. 지원자의 성장 배경에서 독특하고, 개인적으로 중요하거나 힘들었던 일들을 공유할 것을 권장합니다. 직장과 실생활, 특별한 관심사, 문화, 사회경제적 지위, 초기교육 환경의 질, 젠더, 성적 지향성, 인종 혹은 민족 등과 관련된 경험들이 있겠네요. 그리고 그러한 요소들이 수업환경의 다양성(광의적으로 정의됨)과 스탠퍼드 학생들의 경험에 어떻게 기여하는지 논의하십시오.

Computer Science, Johns Hopkins University (PhD)

The Personal Statement is optional for all programs; check the instructions on your degree program website for specific criteria, if available. When included, this statement will help programs gain a more holistic understanding of you as an applicant. Provide a statement describing your personal background that is no more than one page in length. Elaborate on personal challenges or opportunities that have impacted your decision to pursue a graduate degree.

PS는 모든 프로그램에서 선택 사항입니다. 가능하면 지원 프로그램에서 요구하는 인스트럭션이 있는지 확인하십시오. PS를 제출하면 프로그램 커미티가 지원자에 대해 보다 종합적으로 이해하는 데 도움이 됩니다. 개인적인 성장 배경에 대한 PS를 한 페이지를 넘기지 않게 진술하십시오. 대학원 진학을 결정하는 데 영향을 미친 개인적 어려움이나 기회에 대해 자세히 설명하십시오.

스탠퍼드대학교 재료공학과와 존스홉킨스대학교(Johns Hopkins University) 컴퓨터과학과의 박사 과정에서 제시하는 PS 가이드라인입니다. 공통적으로 확인할 수 있는 부분은 지원자가 성장해 온 배경에서 겪은 어떤 어려움(Challenges)과 이를 극복하는 과정, 그리고 그 과정에서 고등교육을 받을 수 있었던 기회 같은 것을 쓰라고 하고 있습니다.

Diversity와 이런 내용이 어떤 관련이 있어서 이런 글을 쓰라고 하는 것일까요?

Diverse Identities와 미국의 자수성가 문화

기본적으로 미국은 자수성가 문화로서, 어떤 어려움이나 역경을 극복하여 이루어 낸 결과에 가치를 부여합니다. 내가 성장해 온 배경이 사회적으로 과소대표된 집단이거나, 평등하지 못한 출발선에서 시작을 했다거나 하는 역경을 극복하는 것이 미국 사회의 정신입니다. 달리 말하면 개척정신(Pioneership)이라고 할까요? 그렇기 때문에 SOP에서는 지원자의 연구 역량을 보았다면, PS의 내용을 통해서는 지원자의 개인적인 인성이나 가치관을 판단하려고 하는 것입니다. PS에는 '다양성, 형평성, 포용성'에 일조할 수 있는 이야기를 써야 합니다. SOP에서 했던 전공 이야기를 되풀이해서는 안 되지만, 큰 틀에서 내가 연구자라는 여정을 걷게 된 계기에 대해 이야기할 수 있다면 가장 좋습니다.

각 서류는 스토리라인으로 이어져 있어야 하기 때문에, PS에서 그리는 지원자의 모습과 SOP에서 그렸던 모습이 완전히 달라서는 안 됩니다. 다만 PS는 개인적인 에피소드에서 출발할 수 있기 때문에 SOP에 비해서는 글쓰기에 대한 부담이 덜 한 것이지요. 실제로 경중을 따져도 SOP보다는 덜 중요한 편이고, 말 그대로 스토리이기 때문에 원어민 교정을 맡기는 것도 수월합니다. 연구나 Terminology가 훨씬 덜 들어가는 문서이니까요.

그렇다면 어떤 내용에서 PS를 시작해 볼 수 있을까요? 나를 어떤 사람으로 그려낼 것인지를 먼저 생각해 볼 필요가 있습니다. 공동체(Community)의 일원으로서 내 모습을 그리고 싶다면, 학부나 대학원 시절에 겪었던 일들을 서술할 수 있습니다. 예를 들어 공동체의 성장이나 내 주변 환경을 개선하기 위해 힘쓴 일들이 글감이 될 수 있을 것입니다. 이러한 에피소드를 통해 얻을 수 있는 것은 지원자가 박사 과정 연구자로서 소속 연구실, 학교, 그리고 학계의 일원으로서 어떤 역할을 해낼 수 있는지입니다.

결국 어드미션 커미티가 PS를 통해 판단하고자 하는 것은, 가이드라인에서도 볼 수 있듯이 지원자가 학교라는 공동체에 어떤 가치를 가져올 수 있는가입니다. 커미티가 원하는 사람은 단순히 연구 성과만을 가져오는 사람이 아니라 30~40년 후 학계를 이끌어 갈 사람, 즉 새로운 연구 분야를 개척하거나 다른 사람들을 멘토링하는 등 다양한 방식으로 연구자 공동체 내에서 리더십을 발휘할 사람입니다. 미국 사회는 다양한 인종과 문화적 배경으로 구성된 만큼, 그런 Diversity을 포용하는 가치가 무엇인지를 알고 있는 사람을 원한다는 소리지요. 버클리대학교(University of California, Berkeley)에서 이야기하는 Diversity가 무엇인지 확인해 볼까요?

bit.ly/3HZkF2c

PS는 어드미션 커미티가 지원자의 인간적인 모습을 통해 지원자가 학계의 일원으로 어떤 가능성을 가졌는지 파악할 수 있는 구체적인 글이어야 합니다. 이 글에서는 지원자가 학문적 커리어에 기여할 만한 잠재력에 대해 이야기할 수 있는데, 바로 비전통적인 교육 배경*에서 비롯된 비판적 시각 혹은 역사적으로 과소 대표된 집단의 경험, 그리고 다양한 문화적 배경의 사람들을 고등 교육에 참여시키려는 봉사활동 같은 것이 있을 수 있습니다.

*여러 사정에 의해 정규 학업 시기를 놓친 경우를 이름

버클리대학교의 Diversity

　　이번에는 코넬대학교(Cornell University) 컴퓨터과학 프로그램에서 이야기하는 SOP와 PS의 차이점을 한 번 볼까요? 코넬대학교에서는 PS와 SOP의 내용을 구별해서 쓰라고 합니다.

Content in the Personal Statement should complement rather than duplicate the content contained within the Research Statement of Purpose, which should focus explicitly on your academic interests, previous research experience, and intended area of research during your graduate studies.

한국에서 나고 자란 지원자라면, 미국 사회에서 가리키는 과소대표된 집단(Underrepresented Group)과는 거리가 있을 수 있습니다. 가끔 아시아인이라는 점을 어필하면 어떻냐는 질문을 받는데, Race 혹은 Ethnicity로 접근하고 싶다면 본인의 성장 배경에 비추어 판단하면 됩니다. 만약 내가 Korean & Asian으로서 정체성을 갖고 있으면서 사회의 Minority였다면 그런 에피소드를 작성하면 됩니다. 하지만 한국 사회의 일원이라면 전체적인 맥락이 맞지 않겠죠. 그렇기 때문에 Diversity 관련 에피소드를 일부러 만들기보다는, 스토리라인을 해치지 않는 선에서 포인트를 잡아 작성하는 편이 낫습니다. Diversity는 생각보다 더 넓은 가치를 포함하기 때문입니다.

PS에서 어드미션 커미티가 또 하나 평가하고자 하는 것은 지원자에게 지적인 리더십(Intellectual Leadership)이 있는지입니다. 여기서 이야기하는 지적인 리더십이란 자신만 앞서가는 것이 아니라 주변 동료 연구자들과 함께 연구 분야를 이끄는, 어떤 강력한 아이디어를 만들 수 있는 능력입니다. 그럼 어떻게 하면 그런 가치를 만들어낼 수 있는 사람이라고 할 수 있을까요? PS 가이드라인 중 어려움, 역경(Challenges,

Hardships)이라는 단어에 한 번 주목해 볼까요?

연구적으로 어려움을 겪은 사례들이 있을 겁니다. 내가 나온 학교가 연구가 활발하지 않은 곳일 수도 있고, 가정 형편상 고등교육을 받기가 어려웠을 수도 있겠죠. 하지만 그렇기 때문에 지원자가 최선을 다해서 무언가를 경험하고 깨달았음을 보여 줄 수 있습니다. 왜냐하면 우리가 살다보면 생각지도 못했던 경험을 통해 문제 해결의 실마리를 얻을 수도 있기 때문입니다. 이게 바로 버클리대학교에서 이야기하는 내용입니다. 또한 지원자가 겪었던 환경적 어려움이 지원자의 모티베이션을 증명하며 추후 연구 활동에 있어서 회복가능성(Resilience), 즉 어려운 문제를 잘 다룰 수 있는 어떤 능력을 보여 줄 수 있기 때문입니다.

8

CV의 역할은
무엇인가

워렌 버핏이 제시한 인재 채용 3요소 중에서 CV는 어떤 것을 의미할까요? 바로 Intelligence, Initiative or Energy에 해당합니다. CV의 각 항목을 통해 지원자가 연구자로서 어떤 여정을 걸어왔는지 한눈에 볼 수 있기 때문입니다. 예를 들어 학력사항(Education) 항목에서는 어떤 학교에 진학했고, 전공은 무엇이고 학위 과정은 어디까지 밟았는지 그리고 학점이 어느 정도였는지를 알 수 있습니다. 논문 출판(Publications) 항목에서는 그러한 연구 과정에서 얻은 성과에 대한 결과를 알 수 있죠. 그렇기 때문에 CV를 작성할 때는 그 목적에 충실하게끔 각 항목을 전략적으로 배치하고 Terminology를 고심해야 합니다.

CV는 일반적으로 본인의 장점을 드러내는 형태로 작성하게 됩니다. 기본 정보는 지속적으로 업데이트하는 것이 중요한데, 미뤄 두었다가 중요한 정보들이 누락되는 경우들이 있기 때문입니다. 예를 들어 학회 참석 같은 연구 경험들이 있겠네요. CV를 작성할 때는 가급적 연구와 관련된 경험이나 경력 위주로 작성합니다. 두괄식으로, 어드미션 커미티나 미래 지도 교수가 관심 있을 만한 내용을 작성해야 하는데요. 이때 나의 스토리 아웃라인이 잘 드러나는 것이 중점입니다. 만약 항목이 다른 서류들과 이어지는 스토리라인을 해친다면 뒤쪽에 배치하거나 아예 적지 않는 방법도 있습니다. 내가 해온 일들을 모두 적는다고 해서 무조건 좋은 것은 아니기 때문입니다.

홈페이지, 꼭 필요한가

CV는 기본 버전을 준비한 뒤, 지원 프로그램과 희망 교수에 따라 조금씩 수정한 버전을 제출하게 되는데요. 이때 서식(Typography)에 해당하는 폰트, 사이즈, 간격 등을 고려한 시각적 효과를 노려볼 수 있습니다. 최근에는 CV와 더불어 홈페이지를 만들기도 하는데, CV와 비교했을 때의 장점은 영상이나 사진 사용이 더 자유롭다는 것입니다. 만약 내 연구 경험에 영상, 사진 같은 시각자료를 제시하는 것이 더 효과적이라면 홈페이지를 만드는 것이 긍정적일 수 있습니다. 홈페이지를 만들어서 좋은 점 또 하나는 접속자를 알 수 있다는 것이지요. 교수님께 전달했던 링크 혹은 접속 위치를 통해 내 홈페이지에 방문했는지를 확인할 수 있습니다. 하지만 스토리라인에 대한 깊은 고민 없이 무작정 홈페이지를 만드는 것은 오히려 역효과를 불러일으킬 수 있습니다. 게다가 홈페이지 링크를 어드미션 커미티나 지도 교수가 클릭하지 않을 확률도 고려해야 합니다.

Tip 링크를 삽입하는 것이 꼭 필요한가요?

지원자가 홈페이지를 만들 때에는 당연히 그 링크를 클릭하여 확인할 것이란 전제가 있습니다. 하지만 그 반대의 입장을 생각해보셨나요? 여러분은 잘 모르는 사람이 보낸 사이트 링크를 클릭하거나, 첨부 파일을 클릭하여 다운로드 받나요? 문자 메시지 등을 통해 전달된 광고 URL은 얼마나 클릭하나요? 높은 확률로 스팸이라고 가정하고 있을 겁니다.

교수님들도 마찬가지입니다. 특히 어드미션 커미티의 경우, 원서를 검토하는 시간은 한정되어 있기 때문에 삽입된 링크를 클릭하여 확인할 확률은 0에 가까울 것입니다. CV에 논문 DOI 링크 등을 삽입할 수 있지만 SOP 등에는 링크를 넣더라도 실제로 확인하는 경우는 거의 없습니다. 만약 검증이 필요한 경우라면 커미티가 직접 요청할 것입니다. 그렇기 때문에 그 링크에 중요한 자료를 담는 것보다는 SOP에 내용을 잘 녹여내서 커미티를 설득하는 것이 더 효과적인 전략입니다.

CV에 포함해야 하는 항목

드물기는 하지만 특정 프로그램에서는 CV에 포함해야 할 항목이나 분량을 지정하기도 합니다. 예를 들어 캘리포니아공과대학교(California Institute of Technology, Caltech)에서는 원서에 CV를 첨부하라고 하면서 포함할 만한 항목을 다음과 같이 제시하고 있습니다.

> Attach a CV or resume that includes the following, if applicable:
> 1) Teaching, professional, and vocational experience (include military service, but omit summer or part-time work not relevant to your professional goals)
> 2) Research experience
> 3) Major academic recognitions, honors, and memberships in scientific, professional and honorary societies
> 4) Professional activities
> 5) Significant extracurricular activities
> 6) Conference presentations

7) Titles of publications, major papers, or theses authored or co-authored; if published provide citation. Do not upload the entire document as the admissions committee often does not have the time to read a large file. It is preferred that you either list or provide links or a URL where publications can be located.

어떤 항목이 있는지 함께 살펴보겠습니다. 커리어 목표를 잘 드러낼 수 있는 직장 경험, 연구 경험, 학술적으로 받은 표창이나 펀딩, 학회 경험 등을 언급하라고 합니다. 미국 석박사 어드미션 과정은 결국 연구를 잘 하는 사람을 뽑기 위한 것이라 말씀드렸습니다. Caltech에서도 CV를 통해 그런 사실을 뒷받침하는 자료들을 제시하라는 것입니다. 특히 7)을 보면 논문 파일에 대한 이야기가 나옵니다. 어드미션 커미티가 읽을 시간이 없기 때문에 논문 자료는 필요가 없다고 하죠. 그보다는 저자로 참여한 논문 정보 목록을 제공하거나, 해당 논문을 확인할 수 있는 링크를 첨부하는 편이 낫다고 합니다. 위에서 말씀드린 것처럼, 이런 내용에 대한 검증은 인터뷰 등을 통해 진행될 것입니다.

이 외에도 필요하다면 CV에 보유하고 있는 기술이나 특허 정보 등을 작성할 수 있습니다. CV에는 어떤 항목을 주로 넣게 되는지 아래에서 자세히 살펴보겠습니다.

Tip 서식은 어떻게 해야 하나요?

미국에서 사용하는 용지 규격은 한국과 다른 것을 알고 계시나요? 레터(Letter)라고 해서 가로가 조금 더 길고 세로는 조금 짧습니다. 마이크로소프트 워드 파일에서 용지 규격을 Letter로 하고 작성하면 미국에서 사용하는 규격대로 작성할 수 있습니다.

bit.ly/3HT36Rq

용지 규격을 레터지로 했다면 이제 학교에서 제시하는 서식을 살펴볼 차례입니다. 예를 들어 앞의 링크로 접속해서 볼 수 있는 미시건대학교에서는 이런 내용을 제시하고 있네요. 상단에는 반드시 문서의 종류와 이름, 지원 프로그램을 작성하라고 합니다. 또한 간격은 적어도 1인치를 두라고 하네요!

일반적으로 연구자들이 CV에 포함하는 항목을 살펴보겠습니다. 국내용으로 제작하더라도 CV는 영어로 작성하는 점 잊지 마세요. 대체로 아래의 내용은 필수로 들어가는 것으로 보입니다.

☐ 연락처
☐ 학력 사항(Education)
☐ 연구 관심 분야(Research Interests)
☐ 출간 논문(Publications)
☐ 참석 학회(Conferences)
☐ 경력 사항(Work Experience)
☐ 수상/펀딩 내역(Awards and Honors)

다음의 내용은 대체로 선택 사항입니다.

☐ 언어 능력 등 개인 정보(Personal data)
☐ 특허(Patents)
☐ 보유 기술(Skills and Techniques)
☐ 강의 경력(Teaching Experience)
☐ 출판물, 언론 소개(Press)
☐ 레퍼런스 인명록(References)

그럼 각 항목에는 어떤 내용을 쓰는지 살펴보겠습니다.

연락처

CV의 최상단에는 자신의 이름과 연락처 정보를 적습니다. CV가 마음에 들어 연락하려면 필수적이니까요. 이름 아래에 보통 현재 직위, 소속 기관 이름과 주소, 이메일 연락처를 적습니다. 이때 이메일은 소속 기관의 공식 이메일을 작성하는데, 지메일처럼 범용 이메일 주소를 병기하는 경우도 있습니다. 사무실에 전화나 팩스가 있는 경우 전화번호나 팩스 번호를 기재하기도 하며, 개인 핸드폰 번호를 써도 됩니다.

학력 사항(Education)

최근 학력 사항부터 순서대로 적습니다. 현재 박사 과정 중이라면 박사 과정, 석사, 학사 순서대로 쓰면 됩니다. 학부 졸업 때의 학점과 석차를 적기도 하는데, 최우등 졸업이라면 '*Summa cum laude*'를 씁니다.

석사, 박사의 경우에는 졸업논문의 제목과 지도 교수를 적는 경우가 많습니다. 지도 교수님이 명확하지 않은 경우라면 디펜스 커미티의 이름을 나열해도 괜찮습니다. 보통 졸업논문 제목과 지도 교수를 표기하면 어떤 분야의 연구를 수행했는지 알아보기 쉽기 때문에 CV에 적는 경우가 많습니다. 그래서 졸업논문의 '제목'만큼은 신중하게 쓰는 게 좋습니다.

연구 관심 분야(Research Interests)

앞서 설명한 연락처, 학력 사항, 경력 사항까지는 창의력을 발휘할 수 있는 부분이 별로 없었다면, 이제부터는 실력과 창의력이 발휘되는 부분입니다. 어떤 연구 분야에 관심이 있는지 너무 길지 않게, 보통 3~5줄 정도 적습니다. 영어 실력도 어느 정도 보이는 항목이므로 신중하게 작성해야 합니다.

출간 논문(Publications)

연구자 CV가 다른 분야의 CV와 제일 큰 차이를 보이는 부분이며, 개개인의 스타일도 큰 차이가 나는 부분입니다. 자신의 이름이 들어간 논문 숫자가 어느 정도 될 경우 국제학술지/국내 학술지로 나누어 적을 수도 있고, SCI급과 아닌 것을 나누어 적을 수도 있습니다.

CV의 가장 큰 목표인 자기 홍보, 그중에서도 핵심 실적인 논문 정보를 효과적으로 어필할 수 있으면 됩니다. 논문 정보는 보통 다음과 같습니다.

저자 1, 저자 2, 본인, 저자 4, 논문 제목, 저널명, 출판연도, 호수, 쪽수

꼭 위처럼 적을 필요는 없고, 논문 정보도 전략적으로 조금씩 다르게 작성합니다. 특히 출판 논문 수가 상대적으로 적은 경우에는 다음과 같은 맞춤 전략을 써야 합니다.

1. 전체 논문 숫자는 적지만 주저자의 논문 비율이 높은 경우: 본인의 이름을 굵게 표시해서 주저자임을 명확히 표시

2. 논문 숫자는 많지만, 주저자 논문이 적은 경우: 굳이 표시를 하지 않는 게 우월 전략

3. 임팩트 팩터가 높은 저널에 등재한 경우: 쪽수 뒤에 IF:40라고 표시

4. 임팩트 팩터는 낮으나 인용 수가 많은 경우: 인용 수 표시

Tip 임팩트 팩터가 무엇인가요?

IF, Impact Factor는 피인용지수라고도 합니다. 특정 저널에 실린 논문들의 평균 피인용수를 나타내는 지수로, 그 저널에 게재된 논문이 해당 분야에서 얼마나 영향력이 있으며 인정받는지를 가늠할 수 있습니다. 일반적으로 IF 수치가 높을수록 더 신뢰받는 저널이라고 볼 수 있으나, 분야별로 상황이 다르기 때문에 절대적인 수치라 할 수는 없습니다.

연구자가 아직 학생인 경우엔 보통 논문 숫자가 적습니다. 이 경우 출판되지 않았다 하더라도, 리뷰 프로세스를 거치는 논문이 있다면 '저널명, 출판연도, 호수, 쪽수' 대신에 'Under Review'라고 표시해 주면 됩니다. 아직 저널에 제출도 하지 않았지만, 출판 준비 중인 논문이 있으면 'In Preparation'이라고 적으시면 됩니다.

참석 학회(Conferences)
학회 정보도 논문 정보와 비슷하게 적습니다. 학회 정보 역시 Self-Motivated Researcher의 스토리라인을 생각해서 적어야 합니다.

국제학회/국내학회를 나눠서 작성할 수도 있는데, 국내학회 참석이 자기 포장에 도움이 안 된다고 판단할 시에는 국내학회 참석 여부를 빼기도 합니다. 포스터보다 오랄 세션 참석이 더 많았을 경우 둘을 나눠서 표시하는 때도 있고, Invited Talk를 했을 경우는 아예 별도의 항목으로 만들기도 합니다.

경력 사항(Work Experience)

회사에 다니다가 대학원을 온 경우에는 회사 경력을 쓰면 명확합니다. 실제 필드 경험을 중요시하는 분야라면 아카데미 경력(스트레이트 학사–석사–박사)만 있는 것보다 필드 경력이 있음을 더욱 강조해서 쓰는 게 좋습니다. 스트레이트로 학사–석사–박사인 경우에는 경력 사항을 'Research Experience'로 살짝 단어를 바꿔서 쓰는 경우가 많습니다. 예를 들어서 3개월간 타 학교에 파견을 하러 가서 연구를 진행한 경우, 학력 사항에 쓰기는 애매하지만 경력 사항에 쓰기에는 좋을 것입니다.

학부 인턴 경력을 써도 되냐는 질문을 많이 하는데, 써도 됩니다. 다만 이 모든 노력은 결국 자기 자신을 포장해서 홍보하는 행위이므로, 인턴 경력 때 연구한 것들이 지금 연구와 어떻게 연결되는지를 잘 설명할 수 있어야 할 것입니다. 군필 남성들은 군 복무 경력을 넣기도 합니다. 이렇게 되면 학부 과정이 상대적으로 길었던 이유를 설명하는 데 도움이 되겠지요.

수상/펀딩 내역(Awards and Honors)

연구 활동으로 받은 상은 여기에 모두 씁니다. 보통 학회에서의 수상 실적을 쓰는 경우가 많고, 논문경진대회 수상 실적도 좋습니다. Honor, 또는 펀딩 내역은 우리말로 완벽히 들어맞는 단어는 없는데, Fellowship 또는 Scholarship 받은 것을 쓴다고 생각하시면 됩니다. 펀딩을 받고 연구를 지속해온 점은 보통 자비를 들여 수학한 것보다 좋은 평가를 받는데, 이미 우수한 연구자로 증명받았다는 뜻이기 때문입니다.

이번에는 CV에 포함되는 내용 중 선택 사항으로 분류되는 내용들을 살펴보겠습니다.

언어 능력 등 신상 정보(Personal data)

해외로 포스닥(Post-Doc)을 가거나 학위 과정 중 교환학생을 가는 등의 경우에 언어 능력에 대한 정보를 CV에 포함하는 경우가 많습니다. 보통은 'Native in Korean, Fluent in English, and Intermediate in Spanish' 와 같이 형용사를 포함해서 작성하며, 듣기/말하기/쓰기/읽기를 나눠서 Excellent, Good으로 표시하기도 합니다. 영어 외에도 일본어나 스페인어 등 도움이 될 만한 내용은 적어 주면 당연히 좋겠지요.

미국 포스닥을 생각한다면 비자나 보험 때문에 결혼 여부를 표기하거나 시민/영주권에 대한 정보를 적는 경우도 있습니다. CV에 남기는 정보는 결국 CV를 보는 사람이 내 장점으로 인식할 수 있는 것들이어야 합니다.

특허(Patents)

이 내용은 아무래도 이공계 종사자에 한정된 내용이겠네요. 이공계 연구자는 논문 정보나 참가학회 정보 외에도 특허 내역으로 내가 수행한 연구를 어필할 수 있습니다. 특정 연구 분야에 대한 특허를 다수 보유하고 있다면 그 연구 분야의 기술적 디테일을 잘 알고 있다는 표현이 될 것입니다. 해외 특허가 있다면 이에 대해서도 표시해 주는 것이 좋습니다. 보통 국내 특허보다는 해외 특허의 가치가 더 높다고 보기 때문입니다.

보유 기술(Skills and Techniques)

자신의 연구를 수행하면서 쌓아왔던 스킬/테크닉을 개조식으로 나열하는 부분이라고 생각하면 되겠습니다. 즉, Researcher로서 전면에 내세우기는 애매한, Technician으로서의 능력을 어필할 설명이 되겠네요.

논문 내 Experimental 또는 Supplementary에서는 간략하게밖에 설명하지 못했지만, 연구를 수행하는 데 필요한 스킬들이 있을 것입니다. 전자현미경 등 계측 장비의 운용이 될 수도 있고, CAD 등 소프트웨어 툴이 될 수도 있습니다. 연구자로서 역량이 충분하다는 가정하에 '(보통 이 분야 연구자들이 잘 모르는) 이런 것도 할 수 있다!'라는 인상을 심어 주면 성공입니다.

강의 경력(Teaching Experience)

보통 박사 학위 이후에 출강을 나간 경력을 강조해서 쓰는 내용입니다.

Research Experience와는 확실히 다른 부분이라 따로 독립적인 파트로 분리하는 편입니다. 추후 교수급 연구자를 목표로 하지 않더라도, 사교적이고 남들에게 긍정적인 영향을 끼치는 연구자라는 것을 어필한다는 면에서 긍정적인 점수를 받을 수 있습니다.

학위 과정 중인 학생들의 경우는 대부분 수업 조교로 활동한 내역들입니다. 그래서 수업 조교 활동이 '강의'라고 생각하지 않는 경우에는 아예 이 항목을 빼버리기도 합니다. 대학 단위에서 수행하는 멘토링 경험이 있는 경우에는 Teaching&Advising Experience라는 항목 제목으로 변경하여 TA 경력뿐만 아니라 멘토링 경력을 쓰는 경우도 있습니다.

출판물, 언론소개(Press Release)
출간된 책이 있다면 출판 논문, 참석 학회, 특허 외 다른 형태로 내 연구 분야를 설명할 수 있습니다. 출간된 책이 많은 경우에는 Book이라는 항목을 따로 만들어서 내역을 나열하기도 합니다.

학위 과정 중인 학생들이라면 출판물이 없는 경우가 대부분이라 항목 자체도 없는 경우가 많지만, 간혹 1. 교수님을 도와 책을 집필한 경우, 2. 교수님이 자신을 저자 명단에 올려 준 경우 이 항목을 적으시면 됩니다. 잦은 일은 아니긴 하지만, 출판한 논문을 기반으로 내 연구 결과가 언론에 소개되는 일도 있습니다. 한 번씩 'XX대학교 XXX 교수 연구팀, ~' 이런 제목의 기사를 보셨을 텐데요, 이런 자랑거리는 반드시 CV에 넣어야겠죠?

레퍼런스 인명록(References)

'레퍼런스 체크'를 들어보셨나요? 내가 아무리 CV를 매력적으로 썼다 하더라도 CV를 받는 입장에선 아무래도 제3자의 의견을 들어 보고 싶을 것입니다. 지원자에 대한 제3자의 평가를 들어 보는 것을 레퍼런스 체크라고 하는데, 나를 잘 아는 사람들의 목록을 적어 놓는 것입니다. 추천서 항목을 짧게 쓴다고 생각하면 되겠습니다.

이 항목의 목적은 '연구자로서의 나'를 잘 평가해 줄 사람을 소개하는 것이기 때문에 그에 맞는 사람들을 써야 합니다. 그래서 보통은 지도교수님을 많이 쓰고, 공동 연구 경험이 있어 나의 연구 역량을 평가해 줄 수 있는 다른 교수님이나 박사급 연구자를 씁니다.

인명록에 적을 사람이 없다고 해서 수업만 들었던 교수님이나 학회에서 한 번쯤 만나 본 타학교 교수님을 쓰는 건 적절하지 않습니다. 레퍼런스 체크를 하는데 (일단 레퍼런스 체크를 한다는 것은 내가 마음에 든다는 뜻입니다) '내가 잘 모르는 사람입니다'라는 반응이 나오면 무조건 탈락일 테니까요. CV가 마음에 들어서 레퍼런스 체크를 했는데, 모른다는 대답을 들으면 CV 자체에 대한 신뢰도가 없어지는 것이니 탈락하지 않는 것이 더 이상하죠. CV에는 도움이 될 만한 내용만 넣어야 합니다.

여기까지 CV는 무엇이며, 어떤 항목을 포함해 작성하는지 살펴보았습니다. 다시 한번 말씀드리지만, CV 작성에 정해진 규칙은 없으므로 자기 포장에 도움이 된다면 새로운 항목들을 만들어 CV를 채워도 무방합니다. 다만 연구자의 CV는 '연구 능력'에 초점이 맞춰져 있기 때문에 새로운 항목들 역시 이를 설명할 수 있는 방향으로 채워져야 한다는 것만 유의하시면 됩니다.

9

지도 교수와
연구실 검색 방법

보통 지도 교수를 찾는 가장 좋은 방법은 논문을 읽는 것입니다. 논문을 읽는 것의 장점은 내 관심 분야에서 어떤 연구가 진행되는지를 알수 있고, 자연스럽게 내 관심 분야를 좁힐 수 있다는 점입니다. 그러다보면 해당 연구를 진행하는 교수에게 지원서를 넣을 수 있습니다. 하지만 모든 지도 교수를 이런 방법으로 찾을 수는 없습니다. 모든 논문을 읽고, 대학원생을 모집하는 교수님을 찾는 것은 사실 불가능에 가깝습니다. 그래서 보통은 US News 대학원 랭킹이나 내 전공분야 대학원 랭킹을 참고하여 지원할 만한 대학을 추려냅니다. 그 다음 각 대학의 전공학과에 소속된 교수님들의 연구실을 조사하게 되지요.

만약 내 전공이 다양한 연구 분야에 걸쳐 있는 Interdisciplinary Program이라면 특히 키워드에 유의하길 바랍니다. 같은 연구 분야라 할지라도 같은 학교, 다른 과에 소속된 교수님이라면 논문에서 사용하는 세부 키워드가 다를 수 있습니다. 즉 T라는 연구를 A학과에 소속된 교수뿐만 아니라 B학과에 소속된 교수도 하고 있을 수 있다는 것입니다. 다만 학과와 전공이 다르기 때문에 찾기 힘들 수 있지요. 또 이런 과정이 중요한 이유는 한 교수님이 여러 학과에 소속되어 있는 경우가 많기 때문입니다. 예를 들어 한 교수님이 Electrical Engineering(EE) 학과와 Computer Science(CS) 학과에 동시에 소속되어 계시다고 가정합시다. 이때 교수님이 확보한 펀딩 출처는 EE학과 관련 연구 프로젝트와 CS학과 관련 연구 프로젝트일 가능성이 높겠죠? 펀딩 규모와 계획에 따라 연구자를 몇 명 더 채용한다거나 실험 장비 구입 등에 사용하실 텐데요. 두 개 학과 동시에 소속되어 계시다는 얘기는 즉, 융합적인 연구를 하고 계실 확률이 높다는 것이죠. 지원자 역시 그런 연구를 하려고 한다면, EE학과로 지원하느냐 CS학과로 지원하느냐에 따라 펀딩을 받을 수 있을지 없을지가 결정됩니다. 펀딩 출처와 교수님 계획에 따라 연구 프로젝트 합류가 결정되기 때문입니다. 이를 어떻게 알 수 있냐고요? 그렇기 때문에 컨택하는 과정이 중요하다고 하는 것입니다. 펀딩을 어떻게 쓰는지는 교수님만 알고 있으니까요.

연구실 홈페이지에서 체크해야 하는 것들

연구실 홈페이지에서 가장 중요하게 봐야 할 부분은 교수님의 논문 출판 상황입니다. 교수님이 매년 논문을 꾸준히 출판하시는지, 어떤 저널에서 몇 편 정도 출판되는지를 확인합니다. 또 연구실 멤버들이 해당 논문에 얼만큼 참여하고 있는지도 봐야 합니다. 이를 통해 알 수 있는 것은 교수님의 지도 스타일과 해당 연구실의 실적입니다. 즉, 예비 박사 과정으로서 그 연구실에 소속되었을 때 얻을 수 있는 논문 수준과 출판 볼륨에 대해 가늠할 수 있습니다.

보통 우리는 그 수준을 교수 직위에 따라 예상해 보곤 하는데요. 예를 들어, 최근 임용되어 막 연구실을 꾸린 교수님 같은 경우는 아마 아직 출판 논문이 적을 가능성이 큽니다. 그렇다면 테뉴어 등 실적을 위해 많은 논문을 내실 것으로 예상할 수 있고, 내가 예비 박사 과정으로서 그 교수님의 연구실에서 기여할 수 있는 바도 클 것입니다. 반면 대가 교수님의 연구실 같은 경우는, 아주 좋은 저널에서만 1년에 몇 편 정도 출판하실 정도로 저널이나 논문의 수준을 컨트롤하고 계실 가능성도 있겠죠. 지원자로서 당연히 그런 점도 고려해야 합니다.

교수님의 논문 출판 상황만큼 중요한 것은 컨택과 관련하여 교수님이 인스트럭션을 적어 놓았는지를 확인하는 것입니다. 보통은 연구실 홈페이지 쪽에 Contacts 혹은 Prospective PhD Students라는 항목에서 안내하고 있을 가능성이 높은데요. 해당 웹페이지를 통해 교수님이 정한 컨택 방식 혹은 컨택용 메일 주소 등을 알 수 있습니다. 올해의 대학원생 모집 여부 등은 물론이고, 학부연구생이나 새로운 연구 프로젝트는 자대생만 받는다든지, 다른 학교 학생들에게도 오픈되어 있다든지 하는 내용들을 확인할 수 있습니다.

아니면 구체적으로 컨택 방식에 대한 안내를 하고 있을 수 있습니다.

메일 제목은 [Prospective Student: Your Name]으로 한 뒤 CV를 첨부해라, 이때 메일 본문에는 우리 연구실에 지원하는 이유, 해당 교수님이 최근 연구하고 계신 논문을 읽고 제안할 만한 프로젝트가 있다면 제시하라는 등의 구체적인 인스트럭션이 있기도 합니다. 이런 내용을 통해 컨택 메일을 어떻게 쓸지 감을 잡을 수 있겠죠.

다음으로 볼 만한 것은 연구실 멤버 구성입니다. 미국은 다문화, 다인종 국가입니다. 이미 4장에서 제시한 스스로 답변해야 할 중요한 질문을 통해 자신만의 답을 찾았으리라 생각합니다. 하지만 미국이라는 국가에서 얻을 수 있는 다른 베네핏도 생각해보세요. 서로 다른 문화적 배경을 가진 연구자들이 모인 연구실이 맞을지, 아니면 반대로 나에게 익숙한 문화적 배경의 연구자로 구성된 연구실이 맞을지도요. 이런 내용을 진지하게 고민해야 하는 이유는, 여러분의 동료가 될 사람들이기 때문입니다. 만약 해당 학교, 연구실에 대해 잘 알고 있는 지인이 있다면 휴민트를 발휘해야겠죠! 교수님의 스타일은 어떤지, 연구실 분위기는 어떤지 하는 것들을 알기 위해서 말입니다. 만약 관심 연구실에 한국인으로 보이는 분이 있다면, 정중하게 메일을 보내 도움을 구하는 것도 방법입니다.

10

왜 컨택이
중요한가

컨택을 바라보는 세 가지 관점

컨택의 중요성은 아무리 강조해도 지나치지 않습니다. 컨택이란 말 그대로 미래의 지도 교수에게 나라는 사람을 알리는 행위입니다. 하지만 어플라이 과정에서의 컨택은 단순히 교수에게 연락을 하는 것에 그치지 않습니다. 컨택은 나를 채용할 '인사 담당자'와 직접 커뮤니케이션을 하는 과정 전체입니다. 이 과정의 목적은 크게 세 가지 관점에서 설명할 수 있습니다.

첫째, 지원자의 관점입니다. 지원자가 컨택을 통해 얻을 수 있는 최대 혜택은 바로 선점 효과, 즉 어드미션입니다. 지도 교수와 충분한 교감을 통해 내가 Self-Motivated Researcher임을 설득해낸다면 어플라이 과정을 요식행위이자 서류상의 절차로 만들 수 있습니다. 이미 원서를 접수하기도 전에 합격하고, 원서 제출은 오퍼레터를 받기 위한 과정에 불과해지는 것이죠. 이런 사례는 공공연합니다. 만약 컨택에 대한 답이 '올해는 학생을 안 받는다'라면 그것만으로도 의미가 있습니다. 그 교수님을 미래 지도 교수에서 제외하고, 다른 지도 교수에게 컨택하고 더 중요한 부분에 시간을 투자할 수 있으니까요.

둘째, 지도 교수는 컨택을 통해 지원자의 최소 역량을 확인할 수 있습니다. 5년이라는 시간 동안 약 5억을 투자해야 하는 기회비용을 사용할 만한지 검증이 가능하죠. 그리고 그 검증은 다양한 방식으로 이루어질 수 있습니다. 교수님과 인터뷰를 두어 번 진행하고, 랩 미팅에 참여하거나 실제 학교에 초대받을 수도 있습니다. 연구에 관한 내용도 나누고, 개인적인 부분에 대한 이야기도 나눌 것입니다. 만약 지원자가 뛰어난 역량을 지녔고 함께 일해도 좋겠다는 확신이 생기면, 교수는 어드미션을 통해 인재를 확보하려 할 것입니다. 특히 이 인재 확보가 주는 이점은 펀딩에 대한 장기계획을 수립할 수 있다는 점입니다. 지도 교수는 보통 여러 개의 프로젝트를 운영하며 펀딩 계획을 세우는데, 연구자를 확보하면 어떤 프로젝트를 어떻게 운영할지, 그리고 새로운 펀딩은 어떻게 확보할지 계획을 수립할 수 있거든요.

셋째, 어드미션 커미티(학과)의 관점에서도 두 가지 정도를 생각해볼 수 있습니다. 먼저, 컨택을 하지 말라는 학과가 있을 수 있습니다. 만약 사전 컨택을 통해 소위 말하는 인기 연구실에만 사람이 모인다면 비인기 연구실에는 사람이 부족할 것입니다. 그렇다면 학과 전체의 성과가 떨어지게 되겠죠. 이를 방지하기 위해 어드미션 커미티가 선발할 테니 개별 교수에게 연락하지 말라고 하는 것입니다. 반대로 학과 자체에서 컨택을 장려하는 경우도 있습니다. 교수님 숫자가 적은 소규모 학과가 그러한데, 한 교수가 특정 분야 연구를 하고 있을 가능성이 높습니다. 만약 지원자가 펀딩에 대한 사전 교감 없이 시원한다면 막상 합격을 해도 해당 연구실에 들어가지 못할 가능성이 높습니다. 장기적으로 봤을 때는 학과와 지원자 모두에게 손해일 수 있기 때문에 컨택을 장려하는 것입니다.

컨택은 어떻게 할까

컨택이라고 하면 보통은 이메일을 생각하겠지만, 컨택 방법은 사실 다양합니다. 가장 좋은 것은 직접 만나서 교감하는 것입니다. 파견학생, 혹은 교환학생으로 방문한 미국 대학교에서 교수님과 코워크를 진행하는 방법이 있을 수 있겠네요. 이 방법은 6개월~1년이라는 기간 동안 이루어지기 때문에 매우 좋은 기회입니다. 혹은 학회에서 만나 의견을 교환하는 방법이 있습니다. 미리 연락을 드린 뒤, 학회에서 찾아 뵙고 연구적인 관심사에 대해서도 이야기할 수 있으니 일석이조입니다. 컨택 과정에서 지도 교수님이나 코워크를 진행한 지인들의 추천이 있을 수 있습니다. 이는 추천서의 또 다른 형태이니 좋은 결과를 불러올 확률이 높습니다. 이메일을 보낸다거나, X(구 트위터)나 링크드인 같은 소셜미디어를 통해 개인적으로 소통을 할 수도 있겠네요.

처음 했던 이야기로 돌아가 보겠습니다. 컨택이란 단순히 교수에게 연락하는 것에 그치지 않는다고 말씀드렸지요. 지원자는 컨택을 어떻게 받아들이고, 준비해야 할까요? 내가 호감을 느낀 친구를 소개 받아 만나게 되었다고 생각해봅시다. 상대의 호감을 얻기 위해서는 그 사람이 좋아하는 것도 알아야 하고, 요즘 어디에 관심이 있는지 고민하게 됩니다. 그래야 자연스럽게 이야기도 이어지고 내 장점과 매력을 어필할 수 있으니까요. 마찬가지로 컨택하려는 교수님에 대해서 충실히 조사를 해야 합니다. 즉 희망 지도 교수가 요즘 어떤 프로젝트를 하고 어디에 관심이 있는지를 미리 공부해야 한다는 것입니다. 왜냐하면 이 관계에서 내가 아쉬운 사람이기 때문입니다. 나는 교수님께 나는 이러한 연구를 하고 있고, 펀딩을 통해 나에게 투자하라고 설득해야 하는 입장입니다. 그렇다면 교수님 연구실에 들어가서 현재 수행중인 프로젝트나 미래 수행할 프로젝트에 빠르게 적응하고 기여할 수 있다는 점을 어필해야 하겠죠.

컨택 메일에 답장을 받을 확률

'컨택 메일은 보내도 답장도 안 오고, 의미가 없다고 하던데요?' 라는 이야기를 종종 듣습니다. 미국 석박사 유학의 본질을 이해하지 못했기 때문에 나오는 답변입니다. 우리가 컨택을 하는 이유는 인사 담당자와 직접 커뮤니케이션하기 위해서입니다. 예를 들어 A, B, C, D 교수님께 컨택 메일을 보냈다고 가정해봅시다. A 교수님께 보낸 메일이 B 교수님에게 보낸 메일에 대한 답장을 받을 확률에 과연 어느 정도의 영향이 있을까요? 아마도 0에 가까울 것입니다. 왜냐하면 각각의 컨택은 독립 시행이기 때문입니다. 그럼 컨택에 대한 답장을 받을 확률을 높이려면 어떻게 해야 할까요? 시행 횟수를 늘려야 합니다. 더 많은 교수님께 컨택을 해야 한다는 뜻입니다.

컨택 메일에 답장을 받는 확률이 낮은 이유는 몇 가지가 있을 수 있습니다. 첫째로, 교수들은 바쁩니다. 편지함에 메일이 수백, 수천 통이 쌓여 있습니다. 학회나 논문 관련 메일, 초대장 같은 내용들이죠. 학계에서 저명한 교수님이라면 컨택하는 것이 더 힘들어집니다. 읽지도 않은 메일을 삭제할 수도 있고, 혹은 읽었다고 해도 답장할 가치를 못 느낄 수도 있습니다. 스팸함으로 빠져 있을 수도 있겠네요. 지원자는 이러한 가능성을 모두 고려하면서 교수님의 입장에서 생각하고 컨택해야 합니다. 혹시나 내 메일을 열어봤을 때 교수님이 답장할 만한 가치를 담아야 합니다. 교수님의 현재 프로젝트와 연구 관심사에 주목해야 하고 교수님께 맞춤형으로 작성해야 한다는 것입니다.

만약 컨택에 대한 답장이 온다면 그것은 또 다른 시작입니다. 보통 교수님들은 매우 바쁘기 때문에 15분 정도 짧은 인터뷰를 하자고 제안할 텐데, 이것을 가볍게 생각해서는 안 됩니다! 정식 인터뷰처럼 진지하게 준비해야 합니다. 바로 내 연구에 대한 깊이와 스토리라인 등에 대한 고민이 필요하다는 것입니다. 깊이 고민하지 않은 내용은 되려 마이너스가 될 수 있습니다. 왜냐하면 어떤 질문에 대한 응답을 통해 그 깊이에 대한 대략적인 판단이 가능하기 때문입니다. 그렇기 때문에 앞 챕터에서 스토리라인에 대한 중요성을 강조한 것입니다. 벼락치기로 그 깊이를 만들기는 힘들겠죠. 영어 실력은 당연합니다. 적어도 내 연구에 대해서는 자유롭게 설명할 수 있어야 하고, 인터뷰에서 의사소통도 잘 이루어질 정도여야 합니다.

⚠️ **주의**

보통 Gmail은 수신확인이 불가능하죠. 그렇기 때문에 가끔 교수님이 메일을 열어보았는지 확인하려고 트래킹 프로그램을 쓰는 경우가 있는데요. 해외에서 보낸 이메일은 잘 알지 못하는 발신자이므로 그런 프로그램을 사용한다면 스팸으로 인식되어 차단될 가능성이 있습니다. 그런 프로그램을 사용하기보다는, 답장을 며칠 기다려보다 리마인더를 보내는 편이 교수님이 읽을 가능성이 훨씬 높아집니다.

컨택하는 시기와 내용

위에서 컨택은 소개팅과 같다고 말씀드렸죠. 컨택을 해야만 하는 시기는 없습니다. 컨택을 할 만한 기회가 생기면 하는 것입니다. 소개팅을 할 때 연락처를 전달받아 먼저 이야기를 나누죠? 그 다음에 만날 시간과 장소를 정하고요. 예를 들어 학회에 참석한다면, 소개팅과 마찬가지로 학회에 가기 전 교수님께 미리 연락을 드리면 좋겠지요. 소개팅과 다른 점은, 답장이 없더라도 학회에 가서 직접 뵙고 인사드릴 수 있다는 점이겠네요. 만약 이런 기회가 없이 이메일을 처음 보낸다면? 이때도 여러 가지 경우의 수가 있을 수 있습니다. 첫 컨택이라는 게 보통 그렇습니다. 논문을 읽다가 궁금한 점이 생겨서 보내는 등 이유는 다양하지요. 보통은 5월경 컨택 메일을 쓰기 시작해서, 어플라이 후 인터뷰가 있을 때까지 계속해서 컨택하게 될 것입니다.

보통 첫 메일은 커버레터 형식으로 씁니다. 자기 소개도 하고, 교수님 논문 중 어떤 부분에 특히 관심이 있는지 씁니다. 컨택 시기에 따라 첨부하는 문서도 달라질 수 있습니다. 첫 소개팅에서 결혼 이야기를 꺼내는 사람은 없겠죠? 커버레터 내용 아래에 CV 정도를 첨부하고 '필요하다면 다른 자료들도 충분히 드릴 수 있습니다' 정도로 마무리하는 것이 바람직합니다. 당연히 이때 CV는 교수님 맞춤으로 준비한 문서여야 합니다. 커버레터에 있어야 하는 내용은 결국 지도 교수가 박사 과정 지원자에게 기대하는 내용입니다. 바로 5~6년 동안 내 연구실에 와서 얼마나 기여할 수 있는가죠.

커버레터에 있어야 하는 내용 = 지도 교수가 박사 과정 준비생에게 기대하는 것
→ 5+년 동안 연구실에 얼마나 기여할 수 있는가
1) 연구실 수행 프로젝트에 빠르게 적응할 수 있는가: 언어 능력, 팀워크 경험, 학술 논문이나 자료를 다뤄본 경험, 혹은 해당 학교가 있는 나라에서의 외국 생활 경험
2) 프로젝트에 유용한 경험이나 기술을 가지고 있는가: 시뮬레이션/모델링 경험, 실험 관련한 코딩 경험, 특정 기기나 장비를 다뤄본 경험
3) 박사 논문을 쓰고 코스워크를 하기 위한 전공 지식이 충분한가: 지금까지 받은 전공 교육이 지도 교수가 속해 있는 대학원과 맞는가?

번외 커버레터 템플릿

한 통의 커버레터를 쓰기 위해서 오랜 시간이 걸리는 것은 당연합니다. 아래는 커버레터는 보통 이런 식으로 쓴다는 정도로만 참고할 수 있는 템플릿입니다. 만약 연구실에 교수님이 커버레터와 관련하여 제시하는 내용이 있다면 해당 인스트럭션을 따르세요. 교수님에 따라서는 컨택을 주고 받는 이메일 주소가 따로 있거나, 제목이나 본문 형식을 제한하는 경우들이 있습니다. 따라서 그런 내용이 있는지 사전에 확인하는 것이 필요합니다.

템플릿

제목: Application for PhD candidate program or seeking for PhD candidate opportunity

본문:

Dear Professor [John Smith: 교수님 전체 이름],

My name is [지원자 이름], and I am a Master student majoring in Mechanical Engineering at [출신대학교] in South Korea. I am writing this email with the hope to join [ABC] Lab as a PhD candidate position starting in the [2026] Fall semester.

교수님의 연구(논문, 연구 주제)를 알게 된 계기를 내 연구와 연결
- 내 연구 소개 후 내가 한 역할과 연구 결과를 간단히 작성
- 특히 교수님 연구의 어떤 부분에 관심이 있다는 것을 구체적으로 작성

I am excited by the possibility of contributing to the leading-edge projects of yours, particularly the possibility of conducting both [관련 내용] and [관련 내용]. To further explain my experience and background, I attached my CV with this email.

Please let me know if you need any additional information or materials. Thank you for considering my application and I look forward to hearing from you shortly.

Sincerely,
[지원자 이름]

　만약 이러한 스토리라인을 잘 짜고, 각 서류들이 이를 뒷받침하고 있다면 이제 우리는 커버레터나 SOP를 통해 밀당을 할 수 있습니다. 행간에 감춰진 내용들을 교수님이 궁금해 하게 만들어서 인터뷰 등으로 이어지게 하는 것이지요. 위에서도 이야기했지만 내가 만들어낸 스토리라인대로 교수님이 생각하도록 만들 수 있습니다.

번외 이메일 쓸 때 주의할 점

이메일 커뮤니케이션은 정말 중요하고, 실제로 격의 없이 사용되기도 하지만 우리가 주의할 점은 받는 사람이 교수님이라는 것입니다. 이메일은 결국 기록입니다. 따라서 일정한 형식을 갖추고 예의를 지켜 보내는 것이 필요합니다.

- 답장을 보낼 때는 되도록이면 하루를 넘기지 않는 것이 좋지만 이것이 '국룰'은 아닙니다. 그 자리에서 답장을 하는 편이 좋고, 만약 답변을 바로 하기

힘든 경우에는 언제까지 답장을 주겠다 먼저 간단하게 답장을 하는 것이 바람직합니다. 이런 과정이 필요한 이유는, 상대방에게 내가 이메일을 확인했노라 알려주는 한편 의사결정을 위한 시간을 벌 수 있기 때문입니다.

- 답장을 보낼 때는 반드시 이전에 나눈 대화 내역을 확인할 수 있도록 받은 이메일에 대한 답장을 합니다. 새로운 이메일을 작성하여 답장을 하지 않습니다.

- 이메일은 소속기관 도메인의 이메일을 사용하고, 아이디는 되도록이면 전체 이름이나 이름의 약자를 사용합니다. 프로페셔널한 이미지를 위해서입니다.

- 답장을 보낼 때는 이메일을 참조하는 수신인이 여러 명인지를 반드시 확인하고, 그 사람들이 메일 루프(Loop)에서 빠지지 않도록 전체 답장(Reply all)을 눌러 답장을 작성합니다.

- 만약 이메일을 통해 대화를 이어가던 중 수신인을 추가하는 경우, 그 사람을 언급하면서 이 메일에 참조되었음을 밝힙니다. (Gildong Hong is copied in this email.) 이때, 추가되는 사람이 그동안 대화를 나눈 내역을 확인할 수 있는지 혹은 확인해도 괜찮은지 판단하는 것이 우선되어야 합니다.

- 제목은 메일 본문 내용을 예상할 수 있는 내용으로 작성합니다.

- 이모티콘이나 인터넷 밈(Meme), 과도한 약어를 사용하지 않습니다.

- 교수님 성함은 되도록이면 전체 이름을 작성합니다. 문화권에 따라 성과 이름을 호명하는 순서가 다를 수 있습니다. 성과 이름을 구별하기 힘든 경우도 전체 이름을 작성하는 것이 안전합니다.

- 바로 답장을 받는 것은 힘들 수 있으니 일정 기간 기다려본 뒤 리마인드 메일을 보냅니다.

- 메일을 읽는 사람의 입장을 고려한 글쓰기를 합니다. 적절히 단락을 나누거

나, 문장에 번호를 매겨서 용건을 쉽고 빠르게 파악할 수 있도록 합니다.

- 되도록이면 이메일 하나에는 하나의 용건만 작성하도록 합니다

- 끝인사로는 Sincerely 를 붙입니다.

- 이메일 서명에는 아래처럼 이름과 소속 기관, 연락처 등을 명시합니다. 이
  메일을 한 번 더 쓰면 추후 메일함에서 검색하기 편리합니다.

John Smith, MSc. (He/His/Him)
PhD Student in Future Sciences and Engineering
Harvard University
E. john.smith@fase.harvard.edu
M. +1) 774-402-3333

이메일 서명 예시

11

시험 점수가 의미하는 것: TOEFL & GRE

아마 많은 지원자들이 미국 대학원 유학을 처음 준비하면서 필요한 서류라고 하면, TOEFL(Test Of English as a Foreign Language)이나 GRE(Graduate Record Examinations)같은 시험 점수를 떠올릴 겁니다. 실제로 이 시험 점수를 가장 먼저 준비하는 분들이 많기도 하고요. 지금까지 이 책에서 이야기했던 미국 석박사 유학의 본질을 다시 떠올려 볼까요? 바로 채용입니다. 그렇기 때문에 잠재력 있는 연구자를 뽑는다는 목표를 위해서라면 정해져 있는 절차가 무시되는 경우도 종종 있는 것이죠. 따라서 이러한 TOEFL이나 GRE 같은 시험 점수는 정량평가로써 어떤 능력을 갖추었는지에 대한 검증으로만 기능한다는 것도 쉽게 이해하시리라 생각합니다.

TOEFL, GRE 시험의 목적

TOEFL과 GRE는 표준화 시험(Standardized Test)입니다. 우리나라의 대표적인 표준화 시험으로는 대학수학능력평가나, 공무원시험 같은 것이 있습니다. 이러한 시험은 응시자가 일정한 수준의 요건을 갖추었는지 평가하는 것이 목적입니다.

TOEFL은 비영어권 국가 출신의 학생들이 미국 대학에 입학하려 할 때 영어 실력을 검증하기 위해 만들어졌고, GRE는 미국 대학원에 입학하려는 응시자들의 능력을 검증하기 위한 시험입니다. 이러한 시험들의 특징은 결과에 대한 신뢰도가 높은 반면, 해당 시험에서 검증하려는 요건 외 다른 요소를 확인하기 힘들다는 특징이 있습니다. 예를 들어, TOEFL 99점과 100점을 비교해볼까요? 점수상으로는 100점이 더 우수한 성적이지만 99점보다 영어 실력이 얼마나 더 뛰어나다고 할 수 있을까요? 과연 1점만큼 우수한 영어 실력이라고 할 수 있을까요?

어드미션 커미티는 이 표준화 시험 결과를 어떻게 반영하고 있을까요? 대부분의 프로그램에서 TOEFL은 총점 혹은 영역별 최소 점수 제출을 요구하고 있고, GRE는 간혹 특정 영역 최소 점수를 설정해두었습니다. 점수는 '고고익선'일 텐데, 왜 최소 요건만 설정해 둔 것일까요? 이러한 정량평가 요소로는 지원자가 연구자로서 얼마나 우수한지를 판단하기 힘들기 때문입니다. TOEFL 점수보다 중요한 것은 영어로 자유롭게 커뮤니케이션 하는 것이고, GRE 점수보다 중요한 것은 실제 미국에서 연구를 진행할 수 있는지 여부이니까요.

TOEFL 점수는 고고익선?

요즘은 TOEFL과 같은 시험 점수보다 지도 교수와 짧은 인터뷰를 통해 지원자의 언어 능력을 판단하는 추세입니다. 특히 대화 주제는 연구에 관한 것일 확률이 높기 때문에 영어 회화 능력을 갖추는 것이 매우 중요합니다. 적어도 내가 한 연구와 모티베이션에 대해서는 자유롭게 이야기할 수 있는 수준을 갖춰야 할 텐데요. 이 짧은 인터뷰에서 지도 교수는 지원자의 영어 실력은 물론 모티베이션에 대한 평가도 어느 정도 하게 됩니다. 우리가 이미 앞의 컨택 메일 챕터에서 다뤘듯이 자신의 연구 잠재력에 대한 깊은 고민이 선행되었다면, 간단한 질문에 대한 응답을 통해 대략적인 판단이 가능하기 때문입니다.

따라서 이러한 시험은 되도록 짧은 시간 내에 집중적으로 준비하여 목표 점수를 획득하는 것이 바람직합니다. 이때 목표는 고득점이 아니라, 지원하려는 프로그램에서 제시하는 최소 요건으로 합니다. 이공계 기준으로 TOEFL 104점 이상이면 대부분의 최소 요건을 만족하며, 가장 낮은 최소 점수는 80~90점 사이입니다. 세부 항목에서 과락 점수를 설정해 두기도 합니다. 안전하게는 항목별로 21점 이상 정도를 추천하며 특히 가중치를 두어야 하는 항목은 말하기입니다. 말하기 항목은 펀딩 조건인 TA/RA 선발 기준으로 작용하며, 26~27점 정도면 대부분의 기준을 통과합니다.

최근 미국 대학원에서는 TOEFL 외에도 IELTS Academic, Duolingo, PTE 등 다양한 영어 성적을 허용하기도 합니다. 자신에게 가장 잘 맞는 시험을 골라 치르면 되는데 대개 TOEFL이나 IELTS를 보는 것을 권장합니다. TOEFL 자체가 미국 대학을 위해 만들어진 시험이기 때문에 미국 대학원 대부분 TOEFL을 받고 있고, IELTS를 받는 학교는 다소 적은 편입니다. IELTS는 오히려 영연방 국가 진학이나 이민을 준비하는 경우 더 효과적일 수 있습니다. 그러나 그중에서도 MIT의 Bioengineering처럼 IELTS 성적만 허용하는 프로그램도 있으니 사전에 확인하는 것이 중요합니다.

공식적인 영어 점수의 유효기간은 대개 2년이지만, 프로그램에 따라서는 입학 시점까지 유효해야 한다는 조건이 있는 경우가 더러 있습니다. 따라서 영어 점수의 유효기간은 보수적으로 1년 6개월 정도로 준비하는 것이 안전합니다.

▼ 살펴보기!

보통 미국 시민권/영주권자이거나, 학부를 영어를 사용하는 국가에서 졸업하였다면 영어 점수가 면제됩니다. 다만, 학교에서 적용하는 기준이 다를 수 있습니다. 보통은 국적보다는 영어 사용 국가에서의 학부 졸업 여부를 더 많이 보는 경향이 있습니다. 석사만 해당 국가에서 졸업하였다면 면제 기준에서 제외되는 학교들이 많으니 반드시 확인하시길 바랍니다. 면제 여부는 같은 학교 내에서라도 프로그램에 따라 다르니 반드시 확인해야 합니다.

GRE 시험, 꼭 준비해야 할까

GRE는 미국 대학원에 입학하려는 응시자의 수학능력을 평가하려는 목적의 시험으로, 내/외국인을 구별하지 않고 지원자들에게 공통으로 요구하는 항목입니다. 최근 경향을 보면 코로나19 팬데믹으로 인해 GRE 점수 제출을 완전히 폐지하거나 일시적으로 중단, 혹은 지원자의 선택 사항으로 남겨둔 프로그램이 많았습니다. 반대로 팬데믹 기간 동안 점수 제출이 의무가 아니었지만 팬데믹의 공식적인 종료 후 필수로 돌아간 프로그램도 있고요. 따라서 내가 진학하려는 프로그램에서 GRE 점수를 요구하는지를 사전에 확인해 볼 필요가 있습니다.

만약 다음과 같이 학술적인 배경 & 연구 경험이 부족한 경우라면 이 GRE 점수를 전략적으로 활용할 수 있습니다.

비연구중심대학 출신 지원자, 특히 출신 학부가 미국 4년제 인가 대학 기준에 맞지 않는 경우
학사 출신 지원자로서 연구 경험이 전무하거나 부족하다고 판단되는 경우
전공분야에서 연구 결과물인 논문 출판이 힘든 경우
학부 전공과 다른 분야로 대학원에 진학하려는 경우

GRE 시험 자체가 대학원에 입학할 수 있는 자격 요건을 검증하기 위한 것이기 때문에, 위와 같은 사례에 해당하는 지원자는 자신이 자격 요건을 갖추었다는 증빙으로 GRE 점수를 활용할 수 있습니다. 즉, 넓게 보면 모티베이션의 일부로 기능할 수 있다는 것입니다. 따라서 GRE

시험을 꼭 준비해야 하는지는 지원자 개개인의 상황과 판단에 달려있습니다. 그렇다면 이 시험은 어떻게 구성되어 있고, 프로그램에서는 어떤 요건을 정해두고 있을까요?

먼저 GRE는 일반대학원 지원자에게 요구되는 시험이며, MBA나 로스쿨 등 전문대학원은 LSAT나 GMAT 점수를 요구합니다. 여기서는 GRE만 살펴볼 텐데 크게는 GRE General Test와 GRE Subject Test로 구성되어 있습니다. GRE 점수를 제출해야 한다는데 별도 안내가 없으면 대개 GRE General Test를 가리킵니다. 이때 GRE General Test와 GRE Subject Test 둘 다 요구하는 것은 드물고 보통은 둘 중 하나만 제출하게 됩니다.

GRE General Test

　언어 추론(Verbal Reasoning)

　수리 추론(Quantitative Reasoning)

　논리 분석 작문(Analytical Writing)

GRE Subject Tests

　화학(Chemistry)

　수학(Mathematics)

　물리학(Physics)

　심리학(Psychology)

GRE General Test는 언어 추론, 수리 추론, 논리 분석 작문, 이렇게 세 가지 영역으로 구성됩니다. GRE 점수 제출이 필수인 프로그램이라도 최소 점수를 설정해 둔 경우는 많지 않지만, 간혹 프로그램의 전공계열에 따라 일정 점수 이상만 제출하라는 경우가 있습니다. 보통 이공계는 수리 추론 영역, 인문상경계열은 언어 추론과 논리 분석 영역에서 최소 점수를 요구하고 있으니 자신의 전공에 따라 가중치를 두어야 하는 항목을 확인하기 바랍니다.

GRE Subject Test는 화학, 수학, 물리학, 심리학 계열 전공일 경우 필수 제출인 프로그램이 있습니다. GRE Subject Test는 최소 점수 없이 제출해야 하는 과목만 안내하는 편입니다.

GRE General Test는 연간 치러지는 시험 일정이 많은 편이나 Subject Test는 그렇지 않으므로, 응시 계획을 사전에 확인할 필요가 있습니다. 특히 GRE는 1년에 5회까지, 그리고 최근 시험 응시일로부터 21일이 지난 이후에 재응시가 가능하다는 제한 사항도 고려하기 바랍니다.

12
———

장학금과
펀딩

박사 과정 풀펀딩 합격 그리고 펀딩

미국 석박사 과정 합격자의 후기를 보면 풀펀딩 합격이라는 이야기를 종종 보게 됩니다. 영어로 표현하자면 Full Funding; Fully-Funded or Get a Full-Package Admission 정도이겠네요. 풀펀딩 오퍼를 받았다는 것은 박사 과정을 밟는 데 있어 필요한 등록금이나 생활비, 보험료 등을 모두 지원받는다는 뜻입니다. 실제로 미국 박사 과정 프로그램에서는 풀펀딩이 아니더라도 일정 기간 동안 소정의 펀딩 금액을 지원하고 있습니다. 이는 합격자가 연구에 집중할 수 있도록 기본적인 여건을 마련하기 위한 목적입니다. 풀타임 박사 과정생은 별도의 수익 활동을 할 여유가 없기 때문에 이러한 펀딩마저 없다면 재정적인 부담이 너무 크니까요.

미국 석박사 과정에 지원하면서 받게 되는 펀딩 종류는 다음과 같이 구별할 수 있습니다.

Fellowship

Teaching Assistantship(TA)

Research Assistantship(RA)

(External) Awards/Scholarship

먼저 Fellowship(이하 펠로우십)과 TA, RA는 학교 측에서 제공하는 펀딩입니다. 그중에서도 펠로우십은 가장 좋은 펀딩으로, 펠로우십에 선정되었다면 CV Awards & Honors 항목에 자랑도 할 수 있습니다. 펠로십 제도는 연구자가 연구에만 집중할 수 있도록 만들어진 제도로 커버리지는 학교마다 차이가 있으나 보통 학위 기간 등록금 전액과 생활비, 항공료, 학회 참석비 등이 지원됩니다. 펠로우십은 TA/RA의 의무가 면제되는, 우리가 흔히 생각하는 장학금이라 생각하면 됩니다.

다음은 TA라고 줄여서 부르는 Teaching Assistantship입니다. 우리말로 옮기자면 수업 조교 정도가 되겠네요. 말 그대로 수업과 관련된 일들을 하는데 보통은 학부 수업에서 과제물을 채점하거나, 수업과 관련한 학생들의 질문에 답변을 하고 실험실 세팅을 하기도 합니다. 전공에 따라서는 수업 커리큘럼을 짜고, 실제로 수업을 해야 하는 경우도 있습니다. TA는 학생들과 원활하게 커뮤니케이션을 할 수 있어야 하기 때문에, 선발요건에 보통 추가 조건이 붙는데 일반적으로 TOEFL Speaking 항목 24~27점을 받을 것 정도입니다. TA 펀딩은 보통 학과에서 제공하며 의무 기간은 대체로 1~2년 정도입니다.

RA는 Research Assistantship으로, 연구 조교 정도로 부를 수 있겠네요. 교수의 연구 프로젝트에 참가하면서 페이를 받는 일입니다. 보통은 지도 교수님이 RA 펀딩을 지원해주십니다. 즉, 지도 교수님의 연구 프로젝트에 참가하면서 펀딩을 지원받는 것이니, 결국 내 연구를 진행하면서 펀딩도 받는 것이죠. 보통 TA보다 RA를 선호하는데요. RA는 내 연구만 진행하면 되지만 TA는 내 연구를 위한 시간을 내기도 빠듯할 수 있기 때문입니다. 수업도 준비해야 하고 학부생들의 질문에 답도 해줘야 하는 데다, 실제 오피스에서 근무해야 하는 시간도 있으니까요. 게다가 영어로 이 모든 일이 진행되기 때문에 초반에는 부담과 긴장으로 인한 피로도도 있을 수 있습니다. 하지만 학계에서의 커리어를 생각하고 있다면 TA/RA 둘 다 중요한 경험이고, 이를 단순한 노동으로 봐서는 안 됩니다.

마지막으로 External or Outside Funding, 이 펀딩은 출처가 학교 외부일 경우인데요. 외부 장학금/펀딩 정도로 번역할 수 있습니다. 국내 장학재단에서 장학 수혜자로 선정되거나, 직장에서 지원받는 대학원 학비이거나 혹은 미국 내 연구/학술기관 등에서 받는 펀딩을 가리킵니다. 이러한 외부 펀딩을 받을 때의 장점에서는 아래에서 자세히 살펴보겠습니다.

만약 TA나 RA에 선발되지 못했다면 입학 후, 학과나 교수님께 기회를 요청해야 합니다. 보통 RA는 지도 교수가 지원하기 때문에 컨택이 필수이고요. 연구 분야가 얼라인되는 연구실을 찾기 위해 랩 로테이션 (Lab Rotations)을 하는 프로그램들도 있으나, 만약에 인기가 많은 랩이라면 사전 컨택 여부가 영향을 줄 수도 있겠죠? 컨택이 정말 중요한 이유 중 하나입니다.

실제 어드미션 오퍼와 펀딩은 어떨까

텍사스대학교 오스틴캠퍼스(The University of Texas at Austin) 전기컴퓨터 공학과 박사 과정 오퍼레터에서 펀딩 부분을 가볍게 살펴보겠습니다.

(PhD) Electrical and Computer Engineering Program of the University of Texas, Austin

Congratulations! On behalf of the Department of Electrical and Computer Engineering, I am pleased to inform you that you have been recommended for admission to our graduate program for the Fall 2024 semester. You will receive a separate notification from the Graduate School officially confirming your admission to The University of Texas at Austin.

Moreover, we are pleased to offer you financial support for the duration of your degree, including:.
- a minimum monthly stipend of \$X,XXX (\$XX,XXX annually) for fall, spring, and summer semesters
- tuition costs for classes and research hours required for your degree (up to \$XX,XXX annual value)
- medical insurance with your Graduate Research Assistantship (or TA) with dependent coverage available for additional cost.

The financial package is worth up to $XX,XXX annually and will be provided in the form of a Graduate Research Assistantship (GRA) or Teaching Assistantship (TA).

(중략)

Please note that, while outside financial awards are desirable and can be a great honor, they may cause the terms of this offer to be adjusted, but never in a way that would make it financially undesirable to receive such an outside award. All other financial awards must be reported promptly to both your research supervisor and the ECE financial aid coordinator.

이 프로그램에서 제시한 조건은 학위 과정 기간 동안의 풀펀딩입니다. 조교 활동을 통해 연간 X만불의 Stipend를 받을 수 있고, 등록금은 면제되며 건강 보험도 포함됩니다. 조교는 GRA/TA 둘 다 해야 할 수도 있다고 합니다. 마지막으로 외부 펀딩/장학금에 대해서도 언급하고 있는데, 만약 외부 펀딩을 받게 되면 연구 지도 교수와 학과로 연락을 달라고 합니다. 이때 외부 지원을 받더라도 최소한 이 제안서에 명시된 금액만큼은 보장된다고 합니다.

(PhD) Chemical and Biomolecular Engineering Program of the University of Pennsylvania

It is our great pleasure to offer you admission to the PhD program in the Department of Chemical and Biomolecular Engineering at the University of Pennsylvania beginning in the Fall term of 2024. Admission to our program is highly competitive, and we congratulate you on your outstanding academic record. We are confident that Penn will offer you a challenging, stimulating, and congenial environment to pursue your doctoral studies.

Our offer of admission includes a Graduate Fellowship and Research Stipend Award that will be dispensed over 13 months during your first year of study, and includes the following:
- Full tuition and fees;
- Single health insurance through Penn's Student Health Insurance Plan;
- Single dental insurance; and,
- An annual stipend that will be paid in 1/13 increments, with the first increment starting at the end of August 2024 and ending in August 2025. The current Ph.D. annual stipend is XX,XXX.

(중략)

If you are awarded an external graduate fellowship (e.g. NSF Graduate Fellowship), we will provide a one-time $XK bonus. If our stipend amount is higher than that of the external fellowship, a funding supplement is additionally provided so the external fellowship stipend matches our Ph.D. annual stipend. See this link for full policy guidelines. Please provide your external funding letter to your department Ph.D coordinator to ensure your one-time bonus and funding supplement is processed.

펜실베니아대학교에서 제시한 조건 역시 박사 과정 동안의 풀펀딩을 제공하며, 등록금 면제와 건강보험이 포함돼 있습니다. 진학 후 첫 해에는 펠로우십과 Stipend 형태로 펀딩이 지원된다고 하며, 약 X만 불의 펀딩을 받는다고 합니다. 텍사스대학교와 마찬가지로 마지막에는 외부 펀딩에 대해 언급하면서 펀딩을 받을 경우 반드시 학과 담당자에게 연락하도록 안내하고 있습니다. 외부 펀딩을 받더라도 이 제안서에 명시된 금액이 보장될 뿐만 아니라, 펜실베니아대학교에서는 일회성으로 X천 불의 보너스도 지급된다고 하는군요.

그럼 왜 오퍼레터에서 외부 펀딩/장학금에 대한 언급을 하고, 또 만약 받으면 바로 연락을 달라고 하는 걸까요?

외부 장학금을 받는다는 것

외부 장학금을 받은 지원자는 자격 검증과 재정적 부분 둘 다에서 이점이 있습니다.

먼저 어드미션 커미티에게 지원자가 받는 외부 장학금은 일종의 추천서(레퍼런스)와 같은 역할을 합니다. 장학 재단, 기업 혹은 학술/연구기관에서 장학금을 수여한다는 것은 곧 수혜자의 능력에 대한 검증이 이미 이루어졌다는 뜻입니다. 특히 이러한 기관에서 운영하는 장학 프로그램의 목적 자체가 해당 분야를 선도할 수 있는 인재에 대한 투자임을 떠올려봅시다. 그리고 그 투자의 가치는 당연히 펀딩 액수일 겁니다. CV의 Honors & Awards 항목을 떠올려 볼까요? 그간 받았던 수상 내역, 장학금 액수 등을 쓰는 것과 같은 이치입니다.

지원자가 자신의 연구 잠재력과 모티베이션을 통해 어드미션 커미티를 설득해야 하는 것을 떠올려볼 때, 외부 장학금이 커미티에게 어떻게 보일까요? 펀딩을 가지고 온다는 사실 자체가 커미티에게 매력적으로 작용할 겁니다. 보통 이런 외부 장학금은 등록금과 생활비로 구성되어 있으므로, 추가적인 펀딩 지출이 없어도 된다는 점은 학과나 지도 교수가 운용할 수 있는 펀딩에 여유가 생긴다는 뜻입니다. 아까 스탠퍼드대학교와 텍사스대학교에서 받은 레터 내용 중 외부 장학금을 받게 되면 가능한 빨리 담당자에게 연락을 해달라고 했던 내용이 기억나시나요?

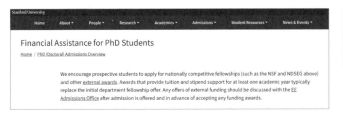

stanford.io/
3jZVjcC

스탠퍼드대학교 전기공학과에서 박사 과정과 관련한 재정 보조에 대해 설명하고 있는 내용입니다. 보통 외부 장학금은 등록금과 생활비 지원으로 구성되는데, 지원자들이 외부 장학금을 받아오면 해당 금액으로 학과에서 지급하는 펀딩을 대체합니다. 즉, 지원자가 들고 오는 외부 장학금 액수만큼 펀딩에 여유가 생기기 때문에, 새로이 펀딩 계획을 세울 수 있는 것이죠. 여유가 생겼기 때문에 다른 학생들을 지원할 수도 있고 다음 연도 학생들을 위해 사용할 수도 있습니다. 되도록 빨리 연락해 달라는 말은 오퍼 수락과도 일맥상통하는데, 빠른 행정처리를 위함입니다. 그래야 다음 학생에게 결과를 알려줄 수 있을 테니까요. 또 비자 발급에 필요한 재정 보증 여부를 펀딩을 받는 기관과의 논의를 통해 처리해야 하는 행정절차가 있기 때문이기도 합니다.

지원자의 입장에서도 실력 검증과 재정적 부분에서 장점이 있습니다. 장학금은 일종의 레퍼런스와 명예로서 CV Honors & Awards 항목에서 강조되는 한편, 장학금을 받은 재단/기관을 통한 인적 네트워크를 얻을 수 있다는 것 또한 큰 장점입니다. 재단에서도 장학 수혜자끼리 교류할 수 있는 자리를 마련할 것이기 때문에 우수한 인재들을 만날 수 있는 계기가 되겠지요. 또 재정적으로도 안정을 확보할 수 있습니다. 만약 지도 교수를 변경하거나 진행하던 과제에 문제가 생기면 펀딩이 끊기는 상황이 발생할 수 있는데, 그런 이슈에 대한 불안이 사라지는 것입니다. 그리고 마지막으로 외부장학금을 받으면 TA/RA 의무가 사라지니 내 연구에 집중할 시간이 늘어난다는 장점이 있습니다. 이런 조건들을 생각해 볼 때, 외부장학금에 지원하지 않아야 할 이유가 있을까요?

지원할 만한 주요 장학금

국내 장학 재단의 미국 석박사 장학 프로그램은 국내대학 졸업생 대상으로 진행되며, 재단에서 선발하는 전공도 조금씩 다를 수 있습니다. 보통 MBA, 의약계열과 같은 전문대학원 진학자는 대상이 아닙니다. 또 이런 장학금의 특징은 복수 수혜가 불가능하다는 것인데요, 좀 더 많은 사람에게 기회를 주기 위함이라 생각하면 당연한 일입니다. 이때 TA/RA는 장학금에 해당하지 않습니다. 아래는 지원할 수 있는 외부 장학 목록입니다. 장학생 선발시 나이 제한이 있는 경우가 있으며 남성의 경우, 군 복무와 관련한 병적 증명서를 제출해야 합니다.

책에 싣지 않은 장학금의 구체적인 항목은 옆의 QR코드 및 링크에서 확인 가능합니다.

bit.ly/3K7QrNl

장학금명	선발인원	일정	지원자격	장학금액
Fulbright 장학프로그램	00명	원서 접수 4~5월 영어면접 7~8월 합격 발표 9월	1. 국적: 대한민국 (미국 이중국적/ 영주권자 제외) 2. 그 외 지원 부적격 여부 확인 필수	(2년간 지원) 1. 학비 $40,000 2. 생활비 $2,831 ~ $4,300 3. 그 외 가족수당, 의료보험, 항공권 및 수화물 지원
관정이종환교육재단	00명 1. 이공계열 80% 2. 인문 사회 및 예능계열 20%	원서 접수 4~5월 면접 6월 합격 발표 6월	1. 국적: 대한민국 (미국 이중국적/ 영주권자 제외) 2. 연령: 대학원 과정은 연령 제한이 없음	박사 기준 최대 2년간 $20,000 ~ $30,000 지원
태광그룹 일주학술문화재단	0명	원서 접수 4월 면접 6월 합격 발표 6월	1. 해외 우수대학원 박사 과정 입학 허가를 받은 신입생 – 재학생 제외 – 조건부 입학 불인정 2. 국적: 대한민국 (국외 영주권자/이중국적 제외) 3. 국내대학 학사 취득	1. 장학금 $120,000 2. 항공료 지원

국비장학금	전형/전공별 모집 인원 상이	원서 접수 5월 면접 7월 합격 발표 7월	1. 국내대학 졸업자 2. 이중국적자는 입학 전까지 외국 국적을 포기해야 함	1. (최대 2년) 장학금 $40,000 2. 항공료 지원
아산 장학금 의생명과학분야	0명	원서 접수 10월 면접 개별 안내 합격 발표 1월	1. 국적: 대한민국 (국외 영주권자/이중국적 제외) 2. 국내대학(대학원) 학위 취득 또는 취득 예정자 3. 평점: 3.82/4.3 이상 (4.0만점 기준 3.55이상)	1. 연간 최대 4,000만원 2. 석사 과정 최대 2년, 박사 과정 최대 3년, 석박사 통합과정 최대 5년
한국 고등교육 재단(KFAS)	–	원서 접수 6~7월 필기시험 7월 면접 8월 합격 발표 8월	1. 국적: 대한민국 (영주권자/이중국적자 지원 가능) 2. 국내외 4년제 대학 기졸업자 및 졸업예정자 혹은 국내외 대학원 재학생 및 기졸업자 3. 기타 응시 제한 사항 확인 필수	장학금 금액 비공개 최대 5년간 장학 지원

목암 과학 장학 재단	10명 내외	원서 접수 9월 합격 발표 11월	1. 대한민국 국적 으로 해외대학의 당해년도 진학이 확정된 연구자/ 재학중인 연구자 2. 이공, 의학분 야 전공 (인문, 사회, 예술, 체육 전공 제외)	$10,000 ~ 당해년도 1회 지원
SBS 문화재단	0명	원서 접수 5월 면접 6월 합격 발표 7월	1. 해외 대학원 입학허가를 받은 진학 예정자 2. 대한민국 국적 자 3. 국내 대학 학 사 학위자	1. 최대 $332,500 (최대 6년 기준) 2. 입학 후 2년간 등록금 지원 3. 그 외 월 생활 비, 임대료, 항공 료 지원

　　주요 장학금에 대해 잠깐 설명드리자면, 풀브라이트 장학생은 미 국무부와 우리 교육부가 함께 선발합니다. 미 국무부가 보증하는 인재이니 어드미션 커미티에게 더 어필되겠죠? 주의할 점은 풀브라이트 장학으로 선발되는 경우, 비자가 J-1으로 발급된다는 점입니다. J-1 비자는 유학을 마치고 귀국해야 하므로 박사 학위를 받은 후 현지에서 포스닥(Post-Doc) 혹은 취업을 생각하고 있다면 계획과 어긋날 수 있습니다. 하지만 풀브라이트 장학 지원 절차는 미국 대학원 지원 절차와 거의 똑같기 때문에, 경험을 위해서라도 진행하는 것을 권장하고 있습니다. 다른 장학 프로그램과 달리 추천서를 세 통 요구하는 점이 특징입니다.

관정이종환교육재단 장학금은 매년 4월 원서 접수를 시작하며, 국비 장학과 함께 가장 많이 지원하는 장학입니다. 장학생 선발시 지급되는 장학금 액수는 미국 기준 연간 2~3만 불에 달합니다. 단, 재단에서 선정한 우수대학/우수학과에 합격해야 장학금을 받을 수 있으니 사전에 어떤 대학들이 목록에 있는지 확인해야 합니다. 제출 서류는 다른 장학 재단과 거의 동일합니다. 지도 교수 추천서 1부가 필요합니다.

국비장학금은 대한민국 국적자 대상이며, 응시 원서는 매년 5월에 제출합니다. 이때 한국사능력검정시험 3급이 있어야 지원할 수 있습니다. 장학생을 선발할 때 연구 분야/세부전공분야를 규정하고 있으니 확인이 필요합니다. 장학금은 연간 4만 불가량 지급되며 미국은 최대 2년까지 지원됩니다. 장학금에는 등록금과 생활비가 포함되며 별도로 항공료를 지원하고 있습니다.

한국고등교육재단 장학금은 매년 6~7월에 응시원서를 제출하게 됩니다. 서류 심사와 함께 별도 필기 시험이 있었는데 2024년에는 정보통신 분야에서만 전공 분야 논술을 진행했습니다. 이 재단의 장학생으로 선발되면 최대 5년간 장학금이 지원되는 것이 장점입니다. 다른 장학 프로그램들은 대한민국 국적자이면서 국내 대학 졸업자를 대상으로 하고 있으나, 한국고등교육재단의 장학 프로그램은 이중국적자나 영주권자 또는 해외 대학 졸업자들도 지원할 수 있습니다.

지원 시기는 2024년을 기준으로 작성되었으므로 변경될 수 있으니 연초에 반드시 장학 선발 일정을 미리 확인하세요. 대부분은 어드미션을 받기 전 지원하는 장학 프로그램이지만 일주학술문화재단, 목암과학장학재단, SBS 문화재단 프로그램은 입학 허가를 받은 후에도 지원 가능하니 참고 바랍니다.

★ 6장 ★

필수 서류의
실제 사례 적용

1

사례 적용을
살펴보는 이유와 분석 범위

앞 장에서 주요 서류 준비 과정을 살펴보면서 여러분이 어떤 관점을 가지고, 어떤 단계를 거쳐야 하는지는 이해하셨을 것이라 생각합니다. 하지만 이해하는 것과 적용하는 것이 똑같진 않습니다. 예를 들어, 우리가 고등학교 미적분 과정을 수업을 듣고 이해했다고 해서 모든 미적분 수학 문제를 쉽게 풀 수 있는 것은 아니니까요. 실제로 문제를 풀어보고, 틀린 문제에 대해서는 피드백을 받는 과정을 거치며 수업 내용을 온전히 이해할 수 있게 됩니다. 유학을 준비하는 과정에서도 개인 맞춤형 피드백을 받는 것이 중요합니다만, 책이라는 매체의 특성상 가능한 자세한 사례 설명으로 갈음하겠습니다. 허나 가능하다면 김박사넷 유학교육처럼 개인 맞춤형 피드백이 포함된 교육 프로그램을 수강해보는 것을 추천드립니다.

이 책에서는 한 사례를 집중 분석하면서 5장에서 살펴본 김박사넷 유학교육 프로그램이 어떻게 실제 서류로 구현될 수 있는지 살펴보겠습니다. 여러분들의 사례와 완전히 일치하지는 않겠지만, 대개 발생하는 오류의 유형들 대부분을 커버하고 있는 '제너럴 피드백'으로 받아들이면 이해에 도움이 될 것입니다.

이 장에서 공유할 사례의 내용들은 가급적 김박사넷 유학교육 레벨업 준비반 학생에게 피드백한 내용들을 그대로 옮기고자 노력했습니다. 피드백의 내용이 말이 아닌 글로써 표현되다 보니, 독자의 입장에선 피드백의 내용이 일견 모질게 느낄 수도 있을 것 같습니다. 하지만 피드백의 핵심을 전달하기 위해, 감정을 고려하는 조심스러운 배려를 일부 포기해서라도 독자들이 피드백의 핵심 내용을 오해하는 일을 미연에 방지하고자 합니다. 따라서 이번 장을 읽기 전, 피드백의 핵심 내용에 집중하는 것을 잊지 마시기 바랍니다. 김박사넷은 교육 과정을 진행하는 선생님으로서, 학생이 목표하는 바를 달성하기 위한 강의와 피드백을 제공하는 것을 최우선 순위로 두고 있습니다.

사례에서는 스토리 아웃라인, SOP, PS, CV 4가지 주요 필수 서류를 다룹니다. 컨택 메일과 커버레터 사례를 다루지 않는 이유는 중요하지 않아서가 아니라, '제너럴 피드백'이 불가능하기 때문입니다. 여러분들이 진학을 목표로 하는 연구실 교수님을 위한 맞춤형 메일 내용은 사람만큼이나 다양한 경우의 수가 있기 때문에, 이 책에서 다룰 범주를 넘어서는 내용입니다. 박사 과정 지원자의 경우, 앞서 거듭 말씀드렸듯이 컨택이 특히 중요하다는 것은 반박의 여지가 없는 부분입니다. 개인 맞춤형 컨택 메일의 피드백이 필요한 경우는 김박사넷 유학교육 선생님들이 진행하는 교육 프로그램에 참여하시길 권장합니다. 추천서 또한 여러분들이 작성할 수 있는 필수 서류가 아니기 때문에, 이 사례에서는 다루지 않습니다.

2

전공이 달라도
사례가 도움이 되나요?

많은 분들이 김박사넷 유학교육 선생님들에게 하는 질문 중 하나는, 자신과 같은 전공의 사례가 있냐는 것입니다. 비슷한 합격 사례를 참고하여, 본인의 지원서를 작성하는 데 반영하고 싶은 것은 이해합니다. 하지만 여러분들이 명심해야 할 점은, 본인 전공의 합격 사례를 많이 참고하면 할수록 실제 미국 대학원 합격에서는 멀어질 것이라는 점입니다. 왜냐하면 여러 명의 합격 사례를 짜깁기할수록 본인만의 독창적인 스토리라인에서는 멀어지기 때문입니다. 모든 서류들이 따로따로 놀게 될 것이고, 어드미션 커미티에게 전혀 어필할 수 없게 됩니다. 그럴 바에는 딱 한 사람의 합격 사례만을 그대로 참고하면서, 이 합격자와 본인 인생의 스토리라인이 '우연히' 일치하기를 기도하는 것이 훨씬 가능성이 높습니다. 물론 임의의 합격자와 본인의 인생이 일치할 가능성은 거의 없기 때문에, 합격자들의 사례를 참고하거나 템플릿으로 이용하는 것을 절대 추천하지 않는다는 뜻입니다. 특히 박사 과정 지원자의 경우, 깊은 고민 없이 일방적으로 주어진 스토리라인에 맞춰 본인의 서류를 작성하면 일차적인 서류 심사에서는 통과할 수 있을지 몰라도 인터뷰에서는 탈락의 고배를 마시게 될 가능성이 높다는 점을 꼭 기억하시기 바랍니다.

그렇다면 어떻게 해야 할까요? 여러분들이 해야 할 일은 5장에서 배운 서류 준비 과정을 본인의 것으로 온전히 흡수하는 것입니다. 이 서류는 왜 내가 이 대학원 석박사 과정에 입학할 자격이 있는지를 담은, 설득력 있는 글로 완성되어야 합니다. 본인의 논리 구조가 탄탄한 글일수록 설득력이 뛰어난 것은 두말할 필요도 없습니다. 결국 어드미션 커미티가 채용 프로세스에 필요한 역량을 평가하기 위한 요소들을 지원자 본인의 서류상에 논리적으로 구성해야 하는 과정을 거치는 것입니다. 논리적 구성에 집중하기 위해서는, 다른 디테일한 요소들을 제거하는 것이 좋습니다. 즉 본인의 전공이 아닌 사례를 보는 것이 오히려 도움이 되는데, 본인 전공자가 쓴 사례를 살펴보면 특정 디테일에 집중한 나머지 훨씬 더 중요한 글 전체의 '논리 구조'를 파악하기 힘들기 때문입니다. 다른 전공자의 사례를 읽을 땐 어차피 전공 내용을 모르기 때문에, 이해되는 부분, 즉 논리 구조만 파악하면서 글을 읽게 되죠.

스토리 아웃라인과 SOP의 사례를 읽을 때에는 이러한 논리 구조에 집중하면서, 5장에서 배운 내용이 실체화되는 데 있어 논리 구조가 어떤 역할을 하는지 집중해서 보시기 바랍니다. 본인과 유사한 전공일수록 글의 논리 구조를 파악하기 힘든 경향성이 있으니, 일부러라도 다른 전공자의 SOP를 접해보는 것을 권장합니다. 다른 전공자의 스토리 아웃라인과 SOP를 평가할 때, 60~70% 정도는 이해가 되고 나머지 30~40% 정도는 문맥상으로 유추할 수 있는 전공 내용이라면, 잘 작성된 글이라고 생각해도 좋습니다. 여러분의 SOP도 다른 전공자들에게 그렇게 느껴져야만 합니다.

CV는 그 특성상 특정 전공의 용어를 많이 사용하는 편이기 때문에 다른 전공생이 완전히 이해하는 것은 힘들 것입니다. 그렇지만 상대적으로 자유로운 CV의 템플릿을 고려할 때, 몇몇 항목은 전공이 다르더라도 이해할 수 있도록 논리 구조를 구성해서 작성할 수 있습니다. 이 장에서 CV 사례를 볼 때는 아웃라인과 SOP에서 확인할 수 있었던 '프로페셔널 역량을 강조하는 논리 구조'가 CV에서 어떻게 구현되어 있는지에 초점을 맞춰 보시기 바랍니다.

PS는 상대적으로 이런 고민들에서 자유롭습니다. 대부분 전공과 상관없이 이해할 수 있지요. PS의 작성 목적을 고려할 때, 연구 자체보다는 이러한 연구를 하고 싶어 하는 개인적인 배경을 작성하는 것에 더 초점이 맞춰져 있기 때문입니다.

3

사례 본인 적용시
주의사항

5장에서 배운 이론과 이 장에서 설명할 실전 사례들을 제대로 이해한 다면, 그 이후의 과정은 여러분들의 서류를 직접 작성하는 단계일 것입니다. 노파심에 다시 한번 강조하자면, 합격 사례를 많이 참고할수록 실제 미국 대학원 합격에서 멀어질 가능성이 높습니다. 여러 합격 사례를 참고할수록 본인만의 스토리라인을 잃어가기 때문입니다. 차라리한 사람의 합격 사례만을 참고한 뒤, 기도가 통할 때까지 기도하는 것이 더 낫다는 우스갯소리를 곧이곧대로 받아들이진 않을 것이라 생각합니다. 특히, 박사 과정 지원자는 자신만의 스토리라인을 작성해야 합니다. 이렇게 하지 않으면 서류 심사에서 통과한다 할지라도 인터뷰에서는 탈락할 가능성이 훨씬 높아지기 때문입니다.

두 번째 주의사항은, 특정 포인트만 발췌해서 사용하는 것을 조심하라는 것입니다. CV의 경우, 각 항목들은 전체적인 스토리 아웃라인을 뒷받침하기 위해 전략적으로 사용되는 것들입니다. 독립적인 블록들의 합이 아니라, 유기적으로 결합된 세포와 같지요. 세포를 하나만 떼어내서 사용하면 그 고유의 기능을 잃듯이, 전체적인 논리 구조 하에서 기능을 하기 위해 사용된 특정 부분을 떼어서 사용하면 그 항목 고유의 기능을 잃을 가능성이 높습니다. 사례를 참고하여 사용할 때 특별히 유의하세요.

4

사례 분석
대상 소개

사례 분석 대상은 1장에서 소개했던 합격 사례 중 하나입니다. 이 지원자는 유학 재도전 시기로부터 2년 전 미국 박사 과정으로 지원했으나 지원한 모든 학교에서 최종 탈락하고 말았습니다. 탈락 후 약 2년간 전혀 상관없는 일을 하며 보냈기 때문에 재수 지원 당시 추가된 스펙, 예를 들어 논문, 특허, 등의 연구 결과물은 전혀 없었습니다. 경력 또한 연구와는 상관없는 직종이었기 때문에 추가할 수 없었죠. GRE 점수는 없었고, TOEFL 점수 또한 100점 이상의 확실한 고득점을 하진 못했기 때문에 눈에 띄는 정량 스펙의 상승은 없었다고 평가할 수 있습니다. 이미 졸업을 한 상태였기 때문에, GPA(학점)도 더 올릴 순 없는 상황이었고요. 이 책의 8장에서 구체적으로 언급하겠지만, 비슷한 서류로 미국 석박사 과정에 몇 번을 지원하더라도 결과는 바뀌지 않습니다. 미국과 같은 고신뢰 사회에서는 전임자의 결정을 지지하기 때문에 후임자의 결정이 바뀌기란 정말 쉽지 않은 일이거든요. 영어 최소 기준 점수만 맞춰, 언젠가 붙을 수도 있을 것이라는 희망으로 여러 번 지원하면 탈락 소식만 계속 받게 됩니다.

√ 유학 재수
√ 재준비 기간 2년간 추가 실적 x
√ 학부: 인서울 분교 중 하나
√ 국내 석사

재수 당시 이 사례자가 변경할 수 있었던 것은 A4용지 6장 분량의 서류뿐이었습니다. 그렇지만 이 변화로 말미암아 여러 곳의 학교에서 인터뷰를 진행하고 러브콜을 받고 있습니다. 2년 전과는 달리, 지금은 어느 대학교로 진학해야 할지 행복한 고민을 하고 있습니다. TOP 10 탑스쿨을 포함한 여러 대학교 중에서 말이죠.

이 결과는 이 지원자가 김박사넷 유학교육 프로그램을 통해, 최종적으로 미국 박사 과정의 핵심과 본질에 대해서 깨닫게 되었기 때문에 가능했던 것입니다. 채용 인사 담당자의 관점에서 매력적으로 어필할 수 있도록, 본인이 진행했던 연구를 매력적으로 재구성할 수 있게 된 것입니다. 이 사례에 대해서 여러 번 읽어보고, 그 핵심을 이해하는 노력을 기울이면 여러분의 합격 확률을 비약적으로 높아질 것입니다.

5

스토리 아웃라인
사례 분석

첫 도전 때의 스토리 아웃라인과 그 문제점

놀랍게도(?) 이 사례자의 첫 도전에서 스토리라인은 없었습니다. 연구 잠재력을 바탕으로 한 SOP, PS, CV의 기반이 되는 스토리라인 말입니다. 하지만 김박사넷 유학교육 프로그램에 제출한 첫 번째 스토리 아웃라인 과제를 살펴보면 그 내용을 유추할 수 있습니다. 실제로 초시 때 작성했던 SOP 내용과도 비슷하지요. 분명히 김박사넷 유학교육 프로그램 강의를 듣고 아웃라인을 작성했을 텐데, 왜 초시 때와 생각이 바뀌지 않았을까 하는 의문이 생깁니다. 하지만 이는 당연한 결과입니다. 지금까지 최소 20년 이상을 살면서 이룩한 사고 체계의 전환을 단기간 내에 이루는 것은 쉽지 않기 때문입니다. 만약 여러분이 재수생이라면 스토리라인 재설정을 위해 아주 많은 고민을 해야 합니다. 이 지원자도 자신의 생각을 고치기 위해 고생이 많았습니다. 만약 이 책을 읽고 있는 독자분이 초시생이라면 오히려 재수생보다 나을 수 있습니다. 이 책

에 소개되는 미국 석박사 유학의 핵심을 머리 속에 넣어둔 채로 자신의
스토리라인을 그려보세요. 만약 이 책을 읽기 전 작성한 스토리라인이
있다면, 과감하게 삭제하고 새로 작성하는 것을 추천합니다. 비전과 미
션이 얼라인되는 글은 한번에 작성할 수 있는 것이 아니니까요. 이어나
올 지원자가 작성한 내용은 거의 수정하지 않고 있는 그대로 싣고자 했
다는 점 참고하여 읽어보세요.

첫 번째 스토리 아웃라인과 완성 후 스토리 아웃라인

첫 도전 스토리 아웃라인의 서론

자연이 당연하게 여겨지지 않으며, 구성하는 요소들이 딱 적절하게 돌아가는 것이
자주 기적이라고 느껴진다. 주변의 크고 작은 데서 이런 감정을 느끼는데, 생체역학
강의에서 접하게 된 Cellular process는 마이크로 사이즈의 작은 세포 안에 분자구조
들이 각각의 특별한 구조와 기능을 갖고 있으며 특정 순간에 특정 곳에서 이 분자 구
조들 사이에 정확한 운동규칙을 갖고 세포가 작동을 한다는 것이 정말 놀라웠다. 여
전히 세포현상들에 대해 밝힐 것이 무수하다는 것을 알아 가고 있고, 세포를 연구하
고 알아내고 이 세포생물학 분야에 기여하고자 한다.

단순한 호기심뿐만 아니라, 세포 현상들의 근본을 파악해내는 일은 특히 질병을 해
결하는 데에 새로운 차원의 세상을 열어줄 수 있다는 것을 알았고, 의학이 많이 발달
해 왔지만 여전히 완전한 치료, 부작용 없는 치료를 위해서는 원인인 이상 세포 현상
에 대한 이해가 필요하며, 조직, 세포에 대한 깊어지는 이해로 기존 동물 모델에 의존
했던 치료법 개발을 사람조직과 유사한 In-vitro System을 만들어 더 효과적인 치료
법 개발이 이루어지는 시대가 열리고 있다는 사실을 배우고 있다. 세포현상을 연구
하며 아직 정복되지 못하고 있는 암과 같은 질병 해결에 길을 내는 연구자가 되고자
한다.

완성된 아웃라인의 서론

Transport Phenomena (Mass, Momentum, Heat 전달 현상)은 System 간의 지속
적인 Interaction을 할 수 있도록 하는 모든 Living System이 작동하게 되는 가장 근
본적인 원인 메커니즘이라 할 수 있다. Indivisible Unit of Life가 세포인 것을 고려했
을 때, 마이크로 스케일에서 Single System이 Surrounding Environmental System
과의 Interaction에 대한 분석이 가장 기초적인 Living System을 이해하는 단계일

것이다. 마이크로 스케일에서 Single System이 Surrounding으로부터 Mass, Energy, Energy, Momentum을 전달받아 시스템의 Motion으로 최종 전환되기까지의 단계별 Conversion들을 밝히며, 가장 근본적인 Living System의 작동 원리들을 정량적, 물리적으로 이해할 수 있는 기반지식을 닦는 데 기여하고자 한다.

자, 두 아웃라인의 다른 점이 느껴지시나요? 어떤 글이 훨씬 좋은 글인지는 확실합니다. 첫 도전에서는 탈락했고, 두 번째 도전에서는 합격했으니까요. 아웃라인에서부터 시작된 A4 6장의 영향임은 명백하죠. 그렇다면 그 글이 나은 이유에 대해서도 설명할 수 있어야 합니다. 이어지는 김박사넷 유학교육 선생님의 피드백을 읽기 전에 꼭 어떤 점들이 나은지 스스로 생각해보세요. 앞서 복습한 워렌 버핏의 레벨링 기준에 비추어 생각하셔도 좋습니다.

첫 번째 스토리 아웃라인의 문제점

첫 도전 스토리 아웃라인의 서론

자연이 당연하게 여겨지지 않으며, 구성하는 요소들이 딱 적절하게 돌아가는 것이 자주 기적이라고 느껴진다. 주변의 크고 작은 데서 이런 감정을 느끼는데, 생체역학 강의에서 접하게 된 Cellular process는 마이크로 사이즈의 작은 세포 안에 분자구조들이 각각의 특별한 구조와 기능을 갖고 있으며 특정 순간에 특정 곳에서 이 분자 구조들 사이에 정확한 운동규칙을 갖고 세포가 작동을 한다는 것이 정말 놀라웠다. 여전히 세포현상들에 대해 밝힐 것이 무수하다는 것을 알아 가고 있고, 세포를 연구하고 알아내고 이 세포생물학 분야에 기여하고자 한다.

단순한 호기심뿐만 아니라, 세포 현상들의 근본을 파악해내는 일은 특히 질병을 해결하는 데에 새로운 차원의 세상을 열어줄 수 있다는 것을 알았고, 의학이 많이 발달해 왔지만 여전히 완전한 치료, 부작용 없는 치료를 위해서는 원인인 이상 세포 현상에 대한 이해가 필요하며, 조직, 세포에 대한 깊어지는 이해로 기존 동물 모델에 의존했던 치료법 개발을 사람조직과 유사한 In-vitro System을 만들어 더 효과적인 치료법 개발이 이루어지는 시대가 열리고 있다는 사실을 배우고 있다. 세포현상을 연구하며 아직 정복되지 못하고 있는 암과 같은 질병 해결에 길을 내는 연구자가 되고 자 한다.

문제점 1: 서론 첫 문단을 보면 자연 현상에 대한 단순한 흥미가 더 우선인 것으로 보입니다. 이러한 글의 구성은 마침 저렇게 생각하는 독자를 만나야만 유효합니다. 그런데 내가 이렇게 썼다고 해서, 이 글을 읽는 모든 사람이 그 생각에 동의할까요? 누군가의 관점에서는 자연의 동작 원리일 뿐이고, 기적이니 신비니 하는 것들은 지극히 인간 중심의 사고방식일 수 있는데요. 이 글에서는 비전이 명확하지 않고, 두 번째 문단 끝 '세포현상을 연구하며 아직 정복되지 못하고 있는 암과 같은 질병 해결에 길을 내는 연구자가 되고자 한다.'에 와서야 희미하게 보입니다. 하지만 앞선 문장들 때문에 전혀 비전처럼 보이지 않죠. 자연 현상에 대한 흥미가 왜 하필 암이라는 질병 해결로 귀결되어야만 할까요? 첫 문장만 보면, 더 많은 '기적적인' 현상들을 찾아다니는 모험가가 더 어울릴 것 같은데 말이죠. 논리적인 흐름이 없기 때문에, 비전으로 보이지가 않는 것입니다. 독자 입장에서는, 논리적 흐름을 읽을 새도 없이 '암 정복'이라는 뜬금없는 키워드를 만나게 되는 것입니다.

자연 현상 등에 대한 단순한 흥미와 '진정으로 이 연구를 하고 싶은 모티베이션'은 반드시 구별되어야 합니다. 그렇게 해야 하는 이유는 간단합니다. 취미활동에 5년 동안 5억이라는 투자를 할 사람은 없기 때문입니다. 나라는 연구자에게 투자하라고, 어드미션 커미티를 설득할 투자 제안서의 첫 문장을 취미와 단순한 관심으로 시작해서는 안 되겠죠. 그리고 비전으로 보이지 않는 또 다른 이유는 미괄식으로 작성되었기 때문입니다. 두괄식으로, 핵심부터 작성해야 합니다. 비단 입학 서류뿐만 아니라, 여러분들이 대학원에 진학한 이후엔 아주 특별한 상황이 아닌 이상 거의 대부분의 글을 두괄식으로 작성하게 될 것입니다.

문제점 2: 서론에서 '~하는 연구자'가 목표라고 했는데, 이는 굳이 따지자면 비전을 달성하기 위한 미션입니다. 여기서는 개인의 목표가 아니라 인류 전체에 공헌할 수 있는 비전이 필요합니다. 비전은 '내가 만들고 싶은 세상의 모습'에 가깝습니다. 내가 만들고 싶은 세상을 만들기 위해 평생 노력해도 실현할 수 있을 가능성이 반절일 정도로, 굉장히 큰 스케일의 목표입니다. 굳이 반절이라는 표현을 쓴 이유는, 실현가능성이 0에 가까운 목표는 허무맹랑한 이야기일 것이기 때문입니다. 반대로, 실현 가능성이 100%라면 굳이 내가 없더라도 그러한 세상은 만들어질 것이기 때문이지요.

더불어 비전과 미션은 나의 연구적 배경과도 얼라인되어야 합니다. 문제점 1에서 언급했다시피, 비전으로 받아들이기 힘들긴 하지만 한번 너그러운 가정을 해봅시다. 마지막 문장에서 '세포현상을 연구하여 아직 정복되지 못하고 있는 암과 같은 질병 해결'을 비전으로 받아들였다고 가정해 보는 것이죠. 이 비전을 가장 효과적으로 달성할 수 있는 방법으로 우리가 떠올릴 수 있는 것은, 의사나 약사, 더 크게는 제약회사의 일원이 되는 방법일 것입니다. 이 방법이 암이라는 질병을 연구하고 치료법을 개발하는 데는 최소한 공학도보다 훨씬 목표 달성에 도움이 될 것 같네요. 이 지원자는 공학도인데 말이지요. 또 암이라는 특정 질환에 대한 연구를 진행했던 것이 아니고, 세포 연구라는 비교적 일반적인 연구를 진행했습니다. 따라서 '암 정복'을 비전으로 제시한다 한들, 지원자의 연구적 배경과도 잘 얼라인되지 않는 문제가 생깁니다.

예를 들어 우리 사회에서 쓰레기 발생 문제가 매우 심각해서 이 문제를 해결하는 것이 비전이라고 해 봅시다. 자기 전공에 따라 비전을 달성하기 위해 접근하는 방식인 미션도 달라질 것입니다. 공공정책 전공은 쓰레기 발생을 억제할 수 있는 정책을, 공학도라면 처음부터 쓰레기가 발생하지 않는 완전히 새로운 방식의 개발 같은 것을 제시할 수 있을 텐데요. 암 치료도 마찬가지입니다. 의사는 개별 질병에 대해 연구하고 해결하는 시도를 미션으로 삼을 가능성이 높겠지만, 공학도는 다른 관점을 미션으로 삼아 문제 해결에 접근할 수도 있을 것입니다. 예를 들면, 좀 더 일반화된 문제를 해결할 수 있도록 플랫폼적 연구를 진행할 수도 있습니다. 이 지원자의 연구를 보자면 세포 연구를 통해 원리를 이해할 수 있는 기반 기술을 닦아 놓으면, 그것을 바탕으로 세포가 원인인 세포 질환 해결에 파급효과를 일으킬 수 있다는 이야기를 해 볼 수 있을 것 같네요.

문제점 3: 배움이라는 표현이 나오는데, 배운다는 것은 한국 정서에서는 겸손한 느낌이지만 미국에서는 수동적인 느낌을 줍니다. Self-Motivated된 박사 과정 연구자라면 내 연구를 위해 무언가를 만들어내서 교수에게 알려주겠다는 수준의 Attitude가 필요합니다. 누가 가르쳐

줘서, 배워서 알아갈 것이라고 쓸 것이 아니라, 목표를 달성하기 위해 연구를 할 것이고, 그 결과로써 새로이 발견했고 혹은 앞으로 발견해낼 것이라고 능동적인 표현을 사용해야 합니다.

잠깐! 재수생이라면 주의할 것

재도전을 하는 지원자라면 자신의 연구 잠재력을 다시 정비하고, 스토리라인을 만들 때 주의할 점이 있습니다. A+B+C+D로 실패했다고 해서 A, B, C, D 모두 실패 요소가 아니라는 점입니다. 탈락에 영향을 준 마이너스 요소만 제거해야지, 플러스 요소까지 버려선 안 되겠지요. 예를 들어 50점 미만이 되면 탈락이라고 합시다. A는 100점, B, C, D가 −50점이었다면 이 네 가지 중 살려야 하는 건 명확합니다. A를 잘 살려두고 나머지를 보완하면 되겠지요. 그런 관점에서 첫 도전 때 썼던 내용, 그리고 당시 생각했던 내용들에서 독자를 설득할 만한 것이 무엇인가를 뽑아보세요. 내가 가진 연구 잠재력 중 어떤 것을 사용할지, 그리고 무엇을 어떻게 배치해야 좋을지 잘 생각해야 합니다. 결과가 실패라는 이유만으로, 시도했던 모든 것들이 잘못되었다는 생각은 지양해야 합니다. 기본적인 변인 통제에 관한 개념조차 부족한 연구자가 될 순 없죠.

연구 잠재력 중 좋은 것들을 다 모아서 쓰겠다는 접근도 안 됩니다. 이런 접근은 추가적인 활동이 가산점이 될 것이라 생각해서인데, 그 가산점을 얻는다 한들 굉장히 미미하기 때문에 채용 프로세스의 합불 여부에 거의 영향을 끼치지 못할 정도입니다. 그보다 더 지배적인, 중요한 요소는 내용이 나를 Self-Motivated된 연구자로 보여 주는 Research-oriented된 내용인지입니다. 스토리 항목의 특정 부분이 전체 스토리라인에서 제 역할을 하고 있는지를 먼저 살피세요. 만약 뜬금없이 느껴진다면 과감하게 삭제하는 것이 좋습니다. 미국 석박사는 프로페셔널한 연구자를 채용하는 것이라는 점을 잊으면 안 됩니다.

1차 피드백 후 스토리 아웃라인과 그 문제점

1차 피드백 후 스토리 아웃라인의 서론

큰 병 앞에 무력해지는 사람들에게 힘, 희망을 주고 싶다. ('큰' 이라는 말 대신에 다른 말을 고민해 봐야 할 것 같습니다. 현재 의료기술로 해결하지 못하고 있는 병들 그렇지만 의료기술, 지식이 발전하면 해결할 수 있을 병들)

나에게는 암이 여전히 많은 사람들을 무력하게 하는 병으로 느껴진다. 암으로 인한 사망이 우리나라의 경우 전체 사망자 수 1위, 전세계 사망원인의 20%를 차지한다. 또한 인구가 고령화되며 노화로 인해 세포 유전자변이 확률이 점점 커지고 암은 점점 더 해결해야 할 문제가 되고 있다.

암 문제를 해결하기 위해서 예방치료, 진단방법들이 발전해야 한다. 역학조사(인구조사) 등을 통해 원인을 파악하여 암을 예방하는 것, 예를 들어 발암원인(담배, 미세먼지, 자외선, 피폭 등)을 파악하여 폐암 발병률은 실제로 떨어짐, 이 효과적인 방법일 수 있지만 여전히 이미 암을 진단받은 환자들에게는 당장 효과적인 치료법 개발이 필요하다. 또한 효과적인 치료를 위해서는 정확한 진단이 필요한데, 환자 개개의 암 상태 Heterogeneity(암의 종류-origin-별, 암 진행 단계별, 환자별)를 고려한 진단은 치료의 부작용은 줄이며 치료효과를 높이는 데 필수적이다.

문제점 1: 서론 첫 문단을 보면 연민이라는 감정에 기반한 접근으로 시작하고 있습니다. 감정적 접근은 지원자의 인성 정도를 참고할 수는 있겠지만, 이 사람의 연구를 위해 5년간 5억을 투자할 만한 근거는 되지 않습니다. 너그럽게 '암이라는 큰 병 앞에 무력해지는 사람들에게 힘과 희망을 주고 싶다'는 이야기를 비전이라고 가정해 보아도, 첫 도전 스토리라인 때와 동일한 문제점이 발생합니다. 암이라는 질병을 연구하고 치료법을 개발하는 데는 의사나, 약사, 제약회사 관련 전공자가 최소한 세포 단위의 기초연구를 진행한 지원자의 연구보단 목표 달성에 훨씬 도움이 되겠죠. 지원자는 지원자만의 관점으로 문제를 바라보고, 그 해결책으로서 자신의 연구 의의를 설득하는 방식으로 접근해야만 합니

다. 그리고 '힘과 희망'을 주고 싶다는 표현 또한, 연구 비전과 미션까지 논리적으로 연결되기에는 굉장히 모호한 표현입니다. 예를 들어, 감정에 반응하는 로봇을 만들었다고 가정해보겠습니다. 이 로봇을 만든 목적은 큰 병 앞에 무력해진 사람들을 감정적으로 서포트해서 힘과 희망을 주는 것입니다. 이 예시에서 제시한 미션은 적절한가요? 어떤 분은 그렇다고 할 수도 있고, 어떤 분은 그렇게 일시적으로 희망을 주는 것이 큰 병으로 무력해진 사람의 문제를 해결해주지 않는다고 할 수도 있죠. 이렇게 다른 건 힘과 희망에 대해서 사람마다 다르게 해석하고 있기 때문입니다.

스토리라인은 나라는 연구자에게 투자하라고 어드미션 커미티를 설득하기 위한 투자 제안서를 쓰기 위한 것입니다. 어드미션 커미티는 나라는 연구자와 내 연구에 대해 당연히 잘 모르니 설득해야 합니다. 대개의 어드미션 커미티, 즉 PI(Principal Investigator)급 연구자들은 객관적인 접근을 통한 논리적 설득과정을 반평생 이상 실천해온 사람들입니다. 감정적 접근이 위험한 이유는, 글을 읽는 어드미션 커미티가 그 감정에 공감하지 않으면 그 다음 논리로 넘어갈 수가 없기 때문입니다. 그런 의미에서 다음 문장 '암으로 인한 사망이 우리나라의 경우 전체 사망자 수 1위, 전세계 사망원인의 20%를 차지한다'는 그나마 낫습니다. 적어도 통계적인, 즉 객관적인 숫자는 제시했으니까요. 추가로 팁을 드리자면, 이렇게 숫자를 활용할 땐 어드미션 커미티도 쉽게 이해할 수 있도록 미국의 상황도 함께 알려주는 것이 좋습니다. 한국학이 전공이 아닌 이상, 미국의 교수님들은 한국 상황에 대해 관심이 없을 것이니까요. 무엇보다도, 지원자 본인이 하필 미국에서 공부하려는 이유와 연결 지으려면 미국의 상황에 대해서 언급하는 것이 더 어울릴 것입니다.

하지만 더 엄밀하게 따지면, 이 역시 통계적 사실일 뿐 해결 방법으로 연결될 문제에 대한 정의는 아닙니다. 암이 전세계 사망원인의 20%를 차지하는 것을 문제로 인식하기 위해서는, 글을 읽는 독자가 이미 전 세계 사망 원인에 대한 배경 지식과 문제 의식을 어느 정도 공유하고 있어야 하기 때문입니다. 물론 인간의 존엄성과 생명권이 중요하다는 것은 보편적으로 공감되는 사실이고, 그런 관점에서 암의 정복은 가치가 있지만 이 문장만으로는 논리적인 근거가 부족합니다. 교통사고로 인한 사망자는 문제가 아닌지, 사망 원인 비율이 낮은 소아사망 원인은 문제가 아닌 것인지 등의 논리적 의문들이 따라 나올 것이기 때문입니다. 이런 의문점이 생기는 이유는 스토리라인의 비전이 없기 때문입니다. 미션의 목표인 비전 달성이 이 글에서 보이지 않기 때문에 독자에게 자연스럽게 떠오르는 물음표인 것이죠. 비전을 삼을 만한 실마리는 오히려 그 다음 문장에 있습니다. '인구가 고령화되며 노화로 인해 세포 유전자 변이 확률이 점점 커지고 암은 점점 더 해결해야 할 문제'라고 했네요. 정확히 정의되지는 않았지만, '시간이 지날수록 점점 더 커질 문제'에 대한 중요성을 인식하는 것은 논리적으로 받아들일 만합니다. 왜냐하면 몇 년이 걸릴지 모르겠지만, 언젠가 이 문제는 해결해야 할 문제가 될 테니까요.

문제점 2: 두 번째 문단에서 암 정복에 대한 부분은 미션으로 볼 수 있지만 예방/치료/진단이라는 넓은 범위에서 지원자의 기여도나 생각이 보이지 않습니다. 암에 대한 설명이 계속되고, 개론서 같은 느낌이네요. 예방/치료/진단이라는 분야를 모두 연구한 것도 아닌데, 왜 연구하지 않은 것을 끌고 와서 연구 동기를 설명할까요? 이는 해결하고자 하는 문제와 목표 달성시의 비전을 정확히 정의하지 못하고 있기 때문에, 본인의 연구 내용을 설명하기 위한 인트로로만 서론을 작성해서 생기는 문제입니다. 학위논문 초록을 쓸 때는 적합한 방식일지도 모르겠지만, 스토리 아웃라인에서 보여줘야 하는 모티베이션, 즉 내가 연구를 하는 이유가 계속 누락되고 있습니다.

비전이 없는 것은 문제를 정확히 정의하지 못해서임을 계속해서 강조하고 있습니다. 여기 또다른 증거로 삼을 문장이 있는데요, '이미 암을 진단받은 환자들에게는 당장 효과적인 치료법 개발이 필요하다.'입니다. 여기서 '효과적인'의 정의가 무엇인가요? 완치에 10년이 걸릴 정도로 느리지만 100% 치료가 되는 것이 효과적일까요, 아니면 치료 확률은 50%지만 당장 내일 적용할 수 있는 치료법이 효과적인 걸까요? 암환자는 대부분 고령인데, 최대 수명을 고려할 때 몇 년 안에 치료법 개발이 가능해야 할까요? 치료법 개발로 평균 수명이 10년 증가한다면 세상은 어떻게 변할까요? '효과적인'이란 단어를 깊은 고민 없이 사용하게 되면, 이러한 꼬리 질문들에 답변하기가 어려울 것입니다. 스토리라인을 비판적으로 분석하면 이렇게 당연히 나올 법한 질문들에 대해 청산유수로 답변을 할 수 있어야만 합니다. 사실, 청산유수로 답변을 할 정도가 되면 아웃라인에 이런 문장들을 쓰진 않겠지만요. 아웃라인의 문제점을 여러 관점에서 살펴보고 있는데, 가장 큰 원인은 스토리 아웃라인에 본인의 비전이 없기 때문입니다. 결국 본인 연구에 대한 모든 질문은 내 비전으로 귀결한다는 점을 명심하시기 바랍니다.

문제점 3: 이번 스토리 아웃라인의 핵심 키워드는 '암 정복'입니다. 문제는 '암 연구와 치료법'은 응용 분야인데, 지원자의 연구가 기초과학 (Basic Science)에 가까운 기반 기술 연구였다는 점입니다. 지원자는 암이라는 특정 질환에 대해 연구를 했던 것이 아니라, 세포 연구라는 보다 기반 기술 성격의 연구를 진행했습니다. 따라서 '암 정복'은 지원자의 연구적 배경과도 얼라인이 안 되는 비전입니다. 문제점 2에서 이야기한 암 정복에 '효과적인 치료법' 개발은 공학도보다 의사나 약사 등 응용연구를 하는 사람들이 더 빠른 결과를 만들어 낼 것입니다. 기초연구를 하는 입장에서 어필할 수 있는 점은, 보다 장기적인 관점에서의 해결책일 것입니다. 예를 들어, 초고령화 사회 문제의 원인으로 가장 먼저 떠오르는 것이 인구 감소입니다. 사회, 경제적으로 지금 당장은 큰 문제가 발생하지는 않겠지만, 2~30년 내에는 반드시 발생할 것이기 때문에 이를 해결하기 위해 사회 정책적인 해결책을 준비해야 합니다. 이 지원자는 그런 장기적인 관점을 가지고 스토리 아웃라인을 작성할 수 있을 것입니다. 지원자의 스토리라인을 정리하면 이런 식으로 풀어낼 수 있습니다. 세포 질환 문제 해결을 위해 장기적 관점의 연구를 진행하여 해당 원리를 규명하고, 이를 통해 실제 치료 범위의 확대를 꾀하는 플랫폼 기술을 개발하는 것이죠. 예를 들어, 갑상선 암 진단

숫자가 과거보다 기하급수적으로 증가하고 있는데, 이는 진단 영역의 기술 발전 결과입니다. 비슷한 예로 석유 매장량 확인 기술을 들 수 있는데, 20년 전에는 전 세계 석유 매장량이 30년치 남았다고 했지만 요즘은 50년 정도로 오히려 늘어났습니다. 이러한 플랫폼 기술의 개발로 사회와 세상을 바꿀 수 있는 환경을 제시하는 방법 또한 공학자로서 가져볼 수 있는 미션입니다.

2차 피드백 후 스토리 아웃라인과 그 개선점&문제점

2차 피드백 후 스토리 아웃라인의 서론

의학기술의 발전으로 치료 한계가 극복되며 더 많은 환자들이 건강한 삶을 지속할 수 있는 세상이 열리고 있다. 앞으로 더해 해결이 되어야 할 난치병들(구체, 객관화해야 함)을 치료하기 위해 병리, 생리에 대해 여전히 연구가 필요하다. 최근 생화학적, 유전적인 부분들에 대한 이해와 더불어 역학적인 부분들을 고려한 보완된 관점으로 인체시스템에 대해 탐구가 되고 있다. 이에 따라 인체시스템의 유체역학, 열역학적인 요소를 고려하여 의학기술의 기반 기술 향상을 위한 연구를 진행하였다.

개선점 1: '기반 기술'이라는 단어를 사용하면서, 암 정복이라는 응용 분야에서는 멀어졌고 본인이 해온 연구와는 가까워졌습니다. 이 지원자는 기반 기술 향상을 위한 연구를 하고 있다고 본인의 연구를 정의했습니다. 본인의 연구를 단순히 설명하는 것에서 벗어나서 의미를 부여한 것이죠. '기반 기술'이라는 단어가 내포하는 바는, 문제를 처음부터 끝까지 본인 혼자서만 해결하겠다는 의미가 아니라는 점입니다. 쉽게 설명하기 위해, 문제를 해결하기 위한 기술의 총합이 100점이 필요한 경우를 상정해 봅시다. 기반 기술을 수치로 표현하면 기존 0점에서 최소한 1점까지는 총점을 향상시키는 것입니다. 99점에서 100점을 만드는 것도 아니고, 0점에서 100점으로 향상시키는 것은 더더욱 아닙니다. 즉, 이 연구를 완성하면 암 환자가 당장 치료될 수 있는 그런 기술이 아니라는 뜻입니다. 최종 문제를 해결하기 위한 연구는 계속되어야 하죠. 그래서 '기반 기술'이라는 단어 하나만 보면 별 것 아닌 것 같지만, 최소한 이 연구를 하면 암이 치료되냐는 류의 질문에서는 벗어날 수 있도록 지원자 본인의 사고가 전환된 것입니다. 내 연구가 응용 분야 연구처럼 보이지 않도록 스토리라인을 짤 수 있습니다. 중요한 점은 기반 기술과 이어지게끔 논리를 펼쳐야 한다는 점이겠죠.

기반 기술에 대해 정의했다면 당연히 다음 질문이 따라올 겁니다. 왜 그 기반 기술을 연구해야 하는 것인가, 그리고 그 목표가 무엇이냐는 질문이죠. 그리고 지금 스토리라인에서 좋은 키워드가 나왔네요. 난치병입니다. 그럼 이번엔 무엇을 해야 하죠? 그렇습니다. 이 난치병이 무엇인지 정의해야 하겠죠. 예를 들어 감기와 난치병의 차이는 무엇인가? 그런 질문들도 들어올 수 있겠네요. 어쨌든 지원자는 여기서 위암과 같은 특정 질병 문제를 해결하려는 것이 아니라, 그보다 상위 개념인 '난치병'을 해결하려는 것이죠. 그것을 위해 세포질환 연구를 통해 0점을 1점으로 올릴 수 있는 플랫폼 기술 하나를 만들겠다는 목표를 제시할 수 있겠습니다. 즉, 비전은 세포를 완전히 이해할 수 있는 기반 기술에 대한 연구가 되는 것입니다.

물이 반쯤 차 있는 물잔에 대한 비유, 다들 아실 겁니다. 어떤 사람은 그 잔을 보고 '반이나 차 있네' 라고 할 것이고, 또 어떤 사람은 '반밖에 안 남았네' 하겠지요. 이 이야기가 알려주는 것은 바로 관점의 차이에 따라 똑같은 현상도 다르게 표현할 수 있다는 것입니다. 기반 기술 연구도 동일하게 표현할 수 있습니다. 빈 잔에 물을 1만큼 채운 거예요. 그럼 누군가에겐 별 의미 없을 것입니다. 잔을 다 채우려면 아직 99나 남았는데? 라고 물어보겠죠. 그럼 이때 뭐라고 대답해야 좋을까요?

그러네요, 아직 갈 길이 한참 멀었네요. 1로는 한참 부족하죠.
이 연구가 불모지인 곳에서 (어떻게든) 제가 해내어 물을 1만큼 만들어냈습니다!

채용의 관점에서, 두 답변 중 누구의 Integrity가 더 높이 평가될 것인지는 두말 할 나위 없습니다. 이렇듯 내 연구를 바라보는 관점이 중요합니다. 내가 한 것에 대한 가치를 스스로 부여하지 못한다면, 글을 읽는 사람 또한 지원자의 결과물이 가치 없다고 생각할 것입니다. '채용'을 위해 지원자의 주장을 비판적으로 받아들이고 있을 텐데, 본인 스스로도 가치 없다고 여기는 연구 결과물을 어드미션 커미티가 기껍게 여겨줘야 할 이유가 있을까요? 석박사 과정을 지원하는 여러분들의 여러분들의 성과물이 어드미션 커미티가 보기에 큰 임팩트를 가지고 있을 가능성은 거의 없습니다. 여러분들을 폄훼하는 것이 아니라, 그 정도로 뛰어난 결과물을 가지고 있다면 애초에 미국 석박사 학위가 필요도 없기 때문입니다. 프로 중의 프로 연구자인 미국 대학교 교수님들의 입장에선 여러분들의 연구 결과물이 별 것 아니더라도, 지원자의 비전에서는 어떠한 마일스톤이 되는지 잘 설명할 수 있어야 합니다. 그 방법은 스스로가 어떤 가치를 부여하고 있는지, 그 관점에 달려 있음은 두말할 나위 없겠죠.

  만약 두 번째 답변, '제가 물을 1만큼 만들어냈습니다'라고 대답했다고 가정하면 꼬리 질문이 들어올 것입니다. '물을 만든 게 뭐가 좋은데, 다 차면 뭐가 좋은데?' 바로 이 연구를 수행한 이유와 궁극적인 목적에 대해 묻는 거죠. 미션과 비전에 대해 묻는 것입니다. 그렇다면 미션과 비전을 연결하고 있는 키워드를 제시해야 합니다. 기반 기술을 연구하는 것이 쉽진 않겠지만, 그럼에도 불구하고 내 연구에 진전이 있어야 합니다. 최소한 0점에서 1점은 되어야 합니다. 당연히 한계도 있을 것입니다. 그저 쉬웠다면 다른 연구자들이 이미 쉽게 해결책을 제시했을 것이니까요. 현재 스토리라인에서는 보이지 않는 포인트를 찾아내야 합니다. 비전이 없기 때문에 나오지 않는 그 이야기들을 찾아 연결해야 스토리라인이 완성될 것입니다.

문제점 1: 1차 피드백 때의 문제점이 그대로 남아 있네요. 비전이 여전히 흐릿하다는 점입니다. 비전이 있다는 것은, 달리 표현하면 해결하고 싶은 어떤 '문제'가 있다는 것을 의미합니다. 지원자의 글에서 발생하는 문제점은 자신이 풀고 싶은 '문제'를 정확하게 정의하지 못했기 때

문에 발생한 것입니다. '난치병'이라는 키워드가 있긴 하지만 아직은 정확히 정의되지 않은 상태지요. 첫 문장에서 '의학기술의 발전으로 치료 한계가 극복되며 더 많은 환자들이 건강한 삶을 지속할 수 있는 세상이 열리고 있다'라고 했는데, 이 문장에선 연구 모티베이션이 느껴지지 않습니다. 이것은 일반적인 동향에 불과합니다. '세상은 발전하고 있다' 수준의 뉘앙스이고, 모티베이션과는 멀게 느껴지는 문장이죠. 자, 앞선 피드백에서 스토리라인을 만드는 이유는 나라는 연구자에게 투자하라고, 어드미션 커미티를 설득할 투자 제안서라고 했었죠? 그리고 스토리라인을 이해하지 못하면 결국 Integrity 부족으로 탈락한다고 했습니다. Integrity는 무엇으로 보여줄 수 있다고 했나요? 바로 모티베이션과 Attitude입니다. 내가 스토리라인에서 드러내야 하는 것은 '이 연구를 진정으로 하고자 하는 동기'이지 일반적인 동향을 언급하는 정도로는 어드미션 커미티에게 어필할 수 없습니다. 내 모티베이션에 대해 보다 깊이 생각해야 기존에 가지고 있던 단순한 생각들에 의존하는 것을 지양할 수 있습니다. 그리고 이 문제점 1은 문제점 2로 이어집니다.

문제점 2: 기존에 가지고 있던 단순한 생각들에 의존하는 다른 예로써, 스토리라인에서 사용하고 있는 전문 용어(Terminology)를 들 수 있습니다. 이번 스토리라인에선 생화학적, 유전적, 역학적, 유체역학 등의 단어를 등장하고 있습니다. 이러한 전문 용어들의 사용은 무엇을 의미할까요? 앞에서 언급한 것처럼, 비전이 있다는 것은 해결하고 싶은 어떤 '문제'가 있다는 것을 의미한다고 했죠. 그 '문제'를 풀기 위한 방법으로 A를 도입했는데, A를 설명하기 위한 방식으로 '유체역학'을 택한 것입니다. 우리가 깊이 고민해보아야 하는 점은, 우리의 목표를 설명하기 위한 방법으로써 '유체역학'이라는 단어 선택이 과연 최선일까 하는 것입니다. 저 단어가 의미하는 분야가 방대한 만큼, 지원자가 연구하는 분야와 그 방법론을 정확하게 설명하지 못할 가능성이 훨씬 높습니다. 스토리라인에서 중요한 것은 비전을 제시하고, 내가 이 비전을 달성하기 위해 얼마나 노력했고 그 결과로 얻은 내 연구만의 유니크함, 그 의의가 무엇인가 설명하는 것입니다. 결론적으로 내가 스토리라인의 목적을 달성하기 위해서 과연 적절한 Terminology를 사용하고 있는지에 대한 고민이 필요합니다.

3차 피드백 후 스토리 아웃라인과 그 개선점&문제점

3차 피드백 후 스토리 아웃라인의 서론

인류를 포함한 자연에 대한 이해가 깊어짐에 따라, 새로운 지식을 기반으로 또 새로운 아이디어, 기술들이 큰 도약을 할 수 있었으며, 인류를 더 풍요롭게 만들고 있다. 그중 인간의 생체시스템에 대해서 더 작은 스케일의 더 구체적인 메커니즘을 밝힘으로써 더 근본적인 이해를 할 수 있으며, 현재까지의 지식으로 Indivisible Unit of Life가 세포인 것을 고려했을 때, 세포를 기준으로 한 메커니즘 이해가 생체시스템 이해의 가장 합리적인 출발점이 될 수 있다고 생각한다. 세포 현상의 정확한 이해를 위해 기존의 생화학적인 요소뿐만 아니라 물리적인 요소를 고려해 통합적으로 접근하여 세포 현상을 이해하는 데 있어서 가능한 한 필수적인 요소들을 포함해야 한다. 이런 두 관점을 동시에 고려하여 유체(생체 Medium) 내의 마이크로 시스템(세포크기 ~10um)의 다이나믹을 연구하여 세포 메커니즘 이해의 기반을 다지고자 한다.

개선점 1: 두 번째 문장, 특히 뒷부분에 '논리적 출발점'이 나타났습니다. 바로 'Indivisible Unit of Life가 세포인 것을 고려했을 때, 세포를 기준으로 한 메커니즘 이해가 생체시스템 이해의 가장 합리적인 출발점이 될 수 있다고 생각한다.' 입니다. 자신의 연구 이유를 자신의 관점으로 제시하고 있네요. 앞 챕터에서 물잔에 대한 비유를 했었죠? 내 연구의 방향은 내가 세상을 바라보는 관점의 영향을 받기 때문에 나만의 관점이 중요합니다. 인간의 생체 시스템에 대해 '더 이상 나눠질 수 없는 생명의 단위'가 세포라고 정의한 부분이 괄목할 만한 개선점입니다. 전체적인 논리 구조의 기반으로 삼을 수 있는 참인 명제 하나를 만들어 낸 것으로 볼 수 있기 때문입니다. 이러한 기반 명제를 토대로 추가 명제들을 쌓아가면, 내 연구에 대한 가치를 논리적으로 증명할 수 있는 스토리라인을 만들 수 있겠습니다.

개선점 2: 유체, 마이크로 시스템이라는 상세 키워드, 즉 Terminology가 등장했습니다. 이 글을 읽는 여러분들 대부분은 이 지원자의 전공이 아닐 것이기 때문에, 이게 무슨 뜻인지 정확히 모를 것입니다. 그래도 좋습니다. 사전이나 위키피디아에 나오는 의미 정도만 이해해도 충분합니다. 이전까지는 유체역학, 열역학 같은 광범위한 의미의 키워드를 사용했었죠. 왜 이 변화가 개선점이 될 수 있는지, 문제점 1에서 이어 설명하겠습니다.

문제점 1: 다시 첫 문장이 문제입니다. 문장 자체가 틀린 문장은 아닙

니다. 그런데 이 문장이 두괄식 서술이 중요한 서류의 맨 처음을 차지하고 있다는 것은 큰 문제입니다. 이 문장을 빼버리면 그 다음 문장을 구성하기 힘들까요? 전혀 문제가 없어 보이죠. 지원자의 스토리라인과는 전혀 상관없는 문장이 등장하는 이유는, 아직까지 비전과 미션이 명확하지 않기 때문일 가능성이 높습니다. 중언부언하는 중인 거지요. 스토리라인이 미국 석박사 준비 과정에서 하는 역할을 다시 한번 생각해 봅시다. 스토리라인은 어드미션 커미티를 설득할 투자 제안서를 깔끔하게 요약한 버전이라고 생각해야 합니다. 목적은 나라는 연구자에게 5년 동안 5억을 투자하고, 또 조언도 아끼지 말고 나를 연구자로서 서포트하라는 것이죠. 그렇기 때문에 첫 문장이 매우 중요합니다. 어드미션 커미티는 만성적인 시간 부족에 시달리는 PI 교수들입니다. SOP, 커버레터 등 지원자들이 쓴 글을 읽을 때 역시 시간은 부족해서 심한 경우 첫 문단, 첫 문장만 읽고 글을 평가하기도 합니다. 우리가 스토리라인을 두괄식으로 작성해야 하는 실질적인 이유죠. 종종 Hook이라 불리는, 시선을 끄는 글의 초반부를 강조하는 경우가 있는데, 단순히 시선을 잡아서 끄는 것에만 집중하는 것은 미국 석박사 유학 과정의 핵심을 받아들이지 못한 채 겉핥기 수준으로만 이해한 겁니다. 시선을 끄는 것보다 더욱 중요한 것은, 첫 문장이 내 연구 모티베이션을 보여주는 핵심 문장이어야 한다는 점입니다. Hook은 기본을 충실히 지킨 이후에 해도 충분합니다. 참고로 말씀드리면, 김박사넷 유학교육 프로그램 레벨업반 수강생들은 Hook 없이도 합격이라는 결과를 만들어내고 있습니다. 기본에 충실한 것이 우선이라는 점을 잊지 마시기 바랍니다.

첫 번째 문장을 잘 썼다는 전제 하에, 그 문장에 들어가는 키워드, 즉 Terminology들이 중요합니다. 개선점 2에서 상세 키워드를 언급한 것도 그런 이유입니다. 어드미션 커미티와 PI 교수님은 시간이 없을수록 첫 문장만 읽고 눈은 문단을 훑으면서 키워드를 확인하게 될 것이므로 각 키워드가 눈에 잘 띄어야 합니다. 그러려면 먼저 내 연구를 보여줄 수 있는 압축적인 키워드를 Hierarchy에 따라 정의하는 것이 필수입니다. 그 키워드를 배치하면 내가 어떤 연구를 했고, 그 연구를 어떻게 했는지를 보여줄 수 있습니다. 우리가 스토리라인을 짜는 것은 교수들이 내가 어떤 연구를 했는지, 내 연구의 포텐셜이 어떤지에 대해 파악하는 것을 수월하게 만들어 주기 위함입니다. 스토리라인은 나를 채용해 달라는 목적에서 나라는 연구자를 매력적으로 보이게끔, 내가 보여주고 싶은 모습으로 나를 잘 포장하기 위한 것입니다. 물론 포장된 연구자의 평가 가치는 그 학생과 함께 연구하게 될 지도 교수님이 결정하겠지요. 포장이 마음에 들어서 풀었는데 그 알맹이도 지도 교수님이 원하던 것이라면 인터뷰를 제안받게 될 것입니다. 대부분의 박사 과정 지원자들은 인터뷰에서 지도 교수님의 마음을 사로잡아야만 어드미션 오퍼를 받을 수 있습니다.

만약 핵심을 파악하지 못한 채 상관없는 문장으로 여러분들 자신부터 설득하지 못하고 있다는 생각이 든다면, 아직도 머릿속에서 내 비전에 대한 것, '문제'에 대한 정의가 정리되었는지를 먼저 의심해 보시기 바랍니다. 한 문장밖에 안 되지만, 이렇게 글을 쓰면 결국 인터뷰에서도 제대로 대응할 수 없습니다. 운이 좋아 인터뷰를 하게 되더라도, 교수님한테 무슨 질문을 해야 할지, 어떻게 답변해야 할지 모르겠다는 막막함이 생기는 이유는 여러분들의 비전과 미션이 제대로 정의되어 있지 않기 때문에 그렇습니다. 총 6장밖에 되지 않는 필수 서류들은 생각보다 여러분들이 어떤 연구자인지에 대해 힌트를 많이 제공합니다. 그래서 스토리라인 작성 시부터 고민을 많이 해야 하는 것이고, 김박사넷 유학교육 선생님들도 이 중요성을 계속해서 강조하고 있습니다.

자, 그러면 다시 지원자의 비전 설정으로 돌아와서 고민해 봅시다. 첫 문장에서 언급된 '자연에 대한 이해'는 너무 넓은 범위입니다. 아마 전 세계의 연구자들의 목표를 종합해야만 달성할 수 있을 테니까요. 하지만 이어지는 문장에서 제시한 대로, 인체의 생체 시스템에 대한 메커니즘으로 이어지도록 범위를 줄여봅시다. 자연에 대한 이해 중에서도 인간에 대한 이해로 범위를 좁혀보면 어떨까요? 사실 우리는 인간에 대해 잘 모릅니다. 지금 화성에 아르테미스 무인 탐사선을 보낼 정도로 기술이 발전했는데, 정작 인간 두뇌는 어떻게 동작하는지 아직도 잘 모르고 있죠. 딥러닝 기술은 발전하고 있지만, 정작 두뇌의 동작 원리는 명확히 밝혀내지 못한 아이러니한 상태입니다. 그렇기 때문에 비전으로서 '인간에 대한 비밀을 파헤치는 기반 기술 연구'에는 지원자가 실제로 진행한 연구 분야인 '세포 연구'와 이어질 수 있는 실마리가 있습니다. '왜 원자도, 분자도 아닌 세포 연구인가'에 대한 답으로는 'Indivisible Unit of Life'로 대답할 수 있으니까요.

문제점 2: 세 번째 문장을 봅시다. '세포 현상의 정확한 이해를 위해 기존의 생화학적인 요소뿐만 아니라 물리적인 요소를 고려해 통합적으로 접근하여 세포 현상을 이해해야' 한다고 했네요. 세포가 가장 기본 단위인데 왜 갑자기 생화학과 물리적인 요소가 언급되는 걸까요? 논리적 출발점은 있었지만, 아직 다음 명제로 이어질 디딤돌이 보이지 않습니다. 해결하고 싶은 '문제'에 대해 정확히 정의하지 못했기 때문에, 본인의 논리가 아직 완성되지 않은 상태입니다. 따라서 내가 한 연구를 이야기하기 위한 배경 설명이 갑자기 등장하는 것입니다. '문제'를 정확하게 정의하여 비전과 미션이 세워지면 해결될 문제입니다.

4차 피드백 후 스토리 아웃라인과 그 개선점&문제점

4차 피드백 후 스토리 아웃라인의 서론

우리 몸의 Biological Processes에 대한 이해, 발견이 의학에(현재 인류가 겪고 있는 질병 치료에 관해) 혁명, 도약의 중요한 기반이 된다. 그중 인간의 생체시스템에 대해서 더 작은 스케일의 더 구체적인 메커니즘을 밝힘으로써 더 근본적인 이해를 할 수 있으며, 현재까지의 지식으로 Indivisible Unit of Life가 세포인 것을 고려했을 때, 세포 스케일인 마이크로 수준의 메커니즘 이해가 생체시스템 이해의 가장 합리적인 출발점이 될 수 있다. Biological Processes는 기본적으로 생체 Medium의 Flow 속에서 이루어지므로 이러한 환경에서의 기존의 Chemotactic Force 뿐만 아니라 Mechanical Force까지 복합적인 영향을 고려하여 정확한 Process를 이해해야 한다. 이런 점들을 고려하여 인간 신체 Biological Processes의 기본 요소로써 Microfluidic System 내의 복합적인 Force에 의해 유도되는 생체시스템(입자, 세포)의 다이나믹을 연구하고자 한다.

개선점 1: 첫 문장이 더 나아졌습니다. 최소한 Biological Process라는 키워드는 제시했기 때문입니다. 좀 더 디테일하게 보면, Process와

System이라는 단어가 의미하는 범위가 매우 넓으니 중간 레벨의 키워드 선정이 필요합니다. Process와 System이라는 단어보다 하위 개념의 Terminology가 분명 있으니 전공분야의 키워드 선정이 우선입니다. 이때 Terminology Hierarchy를 반드시 고려해야 합니다. 2차 피드백의 문제점 1에서 말씀 드린 키워드의 중요성, 기억나시죠? 시간에 쫓기는 어드미션 커미티가 글의 키워드만 뽑아서 읽을 때 단어간 위계가 맞지 않는다면 연구자로서 기본 소양도 의심하게 될 겁니다. 그렇기 때문에 내 연구 키워드를 뽑을 때는 반드시 레벨에 대해서 먼저 정리한 뒤 사용해야 합니다.

문제점 1: Biological Processes라는 키워드를 다음 문장과 결합해보면, '근본적인 이해'가 구체적으로 무엇인지 나오지 않고 있습니다. 이해하면 무엇이 좋아지는지도 안 나오네요. 계속해서 반복되고 있는 문제라는 생각이 드시나요? 바로 비전이 불확실하기 때문입니다. 비전과 미션이 중요한 이유는 결국 스토리라인의 근간이기 때문입니다. 스토리라인 내용으로 SOP도 쓰고 커버레터도 작성할 것이기 때문에 계속해서 중요하다고 강조하고 있는 겁니다. 스토리라인에 내 연구적 자산을 추가하고, 미래 계획까지 쓰면 SOP입니다. 커버레터는 스토리라인을 압축한 뒤, 교수 관심사를 추가해서 작성하고요. 그래서 스토리라인 안에 들어가는 키워드가 중요한 겁니다.

스토리라인에 대한 피드백은 지도 교수님, 같은 연구실 동료, 선후배와 비전공자 친구들에게 받아도 좋습니다. 가장 중요한 피드백은 당연히 지도 교수님에게 받을 수 있습니다. 예를 들어 전체적인 연구 방향이나 Terminology에 대한 피드백입니다. 비전공자 친구에게서 받을 수 있는 피드백은 바로 논리적 흐름입니다. 비전공자가 스토리라인에서 알 수 있는 것은 지원자의 비전과 미션에 대해 파악하고, 그 연구를 하면 무엇이 더 좋아지는지입니다. 그리고 그 정도가 비전공자의 한계죠. 하지만 달리 말하면, 비전공자가 볼 수 있는 것은 철저히 논리밖에 없다는 뜻입니다. 비전공자도 이해할 수 있는 논리적 흐름이 있는 스토리라인이 우리가 목표하는 지점입니다. 이 목표를 놓쳐서는 안 됩니다.

문제점 2: 세 번째 문장을 보면 생화학(Chemotactic), 물리(Mechanical force)를 해야 하는 이유를 설명하는데, 이 또한 반복되고 있는 문제점이죠. 내가 이 연구를 해야 하는 비전이 있으면, 그것을 해결하기 위한 '문제'가 반드시 있을 수밖에 없습니다. 그리고 그 문제를 정의하는 데서 연구가 시작됩니다. 즉, 문제를 정확히 정의하면 연구를 해야 하는 이유가 명확히 나오는데, 풀고 싶은 문제를 정확히 정의하지 못하고 있기 때문에 내가 했던 연구가 나올 수 있는 배경을 설명하고 있는 겁니다. 세 번째 문장부터 같이 살펴보겠습니다.

Biological Processes는 기본적으로 생체 Medium의 Flow 속에서 이루어지므로 이러한 환경에서의 기존의 Chemotactic Force 뿐만 아니라 Mechanical Force까지 복합적인 영향을 고려하여 정확한 Process를 이해해야 한다. 이런 점들을 고려하여 인간 신체 Biological Processes의 기본 요소로써 Microfluidic System 내의 복합적인 Force에 의해 유도되는 생체시스템(입자, 세포)의 다이나믹을 연구하고자 한다.

어떤 느낌이 드시나요? 교과서에서 나올 법한 설명같이 느껴지지 않나요? '~해야 한다'라고 끝나는 단정적인 문장인데 이어지는 내 연구목적의 전제이기도 합니다. 만약 이 전제가 흔들리면 어떻게 될까요? 예를 들어 인터뷰에서 커미티가 '아닌데, Chemotactic Force만 이해해도 되는데?'라고 하면 어떻게 논리적으로 방어할 수 있을까요? 단정적 표현으로 구성된 문장들로 쌓아올린 논리의 문제점은, 중간에 한 문장이라도 논리적으로 방어할 수 없다면 내 연구 결과의 의미도 없어지게 된다는 점입니다. 또한, '이렇게 해야 해서' 연구를 했다는 식으로 연구 목적을 서술한다면 모티베이션도 제대로 보여줄 수가 없습니다. 그러면 어떻게 써야 할까요? 잠깐 힌트를 드리자면, 교과서에 없는 연구를 하는 것이 석박사 과정입니다. 이젠 여러분도 답을 떠올리실 수 있을 것 같은데, 지원자가 연구하는 것이 뭐라고 했었죠? 그렇습니다. '기반 기술'입니다. 교과서가 없는 연구, 그리고 기반 기술을 이어서 스토리를 만들어 봅시다. '기존 연구에서 많은 발전이 있었지만 고려하지 않은 부분에 대해 풀어나갈 잠재력(Potential)이 있다고 생각하며, 나는 미래에 더 큰 잠재력(Potential)을 위한 연구를 위해 기여하고 있다'는 식으로 내 연구를 포장해야 합니다. 왜 포장해야 하는지도 말씀드렸죠? 나를 채용해달라는 목적에서 나라는 연구자를 매력적으로 보이게끔, 내가 보여 주고 싶은 모습을 포장하는 것입니다.

만약 스토리라인을 논리적으로 잘 써서 교수님께 어필했다면 인터뷰 요청을 받게 될 것입니다. 그런데 여러분들이 제출한 서류는 기껏해야 6장입니다. 교수님은 여러분에 대해서 얼마나 알고 있을까요? 인터뷰는 왜 요청했고, 무엇을 물어볼까요? 다른 관점으로 살펴볼 수 있는 예시를 하나 들어 보겠습니다. 여러분들이 연구 경험이 있다면 한번쯤 학회에 참석했을 텐데요. 학회에서 제일 안 좋은 상황은 무엇일까요? 바로 질문이 없는 것입니다. 물론 좋은 상황일 수도 있겠죠. 발표자가 너무나도 발표를 잘해서 모든 청중들이 100% 이해했을 경우입니다. 그런데, 과연 그런 상황이 있을까요? 발표자는 최소한 수 개월을 진행한 연구를, 기껏해야 30분이라는 시간에 욱여 넣었습니다. 청중들이 질문하지 않는 것이 100% 이해해서일 가능성과 하나도 이해하지 못해서일 가능성, 어느 쪽이 높을까요? 당연히 후자겠지요. 발표 내용을 이해했다면 연구에 대한 의미나 디테일한 부분에 대해 물어보기 마련이니까요. 자, 그렇다면 청중이 질문을 한, 보통 이상의 학회 발표를 생각해 봅시다. 이 발표자가 훌륭한 연구자임은 어떻게 알 수 있을까요? 바로 답변의 질을 통해서입니다. 질문자가 연구 방법에 대해 다른 방식을 제안하면서 이 관점에 대해서 생각을 해봤냐고 물었다고 가정해봅시다. 이때 발표자가 해당 관점을 왜 고려하지 않았는지에 대해 근거와 함께 답변할 수 있으면 정말 완벽한 상황입니다. 질문자는 이 사람이 정말 깊은 생각을 하는 연구자라고 판단하게 되겠지요. 하지만 보통 학생 연구자들은 '거기까지는 미처 생각을 못했다'고 답변하는 경우가 많습니다. 좀더 나은 경우라면 즉석에서 아마 이러저러한 결과가 나올 것 같다고 답변하겠지요.

이렇게 구체적으로 설명한 이유는 여러분이 교수님과 인터뷰할 때 마주치게 될 상황이기 때문입니다. 만약 여러분이 제출한 서류들이 흥미룹다고 가정해 봅시다. 그런데 기껏해야 6장의 서류에 모든 디테일을 담을 순 없으니, 어드미션 커미티와 PI 지도 교수님들은 마치 학회에 참여한 청중처럼 여러분들에게 많은 질문을 던질 것입니다. 예를 들어, 이러이러한 관점으로는 연구를 진행해보지 않았냐는 질문을 할 수 있겠죠. 본인의 연구에 대한 깊은 고민을 했다면 당연히 좋은 답변을 할 수 있습니다. 그리고 본인의 연구에 대한 깊은 고민은 비전과 미션에서부터 시작합니다. 그것을 달성하기 위한 여러 가지 방법론을 이미 고려해 봤기 때문에, 교수님들의 질문에 대해 무리 없이 답할 수 있는 것이죠. 본인이 연구방법론으로써 이 방법을 택한 이유에 대해서도 논리적으로 답변할 수 있을 것이고, 후순위로 밀렸던 방법론들을 어떤 관점에서 보류했었는지, 그 히스토리에 대해서 답변을 할 수 있을 것입니다. 이 책을 통해서 여러 번의 피드백 과정을 상세하게 보여드리고 있는 이유이기도 합니다. 또한 김박사넷 유학교육 프로그램에 참여한 학생들이 지속적으로 피드백을 받아가며 스토리라인을 고쳐 쓰는 이유이기도 합니다. 스토리라인이 없으면 운이 좋아 인터뷰 요청을 받더라도 떨어질 확률이 매우 높으니까요.

교수님이 지원자에게 연락을 하는 궁극적인 이유를 생각해 봅시다. 펀딩도 하고, 시간을 들여서 지도하면서 성장시킬 만한 잠재력(Potential)이 있는 연구자 후보라고 판단했기 때문입니다. 중요한 것은 교수님과 연락이 되었을 때 나라는 지원자가 잠재력이 있는 연구자라는 점에 확신을 줘야 한다는 것입니다. 그 잠재력은 지원자가 품고 있는 연구에 대한 큰 뜻, 비전과 비전을 실현시킬 만한 미션들에서 볼 수밖에 없습니다. 지원자가 짜놓은 스토리라인을 통해 교수님이 설득되어서, 이 지원자는 결국 비전을 달성하기 위해 어떤 돌파구(Breakthrough)를 만들 수 있겠다는 생각이 들면 오퍼를 주는 것입니다. 스토리라인의 목적, '채용 담당자'를 설득해서 나를 뽑게 만들어야 하고 이를 위해서는 다시 한 번 강조하자면 박사는 능동적인 연구를 할 수 있는 사람, Self-Motivated된 연구자여야 합니다. 시키는 일만 하는 사람을 과연 교수님이 채용하고 싶어할까요? 이 점을 생각하면서 스토리라인을 짜야 합니다.

5차 피드백 후 스토리 아웃라인과 그 개선점&문제점

5차 피드백 후 스토리 아웃라인의 서론

Transport Phenomena (Mass, Momentum, Heat 전달 현상)은 System 간의 지속적인 Interaction을 할 수 있도록 하는 모든 Living System이 작동하게 되는 가장 근본적인 원인 메커니즘이라 할 수 있다. Indivisible Unit of Life가 세포인 것을 고려했을 때, 마이크로 스케일에서 Single System이 Surrounding Environmental System과의 Interaction에 대한 분석이 가장 기초적인 Living System을 이해하는 단계일 것이다. 마이크로 스케일에서 Single System이 Surrounding으로부터 Mass, Energy, Momentum을 전달받아 시스템의 Motion으로 최종 전환되기까지의 단계별 Conversion들을 밝히며, 가장 근본적인 Living System의 작동 원리들을 정량적, 물리적으로 이해할 수 있는 기반지식을 닦는 데 기여하고자 한다.

개선점 1: Transport Phenomena(전달 현상)라는 단어를 가져오면서 마이크로 스케일, 즉 세포 단위에서 연구를 해야 하는 이유를 자연스럽게 설명하고 있습니다. 전달 현상이 생체 시스템의 메커니즘이고, 세포가 가장 기본 단위라고 했으니 그 세포의 전달 현상을 연구해야 한다는 것은 매우 자연스러운 논리 흐름입니다.

개선점 2: '단계별 Conversion'이라는 단어도 등장하면서, 본인의 연구가 '기반 기술'이라는 큰 그림에서 어디쯤 있는지에 대한 이해도를 보여주고 있습니다. 세포들이 이동할 때 주변으로부터 에너지나 열을 전달받아 최종 움직임으로 전환되기까지 여러 단계가 있다는 뜻이기 때문입니다. 개선점 두 가지를 통해서, 기존에 문제가 되었던 논리적 전개 약점은 상당 부분 제거되었습니다.

문제점 1: 여전히 비전과 그에 따른 미션이 없습니다. Transport Phenomena 연구에 대한 설명은 자연스럽지만 이 연구를 왜 해야 하는지에 대한 설명이 없습니다. 왜 그럴까요? 아마 이제 여러분도 대답하실 수 있을 것 같습니다. 바로 '해결하고픈 문제'를 정확히 정의하지 못하고 있기 때문입니다. 원칙적으로는 스토리 아웃라인을 완성한 후, 그다음 서류 작성들을 준비하는 것이 가장 효율적입니다. 그렇지만 이 지원자의 원서 접수 타임라인을 고려하여, 스토리 아웃라인에 대한 피드백은 5차까지 하기로 하고, SOP를 작성하면서 비전과 미션을 작성하는 것으로 결정하였습니다. 다음 챕터에서 다룰 SOP 작성 사례에서, 이 지원자의 비전과 미션, 즉 연구 목표를 어떻게 설정하는지를 계속 주시하시기 바랍니다.

이 사례에서 배울 수 있는 유의사항들

지금까지 스토리 아웃라인의 피드백이 이어지는 것을 보며 어떤 생각을 하셨나요? 비전과 미션을 설정하는 것이 아주 어렵다는 것을 아셨다면 잘 이해하신 겁니다. 만약 여러분이 연구 경험이 있는데 이러한 비전과 미션 없이 실험에만 열심이었다면, 뒤늦게 이것을 만들어내기는 더 어려울 것입니다. 이미 만들어진 연구 결과물에 맞춰 비전과 미션을 욱여넣어야 하기 때문입니다. 내가 연구를 '왜' 하는지에 대한 꼬리를 무는 질문을 스스로 해본 적이 없다면, 내 연구 결과물들을 어떻게든 SOP 등에 언급하기 위해 연구 성과물의 디테일을 설명하는 데만 집중하게 됩니다. 이 사례의 지원자가 그러했듯이 말이지요. 스토리라인 없이, CV에 있는 내용을 오로지 문장으로 옮긴 것 같은 SOP나 컨택 메일을 작성하게 된다면 매력적인 Self-Motivated Researcher에서 점점 멀어지게 됩니다.

역설적으로, 차라리 연구 성과물이 없는 편이 스토리라인을 짜기에 더 유리할 수도 있습니다. 왜냐하면 본인의 성과가 아무것도 없기 때문에 비전을 설정하는 데 생각의 한계, 제약이 없기 때문입니다. 이를 단순히 연구 성과가 없으면 스토리라인을 짜기에 더 쉽다던데? 라고 곧이곧대로 받아들이시진 않을 것이라 생각합니다. 스토리라인의 중요성을 강조하기 위해 역설적으로 표현한 말입니다. 그만큼 비전과 미션을 설정하는 데 공을 많이 들여야 합니다.

마지막으로 주의해야 할 점은, 스토리라인의 사용처입니다. 5장에서 언급했듯이, 스토리라인은 필요한 모든 필수 서류와 그 이후의 인터뷰 등에서 사용될 전략의 청사진입니다. 이렇게 공을 들여 만들어 놓은 스토리 아웃라인에 있는 내용으로 SOP와 커버레터를 작성해야만 합니다. 우리가 힘들게 스토리 아웃라인을 작성한 본래 목표를 잊지 마시기 바랍니다.

SOP 사례
분석

SOP 사례 분석으로 들어가기 전, 지금까지 이야기했던 내용을 잠깐 복습해 봅시다.

유학 준비를 하기 전 가장 먼저 선행되어야 할 질문 두 가지가 기억나시나요? 그렇습니다. 바로 '왜 미국인가', '왜 석박사인가'였었죠. 미국 석박사는 진학이 아닌 '채용'의 관점이라고 했던 것도 기억나신다면 아주 훌륭합니다. 그래서 지금 우리가 '인사 담당자'들을 설득할 수 있는 스토리라인을 짜고 있는 것입니다. 당신이 찾고 있는 인재, 'Self-Motivated Researcher'가 바로 나라는 것을 보여 주려고 말이에요. 그러려면 내가 가지고 있는 연구 잠재력을 모아서 내 비전과 미션에 얼라인되도록 정리하고 SOP, PS, CV 등 각 서류의 목적에 맞게끔 배치해야 한다고 했습니다. 스토리라인을 짜는 이유는 첫째, 각 서류의 항목이 상충되지 않고 서로 보완하도록 하기 위한 전략이고 둘째, 어드미션 커미티가 나라는 연구자를 수월하게 판단할 수 있도록 도와주기 위함입니다. 내가 짠 스토리라인대로 모든 커미티를 설득할 순 없지만, 가능한 많은 수를 설득하는 것이 목표가 되겠습니다.

스토리라인에서 가장 중요한 것은 비전과 미션을 실징하는 깃이고, 앞선 사례 분석에서 비전이 있으면 문제 설정은 당연하다고 했지요. 아주 단순한 예시를 하나 들어보겠습니다. 예를 들어, 한 어떤 연구자의 비전은 세상 사람들이 치통 없이 행복한 삶을 영위하는 것입니다. 그렇다면 현 상황에서 문제점은 치통이겠죠. 전공에 따라 비전을 달성하기 위한 미션이 달라질 겁니다. 약학 전공이라면 통증 자체에 주목하여 통증을 줄일 수 있는 약물 개발에 집중할 수 있고, 공중보건 전공이라면 구강건강 예방사업이 미션이 될 수 있을 것입니다. 포인트는 문제를 제대로 정의하면 비전과 미션은 자연스럽게 따라온다는 것입니다. 만약 비전 설정이나 문제 정의 없이 스토리라인을 짠다면 논리적 흐름이 깨지고, 독자의 관심도 잃어버릴 수밖에 없습니다.

우리가 스토리라인을 짜면서 계속해서 떠올려야 하는 것은 논리적 흐름입니다. 내 비전과 미션이 잘 얼라인되어 스토리의 논리적 흐름이 자연스럽다면? 내가 한 연구의 일부분만 사용하는 것도 전략입니다. 내가 공들여 쓴 논문 중 몇 개를 무작정 빼라는 얘기가 아닙니다. 내 스토리라인과 얼라인될 수 있는 내용만 가져오라는 것이죠. 그 양이 전체 논문의 10% 수준이라도 말이죠. 아무리 연구 내용이 많더라도, 스토리라인으로 이어지지 않는다면 Self-Motivated Researcher로 보이지 않을 테니까요. 지금까지 복습한 내용을 떠올리면서 다음 세 문장도 함께 기억해주세요. SOP 사례 분석에서도 반복될 질문입니다.

이 연구를 왜 하는가?

문제점은 무엇이고, 그게 왜 문제인가?

그 문제를 해결하면 왜 좋은가?

이어지는 SOP 사례 분석에서 김박사넷 유학교육 선생님의 피드백을 읽기 전, 내 연구와 함께 이 질문들을 떠올려 보세요. 이 질문들에 이어지는 꼬리 질문을 통해 지원자의 글들을 비판적으로 분석할 수 있다면 더욱 바람직합니다. 이 책을 통해 김박사넷 유학교육이 전달하려는 미국 석박사 유학의 핵심에 가까워졌다는 신호이니까요.

첫 도전 때의 SOP와 재수 SOP의 비교

첫 도전 때의 SOP

의생명공학과를 시작할 때 국립암센터에서 일하고 싶다는 막연한 희망이 있었습니다. 나는 지인들이 암과 싸우는 것을 보면서 암이 얼마나 치명적이면서도 흔한지, 그리고 암에 대한 오랜 연구에도 불구하고 엄청나게 다양한 질병의 성질이 우리에게 아직 많은 미해결된 질문을 남겼는지에 놀랐습니다. 의생명공학 분야에 대해 계속 공부하다 보니 암 전이, 약물 전달 시스템 등에 대한 다양한 연구의 범위가 넓어지는 것에 영감을 받았습니다. 암 치료를 위해 세포 현상을 연구하려는 나의 열망은 점점 더 강해졌습니다.

학부 연구는 제 학업 경력의 전환점이었습니다. 학부 과정의 첫 2년 동안 저는 믿을 수 없을 정도로 광대한 생물 의학 공학 분야에서 길을 잃은 느낌이었습니다. 저는 방향이 없었습니다. 교수가 약물 전달 시스템을 개발하는 연구 프로젝트에 학생을 모집하고 있다는 사실을 알기 전까지는요. 암 치료에 대한 관심과 일맥상통하는 프로젝트에 참여하게 되었습니다. 지도 교수님과의 토론, 케이스 계산, 결과 분석을 꾸준히 해오면서 실질적인 성과(첫 번째 논문 포함)와 업무에 대한 이해도가 높아져 보람을 느꼈습니다. 이 연구를 수행한 경험은 연구자가 되기 위한 목표에 집중하는 데 도움이 되었습니다. 역학의 실용성에 감탄하면서 유체에서 입자 역학을 공부하면서 나의 관심은 더욱 명확해졌습니다. 이 감탄에 동기를 부여하고 광범위한 분야에서 전문 지식을 전문화하기를 희망하면서 저는 XX 공학을 추가로 전공했습니다.

재수 SOP

학부연구생으로서 약물전달시스템 개발을 위한 연구를 진행하며 깨달은 점은 다음과 같다; 약물 전달이라는 single application을 목표로 "particle transport process"에 focusing하던 내 관점을, "cell transport process" 이해로 확장해야 한다는 것이다. 그렇게 할 수 있다면, immune or metastatic cascade에 대한 이해부터 치료와 진단방법 개발에 이르기까지 multiple application의 발전 기반을 만들 수 있는 'fundamental understanding, based on 세포의 critical function'을 확보할 수 있다고 믿는다. 궁극적으로, 나는 내 연구를 통해 난치성 세포 질환들에 대한 해결이 보편화 되는 세상을 만드는 데 기여하고자 한다.

cell transport 전체 process from cellular to molecular level 이해라는 큰 목표를 달성하기 위해, 나의 연구는 기초적인 transport in multi-step의 이해도를 높이는데 우선 집중해왔다. 두 핵심 키워드로 요약을 해보면, 1. 단일 세포 스케일에서의 2. passive/active element을 고려하여 세포의 transport dynamics를 연구하였다. 특히, cell dynamics에 영향을 미칠 수 있는 여러 envrionmental 변수들을 분리해서 통제하기 위해 microfluidic system을 활용해 실험을 진행하였다. 최근에는, analysis on dynamics of cell 을 토대로, the role of mechanical interactions in transport coupling with chemical interaction를 알아내려고 노력 중이다.

첫 도전 때의 SOP는 영문으로 작성된 내용을 국문으로 번역한 것입니다. 첫 도전 때와 두 번째 도전 때 사용된 SOP의 서론인 첫 두 문단만 가져왔는데, 다른 점이 느껴지시나요? 어떤 글이 훨씬 좋은 글인지는 그 결과가 확실히 얘기해 주고 있습니다. 첫 도전에서는 탈락했고,

두 번째 도전에서는 합격했기 때문이죠. 아웃라인에서부터 시작된 변경된 서류 총 A4 6장 중, CV에 바뀐 스펙은 없습니다. 그럼 나머지 4장인 SOP 또는 PS의 영향이 더 결정적일 텐데, 일반적으로 SOP의 중요성이 PS보다 더 크므로 SOP가 합격과 불합격을 가르는 시작일 가능성이 제일 높습니다. 그렇다면 그 글이 나온 이유에 대해서도 설명할 수 있어야 합니다. 첫 도전 SOP를 찬찬히 분석해보겠습니다.

첫 도전 때의 SOP와 그 문제점

아래는 5장에서 이야기했던 좋은 SOP와 나쁜 SOP 구조에 따라 초시 SOP를 평가해본 것입니다. 먼저 좋은 SOP의 구조에는 얼마나 일치하는지 보겠습니다.

좋은 SOP의 구조

좋은 SOP	문단 위치
서론	
비전과 미션 언급; 내 연구의 잠재 파급력이 어느 정도인지	없음
나는 지금 미션 달성을 위해 어디쯤 와있는지	없음
비전과 미션 설정의 계기&동기 언급 가능	없음
본론	
서브미션들을 달성하기 위해 무슨 연구(일)를 했는지	없음
성취한 중간 결과물이 있다면 내 비전과 미션 달성에 어떤 의의가 있는지	없음
성취의 의의에도 불구하고 어떤 부족한 점이 있는지	없음

결론	
부족한 점을 해결하기 위한 계획은 무엇인지	없음
어느 연구실이 계획에 적합한지	없음
학위 이후 계획은 무엇인지	없음

좋은 SOP에서 언급되어야 할 비전과 미션을 비롯한 내용이 전혀 보이지 않습니다. 하나 정도는 있을 법도 한데 그렇지 않은 이유는 놀랍게도(?), 첫 도전 때의 SOP가 김박사넷 유학교육 프로그램에서 이야기하는 스토리라인 없이 쓰여졌기 때문입니다. 비전과 미션을 설정하지 않고, 말 그대로 '미국 대학원에 진학하려는 이유'에 대해 한국식으로 작성한 것입니다. 자신의 연구에 대해 설명은 하지만 구체적인 예시나 전문 키워드도 없고, 연구적 가치에 대해서도 이야기하지 못했죠. 결론 부분에서도 이 학교가 좋아서 진학한다는 통상적인 이유만 언급할 뿐, 어느 연구실이 내 연구 계획에 적합한지에 대한 내용도 없습니다. 그렇다면 나쁜 SOP의 구조와는 얼마나 일치할까요?

나쁜 SOP의 구조

좋은 SOP	문단 위치
서론	
교수/연구원이 꿈이다	첫 번째 문단
Research asset과 상관없는 비전과 미션 언급	첫 번째 문단
본론	
해왔던 일을 시간 순서대로 작성	2, 9번째 문단
출판물 개수와 저널 등을 강조	없음
연구/실험과정의 디테일에 대한 설명	없음

지원학과의 교수 중 1명 정도만 알아들을 기술적 내용	없음
부족한 점 없이 완벽한 성취물이라는 내용	없음
결론	
서론에서 언급되지 않은, 관련성 낮은 내용의 언급	9, 10번째 문단

나쁜 SOP의 구조에는 네 가지나 해당하네요. 먼저 서론에서는 비전 대신 교수/연구원이 꿈이며, 자신의 연구적 Asset과는 무관한 꿈에 대해 언급을 했습니다. 미션을 위한 서브미션을 설정하고 수행한 것이 아니라, 단순히 자신이 해온 일을 시간 순서로 나열했습니다. 서론에서 나오지 않은 내용이니 결론에서도 비전과 미션이 언급되지 않았습니다. 여기서는 공개된 첫 두 문단의 문제점을 살펴보겠습니다.

첫 도전 때의 SOP

의생명공학과를 시작할 때 국립암센터에서 일하고 싶다는 막연한 희망이 있었습니다. 나는 지인들이 암과 싸우는 것을 보면서 암이 얼마나 치명적이면서도 흔한지, 그리고 암에 대한 오랜 연구에도 불구하고 엄청나게 다양한 질병의 성질이 우리에게 아직 많은 미해결된 질문을 남겼는지에 놀랐습니다. 의생명공학 분야에 대해 계속 공부하다 보니 암 전이, 약물 전달 시스템 등에 대한 다양한 연구의 범위가 넓어지는 것에 영감을 받았습니다. 암 치료를 위해 세포 현상을 연구하려는 나의 열망은 점점 더 강해졌습니다.

학부 연구는 제 학업 경력의 전환점이었습니다. 학부 과정의 첫 2년 동안 저는 믿을 수 없을 정도로 광대한 생물 의학 공학 분야에서 길을 잃은 느낌이었습니다. 저는 방향이 없었습니다. 교수가 약물 전달 시스템을 개발하는 연구 프로젝트에 학생을 모집하고 있다는 사실을 알기 전까지는요. 암 치료에 대한 관심과 일맥상통하는 프로젝트에 참여하게 되었습니다. 지도 교수님과의 토론, 케이스 계산, 결과 분석을 꾸준히 해오면서 실질적인 성과(첫 번째 논문 포함)와 업무에 대한 이해도가 높아져 보람을 느꼈습니다. 이 연구를 수행한 경험은 연구자가 되기 위한 목표에 집중하는 데 도움이 되었습니다. 역학의 실용성에 감탄하면서 유체에서 입자 역학을 공부하면서 나의 관심은 더욱 명확해졌습니다. 이 감탄에 동기를 부여하고 광범위한 분야에서 전문 지식을 전문화하기를 희망하면서 저는 XX 공학을 추가로 전공했습니다.

먼저 이 SOP를 살펴보기 전에 읽은 소감을 묻고 싶습니다. 어떤 인상을 받으셨나요? 여러분이 느끼신 점과 김박사넷 유학교육의 피드백이 크게 다르지 않다면, 이 책을 읽으며 이미 여러분이 발전하고 있다는 신호입니다.

문제점 1: 서론 첫 문장에서부터 이미 모티베이션 부족을 보여 주고 있습니다. 국립암센터에서 근무하는 것을 희망한 것이 사실이라 하더라도, SOP에 담기엔 부적절한 내용입니다. 적어도 첫 문장에는 등장하지 말아야 합니다. 대학교 교수 임용에 지원하면서 사실 막연히 UN같은 국제기구에 가고 싶었다는 문장으로 시작하는 것과 같습니다. 만약 지원자의 비전과 미션이 제대로 확립되었다면 이런 문장은 나오지 않았겠죠. 이어지는 문장들을 보면 왜 '국립암센터'에서 시작했는지를 알 수 있습니다. 지원자가 연구한 세포 연구를 설명하기 위해서 시간을 역순으로 거슬러 올라간 것입니다. 지인들이 암과 싸우는 것을 보며 암 질병에 대한 관심사를 키웠다는 내용이니까요. 이 글이 SOP라는 정보를 모르는 사람에게 이 글의 첫 문단만 읽혀보면, 국립암센터에 지원하는 자기소개서라고 생각할 가능성이 높습니다.

만일 암 질병에 대해 연구하고 치료법을 개발하는 것을 비전이라고 너그럽게 인정한다 해도, 왜 세포 연구여야 하는 걸까요? 지난 스토리 아웃라인 사례에서 살펴봤던 내용과 동일한 문제가 발생합니다. 적어도 암 치료 개발이라는 목표 달성에는 의사나 약사, 제약회사 관련 전공자가 세포 단위의 기초 연구를 진행한 지원자의 연구보다는 훨씬 도움이 될 겁니다. 비전과 미션이 얼라인되지 않는 거지요. 이어지는 문단에서도 모티베이션이 실종된 모습을 볼 수 있습니다. '내가 진정으로 연구를 하고 싶은 동기'에서 연구를 시작한 것이 아니라, '우연성'에 기대어 연구를 접했다는 내용이 등장합니다. 우연히 지도 교수 연구실에 합류하여 우연히 암 치료에 대한 연구 프로젝트에 참여하게 된 것이죠. 연구 내용에 대해서는 이야기하지 않고, 단순히 연구 수행을 했다고만 적혀 있으니 그냥 시키는 것만 잘 했던 수동적인 연구자로 보입니다. 모두 비전이 없기 때문에 벌어진 결과입니다.

문제점 2: 논리적 연결점이 보이지 않습니다. 첫 시작은 국립암센터에 대한 이야기였는데, 암 치료 연구와 약물 전달 시스템에 대해 이야기하다 마지막 문장에서는 XX 공학을 추가로 전공했다고 합니다. 왜 갑자기 논리의 퀀텀 점프가 일어난 걸까요? 자신이 해온 일을 단순히 시간 순으로 나열했기 때문입니다. 시간 순서에 따르면 내 연구가 이런 식으로 진행되었다고 하더라도 적어도 논리적으로 연결해보려는 노력이 필요합니다. 여기까지 읽으면 지원자가 어떤 프로그램 박사 과정에 지원했는지조차 모르겠다는 생각이 드는군요. 또한 XX 공학을 추가로 전공한 이유도 어떤 필요성보다는 '역학의 실용성에 감탄했다' 정도로 설명되는 자연현상에 대한 호기심에서 출발했다고 느껴집니다. 또한 광범위한 분야에서 전문지식을 전문화하기를 희망했다는 내용은 앞뒤가 맞지 않는 말이지요. 이 글을 보고 어드미션 커미티가 나라는 연구자에게 5년간 5억을 투자하고 싶다는 생각이 들까요? 이 스토리라인으로는 내가 Self-Motivated Researcher라는 것을 전혀 알 수 없는데 말입니다.

잠깐! 영문 SOP가 문제일까요?

혹시라도 번역된 국문 SOP에서는 확인할 수 없는, 영문 SOP에서 문제가 있었을 거라고 생각하시는 분도 계실지 모르겠네요. 실제 이 지원자가 첫 도전 때 제출했던 영문 SOP를 살펴보면, 영문법에 오류 없이 잘 썼습니다. 그런데도 탈락했습니다. 영어가 문제가 아니라, 논리적 구조가 문제이기 때문입니다. 가끔 영문 SOP를 원어민에게 교정을 맡기면 내가 쓴 글을 보완해서 멋진 글을 만들어줄 것이라 생각하시는 경우가 있는데 매우 잘못되었고, 또 위험한 생각입니다. 물론 번역가의 능력에 따라 번역의 질이 달라지기도 하지만, 애초에 여러분이 한 연구가 어떤 연구인지, 그 논리적 구조 확인을 목표로 하는 것은 번역&교정가의 주된 역량이 아니기 때문입니다. 그렇기 때문에 국문 SOP의 내용이 중요하다고 강조하고, 국문으로 작성할 수 있는 스토리 아웃라인부터 작성하게 하고, 또 국문으로 SOP를 작성해 보라고 하는 것입니다. 국문 SOP에서 무슨 이야기를 하고 있는지 이해할 수 없다면, 영문 SOP에서도 똑같은 문제가 발생합니다. 원어민 교정도 영문 표현의 어색한 점, 문법 오류를 교정하는 정도에 그칠 뿐, SOP의 내용을 고쳐줄 수는 없습니다. 여러분이 어떤 사람인지, 어떤 연구를 했는지도 모르기 때문에 글의 방향성이 오히려 틀어질 수 있으므로 애초에 논외의 영역으로 보시면 됩니다. 앞장에서 이야기했던 멘토의 조건 기억나시나요? 가장 이상적인 멘토는 대학원생이나 연구원 선발 과정에 대해서 깊이 고민한 경험이 있는 PI(Principal Investigator)급 연구원이라고 했었죠. 애초에 그 정도 레벨이 아니면 SOP에 대한 제대로 된 피드백을 얻는 것에는 한계가 있습니다. 실전 사례에서 보듯이, 단기간에 피드백을 받고 좋은 글을 쓰는 것에는 그만큼의 시간과 노력이 수반되어야 합니다. 언어는 수단일 뿐이고, 중요한 것은 해당 언어로 전달하려는 내용이라는 점 잊지 마세요.

1차 피드백 후 SOP와 그 문제점

스토리 아웃라인 마지막 피드백이 기억나시나요? 시간상 더 이상 아웃라인을 잡고 있을 수 없어 일단 SOP를 작성하면서 비전을 추가하기로 했었지요. 아래는 마지막으로 쓴 스토리 아웃라인의 서론과, 그 후 작성한 SOP의 서론 부분입니다.

Transport Phenomena(Mass, Momentum, Heat 전달 현상)은 System 간의 지속적인 Interaction을 할 수 있도록 하는 모든 Living System이 작동하게 되는 가장 근본적인 원인 메커니즘이라 할 수 있다. Indivisible Unit of Life가 세포인 것을 고려했을 때, 마이크로 스케일에서 Single System이 Surrounding Environmental System과의 Interaction에 대한 분석이 가장 기초적인 Living System을 이해하는 단계일 것이다. 마이크로 스케일에서 Single System이 Surrounding으로부터 Mass, Energy, Momentum을 전달받아 시스템의 Motion으로 최종 전환되기까지의 단계별 Conversion들을 밝히며, 가장 근본적인 Living System의 작동 원리들을 정량적, 물리적으로 이해할 수 있는 기반지식을 닦는 데 기여하고자 한다.

Cell mechanics에 대한 연구로 앞으로의 의학 발전에 기여하고자 한다. 처음 발생한 defection이 세포 수준에서 점점 발달되며 병이 악화되기 때문에, different structure and behavior of cell in disease development에 대한 연구가 앞으로의 더 나은 치료와 진단을 위한 기반이 될 것이다. 기존의 생화학적인 방법들에 더해 세포의 역학적인 특성 파악은 세포의 the identity and internal state를 이해하기에 효율적(simple, non-invasive, integrative)이다. 세포의 역학적 특성으로 single cell의 운동 패턴을 분석하여 Cell의 different intrinsic structure에서 기인하는 특징적인 운동패턴들을 찾아내어 궁극적으로는 의학 기술 발전에 이바지하고자 한다.

세포로 직접 실험하기 앞서 시뮬레이션을 통해 유체 내에 부유한 입자의 운동이 입자의 역학적 특징 중 하나인 shape 따라 운동패턴이 달라지는지 확인하였다. 입자의 모양에 따라 입자와 주변 유동간에 Force interaction이 달라지며, 그에 따라 입자의 운동이 달라지는 것을 확인할 수 있었다. 이를 통해 세포의 구조적 특징이 부유한 세포의 운동 변화로 나타날 수도 있을 것이라는 예상을 할 수 있었지만, 실제 세포의 탄성과 분자적 구조를 고려한 해석까지 이루어지지는 못하였다.

문제점 1: 첫 문단에서부터 처음 보는 내용이 등장합니다. 지금껏 작성했던 스토리 아웃라인에서는 볼 수 없었던 내용입니다. 바로 '처음 발생한 defection이 세포 수준에서 점점 발달되며 병이 악화되기 때문에, different structure and behavior of cell in disease development에 대한 연구가 앞으로의 더 나은 치료와 진단을 위한 기반이 될 것이다.'입니다. 5차 피드백 후 작성했던 아웃라인에 있던 Transport Phenomena, Single System 등 지원자 연구 분야 키워드가 다 사라졌습니다. 벌써 스토리 아웃라인을 몇 번이나 고쳤는데 동일한 문제가 발생하고 있죠. 지난 스토리 아웃라인 피드백을 기반으로 좀 더 심화시켜야 하는데 계속 내용이 바뀌는 이유는 지원자 스스로도 아웃라인을 어떻게 써야 한다는 확신을 얻지 못했기 때문입니다. 쉽게 얘기하면, 아직 비전을 가슴이 아닌 머리로만 이해하고 있을 뿐인 것입니다. 논리적 연결성을 드러낼 키워드를 찾아내고, 어떻게 하면 서로 자연스럽게 이을지 고민할 필요가 있습니다.

문제점 2: 첫 번째 문단이 이상하니 당연히 이어지는 문단도 문제가 됩니다. 세포의 운동패턴이 달라지는지를 왜 확인했는지 이 글을 읽는 사람은 이유를 모릅니다. 여기에 대한 배경이 첫 번째 문단에서 충분히 설명되었어야 했는데 그렇지 못했기 때문입니다. SOP 사례 분석을 들어가기 전에 말씀드렸던 세 문장, 기억하시나요?

이 연구를 왜 하는가?

문제점은 무엇이고, 그게 왜 문제인가?

그 문제를 해결하면 왜 좋은가?

이 연구를 왜 하는지 문제적 상황을 제시하면 연구를 해야 하는 이유가 나오는 것이 자연스럽습니다. 이 과정을 생략하고 바로 연구를 어떻게 진행했는지 설명하는 것은 CV에 개조식으로 작성한 내용을 SOP에 줄글로 풀어 쓰는 것이나 마찬가지입니다. SOP, PS, CV와 같은 서류들은 서로 유기적으로 연결되어 지원자의 스토리라인을 서포트하는 역할을 해야 한다고 했었죠? CV와 SOP는 작성하는 목적이 다릅니다. CV에 A 연구를 했다고 썼다면, SOP에는 이 연구를 하는 이유에 대해 써야 합니다. 지금 SOP에는 세포의 운동패턴이 달라지면 무엇이 문제가 될 거라고 생각해서 확인을 했는지에 대한 내용이 없죠. 결국 이 연구를 하는 이유(Why)를 제시하지 않고 실험 내용에 대한 설명(How)만 하고 있는, 이전과 동일한 문제점이 드러나고 있습니다.

1차 피드백 결과, 이 SOP는 폐기하고 마지막 아웃라인을 기초로 모티베이션을 추가하여 작성하기로 했습니다. 아마 이 책을 읽는 여러분은 답답함을 느끼실 것 같기도 합니다. 왜 자꾸 동일한 문제점이 발생하고, 개선되지 못하는 걸까요? 당연합니다. 20~30년간 살아오면서 만들어진 사고 체계를 짧은 시간 내에 바꾸는 것은 우리가 생각하는 것보다 훨씬 어려운 일이기 때문입니다. 생각과 관점은 우리의 근간을 이루는 것이니까요. 우리가 비전과 모티베이션을 가지고 미션 수행을 위해 살아왔다면 이런 힘든 과정을 거치지 않아도 됩니다. 하지만 우리 중 얼마나 많은 사람이 이렇게 살아왔을까요? 저도 20대를 그렇게 보내지 않았으며, 대부분의 사람들이 비슷할 것입니다. 지원자도 마찬가지입니다. 하지만 스스로 바뀌려는 의지가 강력했기 때문에 김박사넷 유학교육 선생님들 또한 최대한 비판적으로 지원자의 글을 분석하고 피드백을 주었습니다. 보다 부드러운 표현으로 피드백을 줄 수도 있겠지만 이건 절대로 효과적인 방법이 아닙니다. 우리의 목적은 명확합니다. 사고체계를 논리적으로 전환시키는 것입니다. 중요한 것은 실전 사례의 지원자가 김박사넷 유학교육 프로그램을 충실히 따라와주었고, 끊임없이 노력하여 결국 원하던 학교뿐만 아니라 여러 대학교에 합격하여 더 많은 선택지 사이에서 행복한 고민을 하고 있다는 것이죠. 여러분도 할 수 있습니다. 김박사넷 유학교육이 지원자의 실전 사례를 가감없이 공개하며 분석하고 있는 이유이기도 합니다.

아웃라인에 맞춰서 SOP를 써야 하는 이유

우리가 스토리 아웃라인을 쓰는 데 이렇게나 공을 들이는 이유는 이 아웃라인을 기초로 SOP도 쓰고, 커버레터도 작성하고 나아가 인터뷰도 할 것이기 때문입니다. 스토리 아웃라인대로 모든 서류를 구성하고, 이후의 프로세스에서도 본인을 어필할 청사진으로 사용하는 것이 김박사넷 유학교육 프로그램의 합격전략 핵심입니다. 그렇기 때문에 아웃라인에 없다면 아무리 좋은 내용이 있어도 쓰면 안 됩니다. 애초에 그 좋은 내용을 뺀 이유가 내가 Self-Motivated된 연구자라고 설득하는 스토리의 논리적 흐름을 해치기 때문이니까요. 그렇기 때문에 이렇게나 많은 시간과 노력을 들여 스토리라인을 쓰고 있는 것입니다.

앞장에서 예시로 다뤘던 스토리라인 기억나시나요? 같은 사람인데 스토리 아웃라인에 따라 이렇게나 달라 보일 수 있습니다.

A 제 꿈은 인간의 뇌와 컴퓨터를 연결시킨 사이보그를 만들어 인간의 한계를 뛰어넘는 것입니다. 전기공학 제어를 기반으로 BCI 시스템을 만들려 했지만, 뇌 세포 신호를 추출하는 과정에서 실패했습니다. 석사 과정 동안 제어기술 기반 쥐의 뇌-소자 실험을 진행하여 뇌세포 기록을 성공적으로 추출했지만, 이 정보로 명령을 내리기 위해서는 뇌의 동작원리를 이해할 필요성이 있었습니다. 하버드대학교의 XXX 교수님 연구실에서 이 비밀을 밝히는 데 기여하고 싶습니다.

B 제 꿈은 교수가 되는 것입니다. 학부 때 전기공학을 전공하여 최우등 졸업을 했습니다. 뇌과학에 관심이 가지게 된 이후 뇌과학과 석사 과정에 진학했습니다. 석사 과정 동안 네이처 자매지 1저자 논문을 1편을 출판했고, 리비전을 진행중인 1저자 논문도 1편이 있습니다. 박사 과정 동안은 하버드대학교의 XXX교수님 연구실에서 더 좋은 논문을 많이 쓰는 것이 목표입니다. 저를 뽑아주신다면 밤을 새서라도 결과를 만들고, 또 연구실 동료들과 사이좋게 지내겠습니다.

스토리라인이 중요한 이유는 결국 '채용'을 결정할 어드미션 커미티가 지원 서류들을 통해 판단하려고 하는 것이기 때문입니다. 커미티는 지원 서류에서 지원자가 어떤 연구자인지 알고 싶어합니다. 과거 어떤 길을 걸어왔고, 현재 어떤 길을 걷고 있고, 앞으로는 그 길에서 무엇을 달성하고 싶은지 말입니다. 바로 지원자의 모티베이션이며, 모티베이션이 구체화된 비전, 미션입니다. 스토리라인을 만드는 이유는 결국 모든 서류에서 동일한 이야기를 하기 위해 얼라인을 맞추기 위해서입니

다. 예를 들어 SOP에서는 기초과학 연구에 관심이 많다고 썼는데, CV에는 기술 응용이 목적인 특허 실적이 많다면, 해당 지원자의 모티베이션에 대한 의구심이 들겠죠. 그런 지원자의 서류는 Integrity에서 낮은 평가를 받게 될 것입니다.

실제 커미티가 서류 검토에 들이는 시간은 길지 않습니다. 이는 바꿔 말하면 스토리 아웃라인을 잘 준비하면 내가 제시한 스토리대로 커미티가 생각하도록 유도할 수 있다는 뜻입니다. 그리고 그 스토리라인의 중심에는 내가 연구자로서 가진 비전과 미션, 그리고 계속해서 연구를 하게끔 하는 모티베이션이 있습니다. 지원하는 프로그램에 맞게끔 아웃라인은 조금씩 수정할 수 있지만, 그 중심이 되는 키워드들은 흔들리면 안 됩니다. 어차피 학교마다 SOP를 바꿔 쓸 테니 스토리 아웃라인은 적당히 작성해야겠다는 그런 단순한 생각으로 쓰지 마세요. 왜냐하면 그런 생각이 글에 반영되기 때문입니다. 다시 한번 강조하지만, 스토리 아웃라인을 만든 다음 거기에 맞춰서 글을 써야지, SOP를 작성하면서 새로운 내용을 들고 와 추가하는 건 금물입니다.

2차 피드백 후 SOP와 그 개선점&문제점

2차 피드백 후 SOP

생체역학 수업 중 세포 스케일에서 생체 시스템에 대한 역학적 이해를 처음 배운 날, 아직 이 스케일에서 생화학적인 요소적인 이해에 비해 상대적으로 역학적으로 밝혀지지 않은 현상들이 아직 많다는 것을 느꼈다. 세포 스케일에서 system과 끊임없는 surrounding 사이 상호작용을 고려하면 역학적인 이해는 반드시 필요하며, 생화학적 역학적으로 통합적인 탐구로 생체의 근본적인 기능부터 밝혀 나간다면 indivisible unit of life가 세포인 것을 고려했을 때, 전체 생체 processes를 step by step이해할 수 있을 것이라고 생각했다. 세포 수준에서의 생체 현상들에 대한 완전한 이해가 단순히 지식발전뿐만 아니라 더 나은 기반 기술들의 발전을 가져오며 앞으로의 의학에 큰 발전을 가져올 수 있을 것이라 genuinely생각했다.

학부 연구를 통해 약물전달시스템 개발에 관한 연구를 진행하며, 전체 processes에서 transport단계가 시작단계이자 다음 단계로의 방향을 결정짓는 중요한 단계라고 느꼈다. single system이 Surrounding과 interaction하여 transport가 어떻게 되는지에 따라 다음 단계의 function의 효율이 영향을 받고 최종적인 효과(결과?)가 달라질 수 있기 때문에. 마이크로/sub마이크로 스케일에서 기술들 -fabrication, imaging process, microscopy-의 발전으로 세포의 다이나믹 관찰/실험과 역학적인 이해가 가능 해지고 있다. 내 연구는 세포의 transport의 과정을 밝히기 위해 이런 기술들을 활용, 개발하여 microfluidic system 내의 마이크로 single system dynamics을 연구하고자 한다. 학부부터 지금까지 구체적으로는 세포 또는 cell-like particle의 벽면 근처에서의 transport 과정에 대하여 연구하였다.

2차 피드백 대상은 마지막 스토리 아웃라인을 중심으로, 개인적 경험을 동기로 추가하여 작성한 SOP의 서론입니다.

문제점 1: 첫 문장이 문제입니다. 물론 어떤 분들은 이 문장이 문제없다고 생각하실 수도 있을 것 같습니다. 하지만 김박사넷 유학교육과 함께 이 문장이 왜 문제인지 명확하게 짚어봅시다. 첫 문장은 모티베이션이라기 보다는 단순한 호기심에 가깝습니다. '생체역학 수업 중 세포 스케일에서 생체 시스템에 대한 역학적 이해를 처음 배운 날'이라고 했는데, 이날의 경험이 강렬할 수는 있겠지만 향후 30년 이상, 어쩌면 평생을 좌우할 만한 비전이라고 할 수 있을까요? 만약 누가 그렇다고 이야기한다면 공감할 수 있을까요? 몇 달 간 공부한 내용도 아니고 처음 배우는 날인데요.

자연 현상에 대한 단순한 흥미나 호기심과 모티베이션을 구별해야 한다는 이야기는 스토리 아웃라인 첫 피드백에서도 이야기했던 내용입니다. 단순한 호기심으로 시작하는 글의 구성은 마침 저렇게 생각하는 독자를 운 좋게 만나야만 유효합니다. 실제로 내가 이렇게 느끼고 있다고 하더라도 이 글을 읽는 사람도 그 생각에 동의할까요? 자연 현상 등에 대한 단순한 흥미와 '진정으로 이 연구를 하고 싶은 모티베이션'은 반드시 구별되어야 합니다. 그렇게 해야 하는 이유는 간단합니다. 취미 활동에 5년 동안 5억이라는 투자를 할 사람은 없기 때문입니다. 나라는 연구자에게 투자하라고, 어드미션 커미티를 설득할 투자 제안서의 첫 문장을 취미 활동으로 시작해서는 안 되겠죠.

문제점 2: 첫 문단 두 번째 문장에 있는 '상호작용'에 해당하는 Terminology를 구체적으로 작성해야 합니다. 단순한 'Interaction'이 아니라, 지난 스토리 아웃라인에서 이야기했던 Transport Phenomena의 Mass, Momentum, Heat이라는 관점에서 정의하는 용어가 필요합니다. 애초에 첫 문단에서 연구 핵심 키워드인 Transport Phenomena가 나와야지요.

문제점 3: 두 번째 문단 첫 문장에서 말하는 'Process'의 정의가 필요합니다. 예를 들어 이 문장에서 가리키는 전체 Process가 A부터 Z까지라면, Transport는 B부터 D 단계에서 이루어질 수도 있고, F에서 X까지 이루어질 수도 있겠죠. 이렇게 Process를 정확하게 알려주어야 이 글을 읽는 사람이 지원자가 전체 연구 레벨에서 어느 단계까지 진행했다는 것을 짐작할 수 있습니다. 이를 위해서는 첫 문단의 '전체 생체 Processes'에서 미리 정의해주는 것이 필요합니다. 앞에서 '전체 생체 Process'라고 언급했기 때문에 두 번째 문단에서도 이 정도의 Terminology만 사용하고 있는 것입니다.

문제점 2와 3에서는 Terminology의 문제점에 대해서 언급하고 있는데, 이 Terminology를 정의하는 것이 무척이나 중요합니다. Terminology야말로 연구자의 프로페셔널함을 단적으로 보여줄 수 있기 때문입니다. 이는 섞어서 쓰던 용어들을 분류해서 카테고리로 나눈 뒤 다시 Hierarchy를 만들어야 하는 어려운 작업인 한편 무척이나 중요한데, 어떤 단어를 보고 상하 관계를 느낄 수 있다면, 그 연구의 레벨도 알 수 있기 때문입니다. 서로 다른 Terminology가 평등한 레벨에서 사용되고 있다면? 그 글을 이해할 수 없을 겁니다. 만약 Terminology가 섞여 있는 글을 긴 시간을 들여 읽는다면 모를까, 우리가 써야 하는 글은 다릅니다. 어드미션 커미티와 PI 교수님은 시간이 없을수록 첫 문장만 읽고 눈은 문단을 훑으면서 키워드를 확인하게 될 것이므로, 각 키워드가 눈에 잘 띄어야 하겠지요. 내 연구를 보여줄 수 있는 압축적인 키워드를 Hierarchy에 따라 정의하는 것이 선행되어야, 해당 키워드를 배치시켜 내가 어떤 연구를 했고, 그 연구를 어떻게 했는지를 보여줄 수 있겠죠. 달리 표현하면 어드미션 커미티가 우리 글을 읽을 속도까지 고려한 글을 써야 한다는 뜻이기도 합니다.

문제점 4: 마이너하긴 하지만, 언어학 전공이 아니라면 첫 문단 마지막 문장에서 'genuinely 생각했다'와 같이 형용사나 부사 같은 수식언에 힘 주지 마세요. 이런 결론은 이 글을 읽는 사람이 자연스럽게 떠올릴 만한 내용이지, 여러분이 이렇게 작성한다고 해서 읽는 사람이 곧이곧대로 그렇게 생각하지 않습니다. 그렇기 때문에 비전과 미션으로 이어지는 논리적 흐름에 대해 더 깊은 고민을 하라는 것입니다. 핵심이 없는데 수식어를 붙여 강조해봤자 의미가 없으니까요. 예를 들어, 삼성전자에 지원하는 자기소개서를 쓴다고 합시다. '저는 성실하고 똑똑하며 협동심이 깊고, 주변 사람들의 사소한 감정도 잘 챙기는 사람입니다.'라고 쓰면 면접관들이 그대로 받아들일 것 같으신가요? 구체적인 사례나 증빙 없이는 공허한 외침일 뿐입니다.

▼ ▽ ▼

개선점 1: 두 번째 문단 첫 문장을 자신의 연구 경험으로 시작하면서, 모티베이션으로 가는 발판을 마련했습니다. 첫 문단에서 이야기하는 호기심 같은 것이 아니라, 정말 연구를 진행했고 거기서 얻은 인사이트들이 연구를 진행하는 모티베이션으로 연결되기 때문입니다. 학부 연구 때 약물전달시스템 연구를 진행하면서 세포의 움직임을 관찰했는데, 궁극적으로 전체 세포의 움직임에 대해 연구하면(Cell-level에서의 Transport Phenomna) 좀 더 기반 기술적인 연구가 될 것 같다는 뜻이죠. 이 부분을 비전을 설명하는 근거로써 사용한다면, 자신의 연구 목적과 필요성에 대해 드러내 논리적으로 훨씬 신뢰할 수 있게 될 것입니다.

3차 피드백 후 SOP와 그 총체적 문제점

3차 피드백 후 SOP

Cancer와 같은 난치질환의 치료를 위해 (학부 연구를 하는 동안) 약물전달시스템 개발에 관한 연구를 진행하며, transport phenomena on cellular level을 이해하는 것은 약물전달 process뿐만 아니라 더 나아가 cell locomotion process의 critical functioning behavior이해를 위해 필요한 가장 초기 연구 단계라 생각했다. 내가 학부연구생부터 지금까지 집중해오고 있는 부분은 analysis on dynamics of cell and particle in microfluidic system이며, the role of mechanical variables in transport coupling with biochemical processes를 알아내려고 노력해왔다. In this statement, 내가 발견했던 성취들과 한계점들을 공유하는 것이 XXXX University PhD program에 진학해야 하는 이유를 설득할 수 있을 것이라 생각한다.

Stationary fluid에서 세포의 diffusion process에 determinant 변수를 찾기 위해, 먼저 확산의 기본 변수인 크기가 다른 두 세포간 diffusivity를 실험적으로 확인하였다. Diffusivity의 차이가 세포 각각의 크기를 고려한 입자 diffusion모델의 analytical solution을 따르는 것을 보았을 때, 크기가 전체 세포 diffusion process에 determinant한 변수인 것을 알 수 있었고 이를 the journal of XXXXX에 출판하였다. 더 짧은 시간 스케일에서도 관찰될 수도 있는 크기 외의 특성에서 기인할 수 있는 확산 현상을 확인하기 위해, 기존의 세포의 contour를 계산 방법을 modify tracking하는 방법을 개발하였고 the journal of XXXXX에 출판하였다. Stationary에서는 오직 크기만 중요했다.

문제점 1: 첫 문장 'Cancer와 같은 난치질환의 치료를 위해 (학부 연구를 하는 동안) 약물전달시스템 개발에 관한 연구를 진행하며, transport phenomena on cellular level을 이해하는 것은 약물전달 process뿐만 아니라 더 나아가 cell locomotion process의 critical functioning behavior이해를 위해 필요한 가장 초기 연구 단계라 생각했다'에서 방법론을 설명하며 미션의 일부분을 보여 주고는 있습니다. 그렇지만 가장 초기 연구 단계를 이해하는 데 있어 기대되는 효과들, 즉 비전이 불분명한 것은 여전합니다. 즉, '해결하고픈 문제'의 정의가 아직 부족하다는 방증입니다. 이는 문제점 2로 이어지고 있습니다.

문제점 2: 이어지는 두 번째 문장 '내가 학부연구생부터 지금까지 집중해오고 있는 부분은 analysis on dynamics of cell and particle in microfluidic system이며, the role of mechanical variables in transport coupling with biochemical processes를 알아내려고 노력해왔다'에서는 다시 시간의 흐름에 따른 본인의 연구 설명만 하고 있군요. '왜' 이 연구를 했는지에 대한 내용은 언급되지 않고 있습니다. '왜' 학부연구생부터 그 부분에 집중했는지, 그 프로세스를 알면 무엇이 좋은지에 대한 내용이 전혀 없습니다. 다시 처음으로 돌아가 내가 어떤 '문제'를 풀기 위해서 연구를 하는 사람인지를 정의하고, 문제를 풀기 위한 해결책으로써 어떤 연구/실험을 하는 것이 좋은지를 더욱 고민해야만 합니다.

3차 피드백 후 SOP의 총체적 문제점, 그리고 극약 처방: 지나친 간략화로 인해서 아웃라인에서 많이 벗어났습니다. 비전과 미션에 대한 언급이 없기 때문에 두 번째 문단에서 왜 저런 실험을 했고, 왜 이렇게 했는지에 대한 의문이 생깁니다. 따라서 Why에 대한 고민을 다시 하고, 전체 SOP가 아닌 첫 문단만 다시 쓰라는 처방을 내렸습니다. 이렇게 극약처방을 내린 이유는 간단합니다. 스토리 아웃라인에서부터 SOP 국문 초안까지 계속해서 동일한 문제가 발생하고 있으니까요. 비전의 부재, 연구를 하는 이유, 연구의 목적과 의의, Terminology 문제 등 모든 문제가 스토리라인에서부터 SOP 초안까지 나타나고 있습니다. 스토리라인을 넘어야 다음 단계인 SOP를 쓰고, SOP를 넘어야 인터뷰를 볼 수 있습니다. 이 부분이 흔들려버리면 나머지가 다같이 흔들리기 때문입니다. 글을 멋있게 쓰려고 하기보다는, 제대로 쓰려고 해야 합니다. 디테일을 어렵게 이야기하는 것은 누구나 할 수 있기 때문입니다. 내 연구를 핵심적인 단어로 간략하고 함축적으로 설명할 수 있어야 합니다.

4차 피드백 후 SOP와 그 개선점(깨달음)

3.5차 피드백 후 SOP

Cancer와 같은 난치질환의 치료를 위해 학부 연구를 하는 동안 약물전달시스템 개발에 관한 연구를 진행하며, transport phenomena on micro-sized particle을 이해하는 것은 약물전달 process 뿐만 아니라 더 나아가 cell locomotion process의 이해를 위한 연구라 생각했다. 세포의 critical function을 위한 중요한mechanism인 Cell locomotion을 이해한다면, immune or metastatic cascade 등의 cellular process 이해에 기반하여 의학기술이 크게 발전할 수 있을 것이라 생각한다.

이를 위해 내 연구 목표는 cell locomotion 전체 process from cellular to molecular level를 이해하는 것이다. 먼저 첫 번째 단계인 cellular level의 locomotion process in various states이해를 위해 microfluidic system에서 cell와 particle의 dynamics에 관한 분석을 연구해 오고 있으며, transport coupling with biochemical processes에서의 mechanical interactions의 역할을 알아내려고 노력해왔다.

4차 피드백 후 SOP

학부연구생으로서 약물전달시스템 개발을 위한 연구를 진행하며 깨달은 점은 다음과 같다; 약물 전달이라는 single application을 목표로 "particle transport process" 연구를 진행하는 것도 충분히 가치 있는 일이지만, 세포의 critical function의 중요한 메커니즘인 "cell locomotion process" 이해(라는 기초 이해)를 할 수 있다면, immune or metastatic cascade에 대한 이해부터 치료와 진단방법 개발에 이르기까지 광범위한 응용분야의 발전 기반을 만들 수 있다는 것이다. 궁극적으로, 나는 내 연구를 통해 난치성 세포 질환들에 대한 '발전한 의료서비스'화 되는 세상을 만드는 데 기여하고자 한다.

4차 피드백 후 SOP를 보면 알겠지만, 이 단계에서 지원자가 많이 성장하였습니다. 3차 피드백에서 글을 다시 작성하라는 극약처방을 받고 지원자와 여러 번 피드백을 주고 받았으며, 그 과정에서 지원자가 자신이 쓴 글을 비판적으로 리뷰하면서 깨달은 내용을 함께 보여드리겠습니다. 지원자가 리뷰한 글은 바로 직전에 주고받은 3.5차 피드백 후 SOP입니다. 마찬가지로 가능한 수정을 거치지 않은 솔직한 리뷰 그대로 실었습니다.

지원자의 리뷰

제 이전 글(3.5차 피드백 후 SOP)의 문제를 먼저 짚어보면, 구분되어야 할 키워드들이 한데 엉켜 있어 글을 읽기도 힘들고 이해도 안 되기 때문에 결국 설득력이 부족합니다. 따라서 새로 작성한 글(4차 피드백 후 SOP)의 첫 문장에서는 독자가 예상할 수 있도록 다음에 어떤 내용이 나올지 안내해 주었습니다. 그리고 이어지는 내용에 비전, 미션, 성과를 한 문장에 넣어 제 연구적 의의를 짚어주면서 독자를 설득하려 했습니다. 제 이전 글은 의의 설명이 비전에만 아주 살짝 있습니다.

비전, 미션, 성과 부분에서 차이를 정리해보겠습니다.

비전: 이전 글(3.5차 피드백 SOP) 마지막 문장의 종결어미가 "발전할 수 있을 것이라 생각한다."입니다. 하지만 새로 쓴 글(4차 피드백 후 SOP)에서는 제가 그렇게 생각하는 것에서 그치는 것이 아니라 그렇기 때문에 이 연구를 해서 그런 발전에 "기여하겠다"는 의미를 담았습니다.
이전 글에서는 단순히 의학기술 발전에서 그친데 반해 새로 쓴 글에서는 "보편적인 의료서비스화"가 이루어진 세상을 만듦이라는 구체적인 키워드를 제시하려고 했습니다. 사실 이 키워드는 프로그램 초반, 비전에 대해 생각하면서 떠올렸던 키워드입니다. 하지만 독자가 "보편적 의료서비스"가 감기처럼 쉽게 치료할 수 있다는 뜻처럼 받아들일 수도 있다는 생각이 들었습니다. 그보다 저는 "발전된 의료서비스"를 통해 현재 완전하지 않은 난치병 치료법을 더 발전시켜 완전한 치료를 제공한다 방향으로 가려 합니다.

미션: "cell locomotion 전체 process from cellular to molecular level 이해"

제 이전 글에서는 미션 내용을 "첫 번째 단계인 cellular level의 locomotion process in various states이해" 라고 써서 요소들이 섞여 있습니다. 갑자기 various states라는 언급이 나와 이해가 잘 안 됩니다. 그래서 새로 쓴 글에서는 제가 말하려던 요소들을 다 묶어 정의했습니다. cellular level + various state = basic building block처럼 의의가 이해되는 용어로 설명해야, 앞의 이야기와 연결이 되기 때문입니다.

다음으로는 연구를 왜 하는지(Why) 그리고 어떤 관점에서 연구를 진행했는지(How) 짚어주었습니다. 여기서는 핵심키워드를 뽑아내서 제 연구를 정의하였습니다. 제 이전 글에서는 microfluidic 시스템이 갑자기 튀어나온 느낌인데, 사실 쓸 당시에도 이 부분이 어색하다고 느꼈지만 Why에 대한 답을 하진 못했습니다. 새로 쓴 글에서는 "변수들을 분리해서 분석하기 위해", "변인통제가 용이한 환경 구축하며 실험" 이라는 의의를 답하려고 했습니다.

성과: "최근에는, 내가 쌓아왔던 analysis on dynamics를 토대로, the role of mechanical interactions in transport coupling with biochemical processes를 알아내려고 노력 중이다." 에서 제가 한 부분, 아직 못한 부분, 그래서 앞으로 제가 하려는 방향을 모두 짚어주었습니다. 제 이전 글에서는 "알아내려고 노력해왔다"는 표현이 있어 연구했다는 내용은 있습니다. 하지만 아직 연구를 통해 밝혀내지 못한 것이 있고, 그래서 진행중인 어떤 연구가 있으며 그래서 앞으로 어떤 연구를 할 것이고 하고 싶은지에 대한 내용이 없습니다.

지원자의 리뷰와 김박사넷 유학교육의 피드백이 점점 일치되어 가는 것이 보이시나요? 다음 피드백에서는 또 어떤 모습을 보여줄지, 이어서 지켜보겠습니다.

5차 피드백 후 SOP와 그 개선점&문제점

5차 피드백 후 SOP

학부연구생으로서 약물전달시스템 개발을 위한 연구를 진행하며 깨달은 점은 다음과 같다; 약물 전달이라는 single application을 목표로 "particle transport process"

연구를 진행하는 것도 충분히 가치 있는 일이지만, 세포의 critical function의 중요한 메커니즘인 "cell transport process" 이해를 할 수 있다면, immune or metastatic cascade에 대한 이해부터 치료와 진단방법 개발에 이르기까지 multiple application의 발전 기반을 만들 수 있는 fundamental understanding을 확보할 수 있다는 것이다. 궁극적으로, 나는 내 연구를 통해 난치성 세포 질환들에 대한 해결이 보편화되는 세상을 만드는 데 기여하고자 한다. interactions in transport coupling with chemical interaction를 알아내려고 노력 중이다.

cell transport 전체 process from cellular to molecular level 이해라는 큰 목표를 달성하기 위해, 나의 연구는 기초적인 transport of microsystem in multi-step의 이해도를 높이는 데 우선 집중해왔다. 두 핵심 키워드로 요약을 해보면, 1. 단일 세포 스케일에서의 2. mechanical interaction을 고려하여 세포의 dynamics를 연구하였다. 특히, dynamics에 영향을 미칠 수 있는 여러 변수들을 분리해서 분석하기 위해 microfluidic system을 활용해 변인 통제가 용이한 환경들을 구축하며 실험을 진행하였다. 최근에는, analysis on dynamics of cell을 토대로, the role of mechanical interactions in transport coupling with chemical interaction를 알아내려고 노력 중이다.

가장 기초적인 transport 과정으로서, 정지한 유체 내 세포의 이동 메커니즘을 연구하였다. 세포와 주변 유체 사이의 interaction에만 의한 확산을 통한 이동에서, 세포의 different physical and chemical 특성들이 있음에도 불구하고 단순히 세포의 크기가 확산성을 결정짓는 주요한 변수임을 확인하였다. 또한, 이 특징이 시간 스케일에 dependent한 현상은 아닌지 검증하기 위해, time 레졸루션을 높일 수 있는 localization 방법을 개발하였고, 시간 스케일에 관계 없이 크기가 여전히 중요한 변수임을 확인하였다.

다음으로 벽근처에 부유한 입자 주변으로 유체가 흐르는 경우, 입자의 migration 메커니즘을 분석하였다. 벽효과로 발생하는 shear flow와 moving particle간 interacting force들을 분석하여, 입자의 inertial rotational motion이 입자가 벽면으로 향하게 하는 lateral migration을 위한 결정적인 과정인 것을 확인하였다. 또한 이로부터 Lateral migration하는 입자의 moment of inertia의 영향에 대한 힌트를 얻어, 최초로 입자 단면의 비구형성이 lateral migration의 속도에 미치는 단독적인 영향을 분석할 수 있었다.

이후 과정으로 바닥면에 닿은 세포의 이동 메커니즘을 이해하기 위해, 세포의 유체와의 작용뿐만 아니라 바닥면과의 작용을 고려해야 했다. 먼저, 바닥면과의

adhesive interaction을 하며 이동하는 세포가 shape 변화를 통해 turning 일어나는 기초적인 운동 메커니즘을 확인하였다. 이 위로 fluid shear stress(FSS) 조건에 따른 세포의 Migration 속도 증가와 directed migration활성화 정도를 파악하였다. 현재는 FSS 에 더불어 chemical gradient의 영향을 동시에 고려한 cell migration 의 bivariate phase diagram을 제시하기 위한 microfluidic channel을 설계, 검증하는 연구를 진행하고 있으며, 이를 통해 Pairwise interplay 에 대한 해석으로 후속cell migration 연구를 위한 dominant variable이나 변수간 서로 potentiate한 효과에 대한 해석으로 세포 외 환경의 변수 단순화를 방안을 제안할 수 있을 것으로 기대하고 있다

현재까지 진행해온 cell dynamics에 대한 연구를 토대로, 앞으로 연구를 통해 bio-mechanical environmental factors에 대한 더 통합적인 이해와 Mechano-transduction에 대한 연구를 진행해 나가며, a more holistic understanding of cell transport를 위한 방향으로 더 나아가고 싶다. XXXXX University 의 Professor, XXX와 Professor, XXX의 mechanical cues에 의해 유도되는 세포의 behavior와 세포의 mechanosensor mechanism을 밝히는 연구가 cell in human diseases 의 기초 이해를 위한 핵심 mechanobiology 연구이다. XXXXX University의 phd 프로그램에 참여하여, 의학 발전의 기반을 이룰 중요 세포 Transport의 기전들을 밝혀 나가고자 한다.

이전 챕터에서의 깨달음 이후, 이 지원자의 SOP 작성 속도는 급격히 빨라졌습니다. SOP의 서론, 즉 스토리 아웃라인의 핵심을 구성했기 때문에 가능한 결과입니다. 그만큼 스토리 아웃라인을 제대로 작성하는 것이 중요합니다. 특히, 서론에 해당하는 Central Motivation 작성에 나머지 분량보다 더 많은 노력을 기울여야만 합니다. 여러분들도, 서론만 읽어도 전체 글의 70~80%는 예상 가능한 수준까지 서론 수준을 끌어올리는 것을 하나의 가이드라인으로 삼으시길 바랍니다.

서론인 1, 2 문단의 피드백은 마이너한 수준이었습니다. 'particle

transport process'에서 'cell transport process'로 생각이 '전환'되는 의미의 표현보다는, '생각의 확장'이라는 관점이 더 큰 비전을 설명하기에 적합한 표현이라는 점입니다. 이 지원자의 비전은 난치성 세포 질환 문제 해결이 보편화되는 세상을 만드는 것이기 때문에, 학부연구생 때의 연구 목표보다는 훨씬 광범위해졌습니다. 따라서 '확장'이라는 표현이 학부연구생 경험이라는 연구 계기와 더 잘 어울리는 표현입니다.

본론은 3, 4, 5 문단입니다. 본론에서는 본격적으로 지원자의 연구 분야에 대한 얘기가 본격화되는 부분이기 때문에, 다른 전공자의 입장에서 100% 이해하는 것은 어려운 일입니다. 하지만 그렇다고 본론을 건너뛰는 것은 사례 분석의 목표 달성과 멀어지는 결과를 낳겠죠. 우리는 비전공자의 시선에서, 두 가지 관점만 중점적으로 살펴볼 것입니다. 첫 번째, 본론의 흐름이 논리적인지 여부입니다. 두 번째, 지원자의 연구 경험, 즉 연구 결과물의 의의를 비전과 미션 달성의 중간 마일스톤이라는 관점에서 제시하고 있는지 여부입니다.

자, 비전공자의 관점에서 이 SOP의 논리적 흐름을 살펴보겠습니다. 서론을 살펴보죠. 내 전공이 아니니 정확히 무엇인지는 모르지만, 'cell transport process'를 이해하는 것은 광범위한 범위에서 application의 발전을 이룰 수 있는 fundamental이라고 합니다. 궁극적으로는 난치성 세포 질환들을 해결할 수 있는 보편적인 기술인가 보군요. 'cell transport process'는 cell 수준부터 molecule 수준까지 이해하는 것이 목표이고, multi-step이라는 단어가 있으니 순서가 있나 봅니다. 연구는 크게 두 관점이 중요한데, 단일 세포 스케일에서 기계적인 상호작용을 고려하여 세포의 dynamics를 연구했습니다. 변수를 분리하기 위해 microfluidic이라는 시스템을 썼고요. 최근에는 그 연구를 토대로 화학적인 상호작용과의 커플링 현상을 알아내려고 하고 있네요.

여기까지가 비전공자가 살펴본 서론입니다. 그렇다면 다음 본론에서는 어떤 내용이 등장하게 될까요? 단일 세포 스케일과 기계적 상호작용에 대한 연구가 Multi-step에서 어디쯤에 해당하는 연구인지, 그리고 그 연구 결과의 의의가 무엇인지 설명해줘야 할 것 같습니다. 또한, 최근에 진행하고 있다는 연구의 중간 결과 정도도 들을 수 있겠네요. 연구가 잘 안되고 있는 부분에 대한 얘기가 있을 수도 있고, 그 어려움을 어떻게 극복할 수 있을지 현재의 생각을 알려줄 수도 있을 것 같습니다. 우리는 비전공자로서, 서론 이후 어떤 내용들이 나오는 것이 논리적으로 적절할지, SOP의 작성 목표를 떠올리면서 상상해볼 수 있습니다. 이제 본론이 어떻게 구성되어 있는지 실제로 살펴보도록 하죠.

본론 첫 문단인 3문단에서 세포 스케일 또는 기계적 상호작용에 대한 내용이 나와야 할 것 같은데, '가장 기초적인 transport 과정으로서'라는 표현이 등장합니다. 서론을 읽고 나서 예상했던 논리적 전개에서 어긋나는 것이죠. 애초에 본론 첫 문단의 내용이 과학적으로 옳으냐 그르냐의 문제가 아니라는 것을 기억해 두셔야 합니다. 실제 피드백도 같은 내용이었습니다. '가장 기초적인 transport 과정'이라는 표현보다 더 전문적인 표현이 필요합니다. 실험을 진행한 Microfluidic system이 어떠한 특징을 가지고 있는지 카테고리를 생각해 보면 힌트가 될 수 있을 것입니다.

4, 5문단에서도 비슷한 문제가 발생합니다. '다음으로 벽근처에 부유한 입자 주변'이라든가, '이후 과정'이라는 표현은 서론에서 읽었던 지원자의 연구 분야 중 정확히 어떤 부분을 의미하는지 논리적으로 이해하기 힘듭니다. Multi-step이라는 표현이 있었으니 어디 순서 중 하나였겠지, 정도만 막연히 추론할 수 있는 수준이죠. 이러한 표현은 전공자 중에서도 이 분야에 대해서 연구했던 사람만 알 수 있는 수준으로 이해할 수 있습니다. 비전공자 입장에서는 갑자기 이런 실험들을 왜 했는지 논리 흐름으로만 이해하기는 어려운 일입니다. 논리 흐름이 부족한 이유는, 서론에서 정의했던 연구 키워드들이 재등장하지 않기 때문입니다. 표지판이 없으니, 정확히 어디를 얘기하고 있는지 알 수 없는 것이죠.

마지막인 6문단은 결론입니다. 현재 시점에서 결론부를 잘 작성했는지 여부는 중요하지 않습니다. 본론의 전개가 충분히 논리적이지 않았기 때문에 이 글을 읽는 독자들은 무슨 말인지 이해하지 못했을 것이니까요. 결론이 아무리 좋아도, 그 앞 내용을 이해하고 있지 않는 사람들 입장에서는 쇠귀에 경읽기가 되는 것이죠. 하지만 본론이 제대로 작성되었다는 전제 하에, 다음과 같은 피드백을 줄 수 있습니다. 우선, Future plan이 굉장히 간략하게만 언급되어 있기 때문에 정확히 무슨 연구를 하고 싶은지 모호합니다. Mechanotransduction이라는 비전공자들은 처음 들어본 키워드를 사용한 것은 좋습니다만, 저 단어만으로는 지원자가 어떤 후속연구에 관심이 있을지 정확히 알기 힘듭니다. 또한, 진학하고자 하는 연구실에 대한 내용도 굉장히 생략되어 표현되어 있기 때문에 추론하기 어렵습니다. 후속 수정에서는 이러한 점들이 보완되어야만 전체 SOP의 퀄리티가 높아질 수 있겠습니다.

6차 피드백 후 SOP와 그 개선점&문제점

학부연구생으로서 약물전달시스템 개발을 위한 연구를 진행하며 깨달은 점은 다음과 같다; 약물 전달이라는 single application을 목표로 "particle transport process"에 focusing하던 내 관점을, "cell transport process" 이해로 확장해야 한다는 것이다. 그렇게 할 수 있다면, immune or metastatic cascade에 대한 이해부터 치료와 진단방법 개발에 이르기까지 multiple application의 발전 기반을 만들 수 있는 'fundamental understanding, based on 세포의 critical function'을 확보할 수 있다고 믿는다. 궁극적으로, 나는 내 연구를 통해 난치성 세포 질환들에 대한 해결이 보편화 되는 세상을 만드는 데 기여하고자 한다.

cell transport 전체 process from cellular to molecular level 이해라는 큰 목표를 달성하기 위해, 나의 연구는 기초적인 transport in multi-step의 이해도를 높이는데 우선 집중해왔다. 두 핵심 키워드로 요약을 해보면, 1. 단일 세포 스케일에서의 2. mechanical interaction을 고려하여 세포의 dynamics를 연구하였다. 특히, dynamics에 영향을 미칠 수 있는 여러 변수들을 분리해서 분석하기 위해 microfluidic system을 활용해 변인 통제가 용이한 환경들을 구축하며 실험을 진행하였다. 최근에는, analysis on dynamics of cell을 토대로, the role of mechanical interactions in transport coupling with chemical interaction를 알아내려고 노력 중이다.

우선, transport of active particle 연구의 전 단계로써 transport of passive particle를 확인하였다. Stationary and isotropic velocity field 내 세포의 diffusion process, in which a cell is buoyant in the stationary fluid를 확인하였다. 실험으로 관찰한 결과가 입자 diffusion 모델식(인 langevin equation)의 analytical solution을 따르는 것을 보았을 때, diffusivity의 차이는 세포의 크기에 기인함을 알 수 있었다. 즉, 세포의 different physical and chemical 특성들이 있음에도 불구하고 단순히 세포의 크기가 확산성을 결정짓는 변수임을 확인하였다. 이 결론이 실험 관찰의 time-scale에 dependent한 현상이 아님을 confirm하기 위해, 기존의 spatiotemperal microscopic analysis 할 수 있는 방법을 modify하였다. Time resolution을 높일 수 있는 localization 방법을 개발하였고, 이 방법을 토대로 cell의 diffusion process에서 세포의 크기가 시간스케일에 관계없이 dominant한 변수임을 확인하였다.

또한, 주변 유체의 velocity gradient로 인해 wall/substrate를 향해 이동하는 입자가 어떻게 거동하는지 분석했다. Non-stationary 환경하에서 directed velocity field 내 입자의 convection process를 분석하였다. 벽효과로 발생하는 shear flow와 moving particle간 interacting force들을 분석하여, drift process와 입자의 형상 및 관성의 영향의 상관관계를 평가하여 cell transport 이해도를 높이기 위함이었다.

먼저 수치적으로 각 입자의 위치별에서 모든 force들을 분리, 분석하여 맵핑 후, 입자의 운동을 계산했다. 그 결과, 입자의 inertial rotational motion이 입자가 벽면으로 향하게 하는 lateral migration을 위한 결정적인 과정인 것을 확인하였다. 또한 이로부터 Lateral migration하는 입자의moment of inertia의 영향에 대한 힌트를 얻어, 최초로 입자 단면의 비구형성이 lateral migration의 속도에 미치는 단독적인 영향을 분석할 수 있었다.

최근에는 세포가 substrate에 접근한 후, 세포-유체 / 세포-substrate간 interaction을 밝히는 데 집중하고 있다. 이 스텝에서는 active particle의 self-propelling 메커니즘과 external velocity and chemical field의 영향을 파악하려 한다. 먼저, 바닥면과의 adhesive interaction을 하며 이동하는 세포가 shape 변화를 통해 turning 일어나는 기초적인 운동 메커니즘을 확인하였다. 이 위로 fluid shear stress(FSS) 조건에 따른 세포의 Migration 속도 증가와 directed migration 활성화 정도를 파악하였다. 현재는 FSS에 더불어 chemical gradient의 영향을 동시에 고려한 cell migration의 bivariate phase diagram을 제시하기 위한 microfluidic channel 을 설계 검증하는 연구를 진행하고 있으며, 이를 통해 Pairwise interplay 에 대한 해석으로 후속 cell migration 연구를 위한 dominant variable이나 변수간 서로 potentiate한 효과에 대한 해석으로 세포 외 환경의 변수 단순화를 방안을 제안할 수 있을 것으로 기대하고 있다.

현재까지 진행해온 cell dynamics에 대한 연구로써, cell transport phenomena의 일부를 밝혀왔지만, extracellular environment 중의 극단적으로 simplified 환경을

고려한 연구였다. 앞으로의 연구에서는, complex tissue of in vivo situations조건들에서부터 세포전달현상에 보다 critical 요소들에 대해서 가능한한 in-vitro분석에 반영을 해가며 identifying new mechanisms that may ultimately help to prevent and treat diseases를 위한 보다 유의미한 연구를 진행해나가고자 한다. A more holistic understanding of cell transport 위해서 extracellular microenvironment에 대한 integrated biochemical and biophysical understanding이 필요하며, 이에 대한 각 분야의 연구팀들의 collaborative work이 필수적이라 생각한다.

XXXXX University의 research groups은 biomechanical and mechanobiological perspectives으로 molecular, cellular and tissue level의 특성에 대해 모두 다루고 있으며, 또한 연구그룹이 많은 만큼 폭이 넓은 physiological and disease process를 다루고 있다. 이는 정확한 세포에 대한 기초 연구를 해나갈 수 있는 복합적인 collaborative work이 가능한 최적의 환경을 갖추고 있다고 생각한다. 더 나아가, 나는 biomechanical 환경 요소와 mechanotrasduction을 고려하여 cell transport에 대한 보다 포괄적인 이해를 달성하려 한다. Professor, XXX and Professor, XXX의 mechanical cues와 관련있는 연구에 의해 유도되는 세포의 behavior와 세포의 mechanosensor mechanism은 mechanobiology of cell in human diseases 이해에 도움이 될 것이다.

XXXXX University의 phd 프로그램에 참여하여, 현대의학의 발전에도 불구하고, 인구 고령화, 산업화 문제로 돌연변이 세포들에서 기인한 질환들의 발병률, 치명률이 여전히 크게 줄어들지 못하고 있는 문제들을 fundamental understanding에 대한 연구를 통해 앞으로의 난치병의 문제를 해결을 위한 가장 근본적 솔루션을 마련하는 데 기여하고자 한다.

지난 피드백이 어떻게 반영되었는지 확인해 보겠습니다. 마이너한 피드백이 있었던 서론은 더 매끄럽게 변경되었습니다. 가장 큰 문제는 본론이었습니다. '가장 기초적인 transport 과정'이라는 표현으로 대표되는, 명확하지 않은 정의들로 인해 서론에서 예상했던 논리적인 흐름들이 본론과 결론에서 찾아볼 수 없었습니다. 이 지원자는 이미 스토리라인을 작성하는 이유에 대한 깨달음을 얻은 상태였기 때문에, 곧바로 피드백의 해법을 찾아 왔습니다. 구체적인 내용은 전공 지식이 필요할 것이기 때문에 간단하게 설명하자면, 명확히 다른 키워드를 사용하여 특징을 구별하는 방법입니다. 이 해법에 따르면, 각 문단의 핵심 현상과 transport 특징은 다음 표와 같이 정리할 수 있습니다.

	3번 문단	4번 문단	5번 문단
현상 명칭	diffusion	advection	–
Transport 특징	passive		active

위 표의 transport 특징의 단어를 보면 수동적/능동적이라는 대비되는 쉬운 의미로 구성되어 있습니다. SOP 완성을 위한 마지막 피드백은 passive, active라는 각 연구 결과물들의 핵심 특징을 필요한 각 문단의 핵심 문장에 삽입함으로써, 각각의 문단이 어떤 기능을 하는지 명확히 하라는 것이었습니다. 또한, 결론부에서는 현재까지의 연구 기여를 분명하게 밝힘으로써, 미국 대학원에 진학 후 학위 과정 동안 진행할 중기 목표가 명확히 보이게 하는 것에 집중하라는 주문을 했습니다.

국문 SOP 최종본

학부연구생으로서 약물전달시스템 개발을 위한 연구를 진행하며 깨달은 점은 다음과 같다; 약물 전달이라는 single application을 목표로 "particle transport process"에 focusing하던 내 관점을, "cell transport process" 이해로 확장해야 한다는 것이다. 그렇게 할 수 있다면, immune or metastatic cascade에 대한 이해부터 치료와 진단방법 개발에 이르기까지 multiple application의 발전 기반을 만들 수 있는 'fundamental understanding, based on 세포의 critical function'을 확보할 수 있다고 믿는다. 궁극적으로, 나는 내 연구를 통해 난치성 세포 질환들에 대한 해결이 보편화 되는 세상을 만드는 데 기여하고자 한다.

cell transport 전체 process from cellular to molecular level 이해라는 큰 목표를 달성하기 위해, 나의 연구는 기초적인 transport in multi-step의 이해도를 높이는데 우선 집중해왔다. 두 핵심 키워드로 요약을 해보면, 1. 단일 세포 스케일에서의 2. passive/active element을 고려하여 세포의 transport dynamics를 연구하였다. 특히, cell dynamics에 영향을 미칠 수 있는 여러 environmental 변수들을 분리해서 통제하기 위해 microfluidic system을 활용해 실험을 진행하였다. 최근에는, analysis on dynamics of cell을 토대로, the role of mechanical interactions in transport coupling with chemical interaction를 알아내려고 노력 중이다.

우선, properties of the cell as a passive element in transport를 확인하였다. Stationary and isotropic velocity field 내 세포의 diffusion process, in which a cell is buoyant in the stationary fluid를 확인하였다. 실험으로 관찰한 결과가 Langevin equation의 analytical solution을 따르는 것을 보았을 때, diffusivity의 차이는 세포의 크기에 기인함을 알 수 있었다. 즉, 세포의 different physical and chemical 특성들이 있음에도 불구하고 단순히 세포의 크기가 확산성을 결정짓는 변수임을 확인하였다. 이 결론이 실험 관찰의 time-scale에 dependent한 현상이 아님을 confirm하기 위해, 기존의 spatiotemperal microscopic analysis 할 수 있는 방법을 modify하였다. Time resolution을 높일 수 있는 localization 방법을 개발하였고, 이 방법을 토대로 cell의 diffusion process에서 세포의 크기가 시간스케일에 관계없이 dominant한 변수임을 확인하였다.

두 번째, cell transport as a passive element로써 I analyzed how a particle migrates laterally toward a wall/substrate due to advection. Non-stationary and directed velocity field 내 입자의 convection process를 분석하였다. 벽효과로 발생하는 shear flow와 moving particle간 interacting force들을 분석하여, drift process와 입자의 형상 및 관성의 영향의 상관관계를 평가하여 cell passive transport 이해도를 높이기 위함이었다. 수치해석적 방법을 활용하여, 각 입자의 위치별에서 모든 force들을 분리, 분석하여 맵핑 후, 입자의 운동을 계산했다. 그 결과, 입자의 inertial rotational motion이 입자가 벽면으로 향하게 하는 lateral migration을 위한 결정적인 과정인 것을 확인하였다. 또한 이로부터 Lateral migration하는 입자의 moment of inertia의 영향에 대한 힌트를 얻어, 최초로 입자 단면의 비구형성이 lateral migration의 속도에 미치는 단독적인 영향을 분석할 수 있었다.

최근에는 세포가 substrate에 접근한 후, 세포-유체 / 세포-substrate간 interaction을 밝히는 데 집중하고 있다. 이 스텝에서는 transport of active element로서 cell의 migration 메커니즘과 external velocity and chemical field의 영향을 파악하려 한다. 먼저, 바닥면과의 adhesive interaction을 하며 이동하는 세포가 shape 변화를 통해 turning 일어나는 기초적인 운동 메커니즘을 확인하였다. 이 위로 fluid shear stress(FSS) 조건에 따른 세포의 Migration 속도 증가와 directed migration 활성화 정도를 파악하였다. 현재는 FSS에 더불어 chemical gradient의 영향을 동시에 고려한 cell migration의 bivariate phase diagram을 제시하기 위한 microfluidic channel을 설계 검증하는 연구를 진행하고 있으며, 이를 통해 Pairwise interplay에 대한 해석으로 후속 cell migration 연구를 위한 dominant variable이나 변수간 서로 potentiate한 효과에 대한 해석으로 세포 외 환경의 변수 단순화를 방안을 제안할 수 있을 것으로 기대하고 있다.

현재까지 진행해온 cell dynamics에 대한 연구는 passive/active transport에서의 변인들의 영향들을 극단적으로 simplified하게 분리하여 분석함으로써 각 요소들이 cell transport phenomena에 미치는 영향에 대해 밝히는 데 기여했다고 생각한다. 앞으로는 cell dynamics of transport가 궁극적으로 영향을 미치게 될 다음 과정의 Cell function까지 고려한 연구로 확장하고자 한다. 이를 위해 세포가 만나게 될 more complex environmental conditions들을 반영하고, cell dynamics를 at cellular level 뿐만 아니라 molecular level에서까지 이해할 연구가 필요하다고 생각한다. A more holistic understanding of cell transport을 통해 identifying new mechanisms that may ultimately help to prevent and treat diseases를 위한 연구를 진행해나가고자 한다.

XXXXX University 의 research groups은 biomechanical and mechanobiological approaches으로 molecular, cellular and tissue level의 현상을 밝히는 연구 그룹들이 많다. 이는 깊고 넓은 physiological and disease process에 대한 기초 연구를 해나갈 수 있는 collaborative work이 가능한 최적의 환경을 갖추고 있다고 생각한다. 더 나아가, 나는 biomechanical 환경 요소와 mechanotrasduction을 고려하여 cell transport에 대한 보다 포괄적인 이해를 달성하려 한다. Professor, XXX and Professor, XXX의 mechanical cues와 관련있는 연구에 의해 유도되는 세포의 behavior와 세포의 mechanosensor mechanism은 mechanobiology of cell in human diseases 이해에 도움이 될 것이다.

XXXXX University의 phd 프로그램에 참여하여, 현대의학의 발전에도 불구하고, 인구 고령화, 산업화 문제로 돌연변이 세포들에서 기인한 질환들의 발병률, 치명률이 여전히 크게 줄어들지 못하고 있는 문제들을 fundamental understanding에 대한 연구를 통해 앞으로의 난치병의 문제를 해결을 위한 가장 근본적 솔루션을 마련하는 데 기여하고자 한다.

SOP 최종본이 어떻게 완성되었는지 확인해 봅시다. 다시 한번 비전 공자의 관점에서 논리적 흐름만 집중적으로 살펴보겠습니다. 첫 문단은 동일합니다. 'cell transport process'를 이해하는 것은 광범위한 범위에서 application의 발전을 이룰 수 있는 fundamental으로 보고 있으며, 궁극적으로는 난치성 세포 질환들을 해결하겠다는 비전을 제시하고 있습니다. 'cell transport process'를 cell 수준부터 molecule 수준까지 이해하는 것이 목표이고, 순차적인 과정 중 일부를 이해하는 연구입니다. 지원자의 연구는 크게 두 핵심 키워드가 있는데, 1. 단일 세포 스케일 2. 수동/능동적 움직임을 고려하여 세포의 dynamics를 연구했습니다. 변수를 분리하기 위해 microfluidic이라는 시스템을 썼고요. 최근에는 무엇을 하고 있는지도 잠깐 소개했군요. 자, 그럼 다시 한번 본론에 어떤 내용이 나올지 생각해 보면, 단일 세포 스케일과 수동/능동적 연구 내용이 비전 달성이라는 관점에서 어떤 의의가 있는지 알려줄 것으로 기대됩니다. 그리고 비전을 달성하기 위해서 어떤 연구가 더 필요한지, 진학한다면 어떤 연구를 더 하고 싶은지에 대한 내용이 나올 것으로 기대되네요.

본론부터는 비전공자의 관점에서, 오로지 논리와 연구결과의 의의만 확인하는 것이 우리의 목표입니다. 우선 본론 첫 문단인 3문단을 확인해 봅시다. Passive element라는, 서론에서 확인한 단어의 연구를 했다고 나오네요. 정확히 무슨 연구인지는 알 수 없지만, 이 연구의 의의는 마지막 줄에서 확인할 수 있습니다. 세포의 크기가 중요한 변수라는 결론이네요. 4문단 또한 두 번째 passive element 연구에 관한 것입니다. 역시나 비전공자로서 무슨 연구인지는 정확히 모르겠지만, 어떤 속도에 미치는 단독적인 영향을 분석할 수 있었다고 합니다. 5번 문단은 active element라는 단어가 나오니, 서론에서 얘기했던 연구 핵심 키워드들이 각 문단별로 하나의 결론을 만들고 있다는 것을 알 수 있습니다. 이 연구가 구체적으로 무엇인지는 모르겠지만, 변수 단순화 방안을 제안할 수 있을 것으로 기대하고 있네요. 아마 아직까지는 결론이 나지 않은, 진행중인 연구이기 때문에 '기대하고 있다'는 표현을 썼겠죠.

6문단은 3~5문단에서 언급한 지원자의 연구 의의가 종합적으로 표현되어 있습니다. 극단적으로 단순화시켜 분석함으로서 각 요소들이 cell transport라는 현상에 미치는 영향을 밝히는 데 기여한 것이 이 지원자의 연구 의의이군요. 전체 비전 달성을 위해서 어느 정도의 기여가 있었는지에 대해서 설명하고 있는 것이기 때문에, 어렵진 않은 문장입니다. 그 다음 문장들에서는 앞으로 있을 연구 확장 계획에 대해서 설명하고 있습니다. 구체적으로는 무슨 연구인지는 몰라도, 논리적 흐름상에서는 큰 문제가 없다는 것을 확인할 수 있습니다.

결론부인 7~8문단 역시 이해하기 어렵지 않습니다. 아마도 6문단에서 이야기했던 연구 확장 계획에 가장 적합하다고 여겨지는 대학교와 연구실&교수님에 대해서 언급하고 있는 것이겠죠. 특히, 마지막 8문단 에서는 서론에서 밝혔던 이 지원자의 비전을 다른 표현 방식을 사용하 여 다시 한번 상기시켜 주고 있습니다. 서론부터 결론까지 비전 달성 을 위해서 지원자 본인이 해 왔던 것을 설명하고, 그 결과물들의 의의 를 설명했습니다. 또한 그 기여에 만족하지 않고, 더 확장된 연구를 수 행함으로써 궁극적 목표를 달성해 나가겠다는 청사진을 제시하고 있습 니다.

여러분들의 전공이 무엇이든지 간에, SOP는 이런 논리적 전개 과정 을 명확히 이해할 수 있어야 합니다. 여러분들이 실제로 한 활동이나 연구 결과들은 비전공자들이 알아듣기 어렵긴 하겠지만, 그 결과들의 의의까지 이해하기 어렵진 않습니다. 여러분 스스로가 그 의의를 얼마 나 잘 포장해서 표현하는지에 따라, 읽는 사람들은 더 쉽게 여러분이 하고자 하는 것을 이해할 수 있을 것입니다.

사례에서 배울 점

스토리 아웃라인과 SOP는 유사한 점이 많습니다. 특히, 서론부인 Central Motivation은 거의 동일하다고 생각하면 됩니다. 각 대학교 석 박사 프로그램들이 SOP 제출을 요구하는 이유가 지원자의 연구에 대 한 모티베이션, Integrity를 확인하기 위함이니까요. 내가 왜 이 연구를 해야 하는지, 논리적인 흐름을 쌓아 나가는 점이 동일합니다. 그리고 '내가 왜 이 연구를 해야 하는지'는 컨택할 때나 인터뷰 때에도 교수님을 설득할 수 있는 주요 무기이기 때문에, 구성에 많은 시간과 노력을 들여야만 합니다.

스토리 아웃라인 대비, SOP의 차이점은 Terminology에서 결정됩니다. SOP 피드백의 후반부로 갈수록 Terminology에 관한 피드백 비중이 높아진다는 것을 눈치채셨을 것 같은데, SOP 본론에는 내가 어떤 행동을 해서 어떤 결과를 얻었는지에 대해서 언급하기 때문입니다. 지원자들은 석박사를 목표로 하기 때문에 각자 목표로 하는 분야의 연구관련성에 대해서 언급하기 마련이며, 각 전공 용어를 사용하게 됩니다. 어떤 Terminology를 사용하는지, Terminology들의 hierarchy를 제대로 구성해서 사용하고 있는지 여부는 매우 중요합니다. 왜냐하면 어드미션 커미티나 PI 지도 교수님 입장에선 지원자가 (예비)연구자로서 해당 분야에 대해서 어느 정도의 지식을 갖추고 있는지, 최신의 기술들에 대해서 어떤 기준을 가지고 머릿속에 정리해 놓았는지 등을 손쉽게 알아볼 수 있는 기준이기 때문입니다. 실제 이 사례에서도 명확하지 않은 용어 사용들에 대해서 많은 피드백이 있었습니다. 이 사례를 반면교사로 삼아, 여러분들은 Terminology 선정에 대한 고민을 더 깊이 하실 수 있길 바랍니다.

스토리 아웃라인 작성부터 시작해 SOP를 완성하기까지, 이 책의 분량으로만 보더라도 상당한 시간과 노력을 들였음을 알 수 있을 것입니다. 결과물은 고작 A4 용지 두 장 정도 분량밖에 되지 않는 글이지만, 여러분들은 저 두 장을 작성하기 위해 몇 달을 고민해야만 합니다.

SOP를 어떻게 작성할지 근심걱정만 하다가, 제출 마감시간에 쫓겨 급하게 작성하고는 누군지도 모르는 사람들이 추천해 준 교정업체에 두어 번 맡긴 결과물을 받아 들고 안도하지 마시기 바랍니다. 여러분 스스로가 마땅히 해야 할 고민을 여러분만큼 고민할 시간도 없고, 여러분을 제대로 알지 못하는 사람들에게 외주로 맡겨버리는 일이 얼마나 위험할지, 이제는 어느 정도 이해하실 것이라 믿습니다. 헬스장에서 퍼스널 트레이닝을 두어 번 받고 피트니스 대회에 나가서 입상할 수 없는 것처럼, 남에게 떠맡긴 SOP로는 좋은 결과, 즉 탑스쿨 석박사 과정 어드미션 레터를 받아들 가능성이 매우 희박하다는 점을 명심하시기 바랍니다.

7

PS 사례
분석

아웃라인/SOP가 왜 필요할까

이 책에서 PS 작성보다 스토리 아웃라인과 SOP를 먼저 작성하는 이유는 어드미션 과정에서의 중요도가 다르기 때문입니다. 미국 석박사 지원은 곧 '연구자 채용' 프로세스이기 때문에 개인적 이야기를 다루는 PS보다 지원자의 연구를 다루는 SOP에 더 집중합니다. 이제 SOP를 어느 정도 마무리했으니 PS에 대해 이야기해 봅시다. 먼저 PS는 어떤 글이고 이 글을 쓰는 목적은 무엇일까요? 지난 장에서도 살펴본 내용을 잠시 복습해 보겠습니다.

이 책에서 편의상 PS라고 부르고 있는 Personal Statement는 학교마다 용어가 다를 수 있습니다. 미국 서부 캘리포니아 대학교 계열에서는 Personal History Statement, 미국 동부에서는 Diversity Statement, 미국 중부에 있는 학교에서는 팬데믹 기간 동안 Covid-19 Statement라고 하기도 했습니다.

미국 사회에서 주로 논의되는 가치 중에 Diversity, Equity, and Inclusion가 있습니다. 줄임말로 DEI라고 부르고 '다양성, 형평성, 포용성'이라는 뜻입니다. 포용의 대상은 사회에서 인종이나 성별, 장애유무 등으로 과소대표되는 그룹(Underrepresented Group)입니다. 흔히 이야기하는 Minority이며 전통적으로 여성, 흑인, 히스패닉, 아메리칸원주민, 성소수자 등을 가리킵니다. 특히 지원하는 학교에서 강조하는 가치와 내가 PS에서 주장하려는 내용이 일치하는지 확인해보는 것도 좋습니다. 보통은 아래 그림과 같은 내용들이 학교 웹사이트에 안내되고 있습니다.

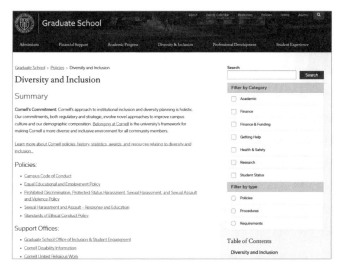

코넬 대학원의 Diversity and Inclusion 페이지   bit.ly/3Xc6r3A

이렇게 PS를 작성하는 이유는 바로 이 Diversity와 관련이 깊습니다. 미국은 다양한 문화적 배경의 사람들이 모여 공동체를 이루며 발전해 온 사회입니다. 그런 배경을 생각해보면 미국 사회에서 다양성과 평등, 기회 등의 키워드를 중시하는 것은 이상하지 않습니다. 사회, 경제, 문화적으로 서로 다른 사람들이 모여서 화합을 이루는 일이 쉽지 않기 때문입니다. 그렇다면 적어도 교육이라는 평등한 가치를 위해서 대학은 어떤 역할을 할 수 있을까요? 사회적으로 대학이라는 고등교육을 받기까지 장애물이 있었던 사람에게 교육을 받을 수 있는 기회를 주고, 그 사람이 성장하여 다시 공동체의 성장과 발전에 보답하는 선순환 관계를 만드는 것입니다. 그렇기 때문에 PS는 대학에서 마련한 펠로우십이나 외부 재단에서 조성된 기금 장학 등을 수여할 때 참고할 수 있는 자료가 됩니다. PS와 SOP을 작성하는 목적이 다르니, 그 내용도 당연히 달라야 하겠죠.

그렇다면 이 PS에는 어떤 내용을 쓸 수 있을까요? 위에서 이야기한 '다양성, 형평성, 포용성'에 일조할 수 있는 이야기여야 합니다. 개인적인 이야기 속에 그런 내용을 풀어내면서, 훗날 내가 소속된 공동체에 어떤 식으로 보답할 수 있을지에 대한 내용을 써야 하겠죠. SOP에서 했던 전공 이야기를 되풀이해서는 안 되지만, 큰 틀에서 내가 연구자라는 여정을 걷게 된 계기에 대해 이야기할 수 있다면 더할 나위 없이 좋습니다. 다음 그림은 PS가 포함해야 할 범위를 표현한 것입니다.

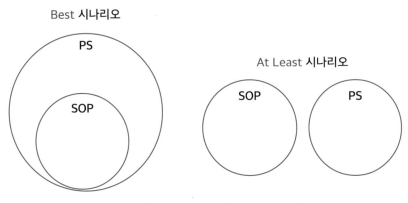

Best 시나리오

PS

SOP

At Least 시나리오

SOP

PS

PS가 포함해야 하는 Best 범위와 At Least 범위

Best 시나리오는 SOP가 다루는 이야기를 PS가 포함하고 있는 것입니다. 미국 석박사 과정에 지원하는 사람의 글이니, SOP에서 하지 못했던 개인적인 이야기를 하면서 연구자로서의 나를 드러내는 것은 자연스러운 흐름입니다. 즉 연구 자체보다는 이러한 연구를 하고 싶어 하는 개인적인 배경에 더 초점을 맞추어 작성합니다. 그렇지 않다면 적어도 그 두 개의 글이 여집합의 관계를 이루는 내용이어야 할 것입니다.

PS는 전공 관련 이야기가 상대적으로 적을 것이기에, Terminology 때문에 이해 못할 일은 없습니다. 따라서 다른 전공자도 읽었을 때 쉽게 이해할 수 있으며, 원어민 교정도 상대적으로 쉽습니다. 하지만 그런 이유로 내용을 베끼고 싶은 유혹에 빠져서는 안 됩니다. 스토리라인과 각 서류의 의존성 관계 기억하시죠? PS도 지원자 삶의 스토리라인에 특화되어 있기 때문에 자신만의 스토리라인을 작성해야 합니다. 이렇게 하지 않으면 서류 심사에서 통과한다 할지라도 인터뷰에서는 탈락할 가능성이 훨씬 높아지겠죠. PS에 있는 내용을 구체적으로 질문했을 때 잘 방어할 수 있어야 하는데, 내 이야기가 아니면 대응이 어려울 테니까요.

이 지원자의 PS 작성 전략

대개 PS의 문제는 SOP와 달리 작성할 만한 소재를 찾지 못하는 데 있습니다. 실제로도 PS를 읽어보면, PS를 제출받는 목적에 맞지 않는 글이 대부분입니다. 이 지원자도 그랬기 때문에 굳이 초시 때의 PS를 다루지는 않으려 합니다. 김박사넷 유학교육 프로그램 과정에서 지원자의 개인적 경험을 살펴보았으나 그중 Best 시나리오로 들어갈 만한 소재는 없었습니다. 그래서 At Least에 해당하는 시나리오를 작성하여 SOP와 독립적인 내용으로 전개하는 것으로 결정했습니다. 마찬가지로 거의 수정하지 않은 초안 그대로를 소개합니다.

국문 PS 초안과 그 장점&문제점

대학 교육을 통해서 나는 자기 발견을 할 수 있는 기회들을 많이 얻었다. 나의 부모님 두 분은 당시 생활 형편이 어려워 대학교육을 받지 못하셨다. 학문과는 거리가 먼 가정에서 자란 내가 대학에 온 후, 석사 학위를 받고 지금은 이렇게 유학을 꿈꾸는 것이 대학에서 만난 사람들을 통해 받은 영향을 받은 덕분이라 생각한다. 특히 지도 교수님을 만나지 못했다면 내가 이렇게 학문, 연구의 길을 가지 못했을 것 같다. 수업을 통해서와 연구를 하며 학문과 인생에 있어서 더 넓은 시야를 갖도록 가르쳐 주셨다. 교수님을 만나 나의 가능성을 격려를 받고 조언들을 받아 이 길을 가고 있는 것이라 생각한다.

Higher education의 기회를 많은 학생들이 얻을 수 있는 세상이 왔으면 좋겠다. 대학 시절 고등학교 방과 후 교육 봉사를 한 적이 있다. 형편이 어려운 7-8명 정도의 학생들을 대상으로 수학 수업을 진행하였다. 학생들은 학업에 대한 의지가 넘쳤고, 나도 더 도움을 주고자 했었다. 수업뿐만 아니라 대학생활을 궁금해하는 학생들에게 내 생활에 기반해 대학생활, 장학금 정보들을 알려줄 수 있었다. 수업 이후에도 안부를 전해올 만큼 적극적인 친구들을 보며, 이런 친구들의 학업에 대한 의지를 북돋아 줄 수 있는 기회들이 더 제공될 수 있다면 또 나 스스로도 그런 능력을 갖춘 사람이 되고자 하는 계기가 되었다.

그러기 위해서 단순하게 내 학문만을 연구하는 것으로는 부족하다고 생각한다. 내 지도 교수님께서 해 주신 지도처럼 내 학문을 중심으로 다른 사회, 경제를 폭넓게 이해할 수 있는 시야를 나도 갖춰야 한다고 생각한다. XXX university에서의 박사 과정을 하며 더 다양한 세상을 접하며 넓은 시야를 갖춘 Higher education에 기여할 수 있는 사람이 되고자 한다.

장점 1: 첫 문단을 시작하는 첫 세 문장이 매우 좋습니다. PS는 다양성과 형평성, 포용성에 대해 작성하는 글입니다. 지원자의 개인적 경험, First Generation Higher Education이라는 소재로 잘 풀어냈습니다. First Generation Higher Education이란 가족 중에서 처음으로 대학교육을 받은 사람을 가리키는 말로써, 미국에서 일반적으로 사용되는 용어입니다. 따라서 지원자는 성장배경을 바탕으로 자신이 받은 고등교육에 대한 기회에 대한 감사함에 대해 이야기하고 있습니다. 그리고 지도 교수님을 만난 것을 아주 중요한 경험이라는 뉘앙스를 주는데, 여기까지 읽으면 과연 어떤 '영향'을 받았을지 궁금합니다. 아마 그 '영향'에 대해 잘 정의했으리라는 기대감이 생깁니다.

문제점 1: 장점 1에서 얻은 기대감이 충족이 되지 않는 게 문제입니다. 지도 교수님에게서 받은 '영향'이 지나치게 모호합니다. '학문과 인생에 있어 더 넓은 시야'라고 표현하고 있는데 도대체 어떤 내용이기에 석사 학위를 하고 이 연구 주제를 더 깊이 파기 위해 유학까지 생각하게 된 걸까요? SOP와 마찬가지로 PS에 내한 논리의 흐름을 고민하고, 구체적으로 전개해야 합니다. 왜냐하면 어드미션 커미티는 이 PS를 통해 지원자의 연구 외적인 모습 즉 지원자의 인성과 태도, 가치관을 판단하려 할 것입니다. 내가 어떤 사람인지를 보여줄 수 있는 기회인데, 지나치게 일반적인 이야기만 늘어놓는다면 깊이 없는 피상적인 사람으로 보이거나, 심하게는 거짓말처럼 들릴 수도 있습니다.

 SOP의 연구 키워드가 나의 연구적 깊이와 연구자로서 프로페셔널함을 보여줄 수 있다면, PS에서 보여줘야 하는 키워드는 나의 인간성, 나라는 사람의 깊이에서부터 시작하여, 어떻게 Diversity를 포용하는 데 기여할 수 있는지를 보여 주는 내용이어야 합니다. 예를 들어 '용기', '사랑' 같은 일반적인 키워드는 진부하게 느껴지기까지 하지만, 보편적 키워드이기 때문에 얼마나 구체적으로 풀어내느냐에 따라 이야기의 수준이 달라질 수 있습니다. 하지만 이 문단엔 그조차 없네요. 구체적인 키워드를 제시하여 다음에 어떤 내용이 이어질지 예상할 수 있게 작성해야 합니다. 지원자가 얻었다는 '더 넓은 시야'는 무엇일까요? 굳이 짐작하자면 '예전에는 몰랐지만 Higher Education을 겪고 나서 보니 알게 된 정말 내 인생을 바꾼 것' 정도여야 할 것 같은데 지원자는 이를 잘 정의할 필요가 있습니다.

문제점 2: 첫 문단에서 마지막이 모호하게 끝났기 때문에 이어지는 본론 역시 모호하게 전개됩니다. 위에서 이야기한 '더 넓은 시야'가 약간은 구체화되긴 하지만 명확하지 않습니다. Higher Education의 기회를 얻으면 무엇이 더 좋아질까요? 게임에서 레벨을 올리는 것처럼, 용기에 1점, 지혜에 1점, 힘에 1점 이렇게 향상될까요? 봉사활동을 통해 만난 학생들은 학업에 대한 의지가 넘쳤는데 왜 Higher Education의 기회가 적었을까요? 여기에 대한 구체적인 배경을 봉사활동을 하게 된 계기를 엮어 서술할 수도 있을 것입니다. 하지만 포인트는 첫 문단에서 제시된 키워드가 이 문단에서 상세 사례로 설명되어야 한다는 것입니다. 단순히 '학생들은 학업에 대한 의지가 넘쳤고 나도 더 도움을 주고자 했었다'가 끝이 되어서는 안 됩니다. 내가 갖게 된 '더 넓은 시야'를 정확히 정의하면, 학생들에게 알려주고자 했던 것도 같은 선상에서 정리되어야만 합니다. 단순히 대학 생활이나 장학금 정보를 알려주는 것은 보조적인 내용에 불과합니다. 지도 교수님이 알려주신 '더 넓은 시야'일 리 없겠지요. 그런데 여기에 대한 설명이 '학생들은 학업에 대한 의지가 넘쳤고 나도 더 도움을 주고자 했었다'가 더 길다는 것은 결국 핵심이 아니라 변죽만 울리고 있는 것입니다. PS도 글이기 때문에, 논리적 흐름이 있어야 한다는 것은 동일합니다.

1차 피드백 후 PS와 그 문제점

> 나에게 대학을 다니면서 최고라고 할 수 있는 점은 다양한 사람, 학문을 접할 수 있는 기회들이 무수하다는 점이었다. 나의 부모님 두 분은 대학교육을 받지 못하셨다.

학문과는 거리가 먼 가정에서 자란 내가 대학에 온 후, 석사 학위를 받고 지금은 이렇게 유학을 꿈꾸는 것은 대학을 통한 경험들 덕분일 것이다. 학부 공부와 석사 연구를 거쳐온 나의 모습을 돌아 보았을 때, 대학을 오지 못했다면 나의 문제를 대하는 태도, 스스로를 바라보는 태도에 있어서 발전이 없었을 것 같다.

대학을 통해 어떤 문제 해결을 위해 처음 세웠던 계획을 바로 성취하는 것만큼이나 그 과정 중에 있는 시행착오와 계획이 수정되기도 하는 과정들이 중요하다는 것을 배웠다. 석사 과정 초기만해도 나는 이런 면이 부족했다. 부유세포의 active matter로서의 특이한 확산성이 관찰될 것이라는 처음 가설이 맞다는 실험결과를 보는 것에만 집중한 채 1년 동안 실험의 여기저기를 수정해가며 안 된다는 결론을 최종에 얻었을 때 시간을 낭비했다는 생각을 했다. 그런데 지금 돌아보면 그 결론을 얻기 까지 연구 배경, 방법에서 더 정교하게 수정을 하는 계기가 되었고, 이를 통해 다른 방향으로 이 후의 성과들이 나올 수 있었다. 삶이 절대로 본인의 뜻대로 흘러오지 않았다고 하시며 "그 순간 해야 할 것들에 최선을 다하는 것"일 뿐이라는 교수님의 말씀을 이해를 할 수 있게 됐다. 성과에 급급할 것이 아니라 그 해결하는 과정에서 할 수 있는 것에 집중하려는 태도로 과정에서 얻는 성장에 초점을 맞추는 것이 중요하다는 것을 알아가고 있다.

또한 문제 해결을 위한 훌륭한 솔루션은 협업에서 나온다는 것을 배웠다. 대학은 내가 공동 프로젝트, 연구를 경험할 수 있었던 최적의 곳이었다. 학부시절 아이디어 회의부터 prototype 제작까지 하는 기계과에서는 가장 큰 프로젝트 수업을 들었다. 특수 효과를 내는 분수로 우리 팀의 아이디어가 최종 정해졌을 당시에 이 프로젝트에 대한 기대, 중간발표 성적은 하위권이었고, 심지어 최종 단계에서 기대했던 효과가 나오지 않아 핵심부를 포기하려 했던 순간도 있었다. 그럼에도 불구하고 팀원 각각의 아이디어로 분수가 구체화되며 발전했고, 아이디어 회의에 기여를 못해오던 내가 핵심부 유지가 가능할 방안을 찾아내며 완성한 작품으로 최종 발표회에서 2등이라는 반전의 성과를 얻었다. 연구를 통해서도 처음의 아이디어가 협업을 하면서 훨씬 발전된 성과로 만들어지는 과정을 겪었다. 앞으로의 문제들에 대해 만들어야 할 답이 협업을 통한다면 좋은 해결책으로 거듭날 수 있다는 것을 깨닫고 있다.

마지막으로, 대학을 통해 나의 몰랐던 면들을 발견할 수 있었다. 대학에서 수업을 들으며 가장 좋았던 점 중 하나는 교수님들의 그 학문에 대한 열정을 느낄 수 있었다는 것이다. 특히, 학생들에게도 이 학문의 즐거움?효용? 등을 알려 주시고자 하는 마음을 느꼈다. 나도 조교를 하며 교수님들의 이런 열정을 약간은 이해할 수 있었다. 학생들이 이해를 잘하기를 바랬고, 학생들이 문제에 대해 질문을 해오면 학생들의 이해를 잘 도울 방법을 생각하는 것이 나에게 의미가 있었다. 대학에서 사람들 사이에서의 경험은 대학을 오기 전까지는 학문에 대해 전혀 뜻이 없었던 나에게 새로운 일면을 발견하게 해주었다.

대학을 들어오며 유학이라는 것에 대해 생각해 본 적이 없었다. 세미나 수업에서 연구를 통해 근본적인 병에 대한 접근 방향을 제시할 수 있다는 것에 인상을 받아 한동안 나의 꿈은 국립암센터 취직이었다. 학교를 다니며 연구를 하기 위한 현실적인 부분을 깨달아왔으며 유학을 가야겠다는 결심까지 하게 됐다. 대학, 석사를 거치며 얻은 지혜들로 앞으로는 사회를 위한 문제들을 해결해 나가며, 내가 받은 선한 영향력을 발전시키며 사회에 전파하며 살아가는 것이 나를 이렇게 교육받게 해준 부모님, 대학, 사회에 보답하는 길이라 생각한다. XXX university에서의 박사 과정을 하며 더 다양한 세상을 접하며 넓고 깊은 시야를 갖춘 Higher education에 기여할 수 있는 사람이 되고자 한다.

문제점 1: First Generation Higher Education이라는 소재를 선정한 첫 문단은 좋습니다. 하지만 '나의 성장'에만 포커스가 있고 '공동체의 동반성장'에 대한 내용이 없어서 아쉽습니다. PS의 목적을 다시 한번 떠올려볼까요? 과소대표된 그룹(Underrepresented Group)에게 기회를 제공하는 것은 최종적으로 '공동체의 공동 발전'을 목표로 하기 때문입니다. 사실 이러한 선순환 관계는 과소대표된 그룹 이외에도 펀딩을 받는 모든 합격자에게 기대되는 것이기도 합니다. 따라서 PS에서 다루는 내용은 '나는 내 자신의 성장과 동시에 공동체의 발전에 기여할 수 있다'여야 합니다. 대학교와 석사 과정에서 발전한 모습을 요약하고 First Generation Higher Education을 도운 경험(예를 들어 과외나 멘토링)을 서술하면, 최종적으로 미국 대학원에서도 같은 기여를 할 수 있다는 내용으로 연결될 것입니다.

미국 대학원에서 이러한 멘토링은 어떻게 이루어질까요? 교육의 기회와 Diversity & Inclusion에 한정하자면, 가끔 미국 대학원 웹사이트에서 Underrepresented Group에 해당하는 대학원 지원자가 원서를 작성하는 것을 해당 학생회에서 도와주는 프로그램이 있으니 신청하라는 내용을 찾을 수 있습니다. 해낭 프로그램에서 새로운 후배들을 도울 수 있다 등의 예시를 쓰라는 것은 아닙니다. 다만 대학이라는 공동체 안에서 어떤 식으로 기여할 수 있을지에 대해 생각해보고 내 개인적 경험과 연결시켜 볼 수 있다는 가능성을 제시하는 것입니다. 이 글을 쓸 본인의 경험과 연결해야 한다는 건 다시 말할 필요도 없겠지요.

문제점 2: Higher Education을 경험한 학/석사 고학력자만이 할 수 있는 경험담보다 내면의 성장 정도만 강조되고 있습니다. 두 번째 문단에서 목표를 성취하는 것만큼이나 중요한 것은 그 과정이고, 시행착오를 통해 성장할 수 있는 것들이 있다는 것, 세 번째 문단의 협업의 중요성 등에서 알 수 있는 핵심 내용은 '아무것도 몰랐던 내가 최선을 다해 성공했다'인데, 석사 학위가 있는 지원자의 경험으로써 적합한 이야기일까요? 이 정도 내용은 중학생도 할 수 있는 이야기입니다. 학/석사 급의 경험에는 'Peer-Review' 같은 구체적인 키워드가 필요합니다. 내 자신의 경험에서 문제점 1의 피드백 내용을 반영할 수 있으면서 보다 학/석사급 연구자가 사용할 만한 구체적인 키워드를 찾아보아야 합니다.

2차 피드백 후 PS와 그 문제점

나에게 대학을 다니면서 최고라고 할 수 있는 점은 다양한 사람, 학문을 접할 수 있는 기회들이 무수하다는 점이었다. 나의 부모님 두 분은 대학교육을 받지 못하셨다. 학문과는 거리가 먼 가정에서 자란 내가 대학에 온 후, 석사 학위를 받고 유학을 꿈꾸는 것은 대학을 통한 경험들 덕분일 것이다. 학부 1학년 세미나 수업에서 연구를 통해 근본적인 병에 대한 접근 방향을 제시할 수 있다는 것에 인상을 받아 한동안 나의 꿈은 국립암센터에서 연구원을 꿈꿨었다. 학교는 이런 나에게 새로운 관점들을 더해주는 Advisor들의 가이드를 통해 내 삶의 방향성을 구체화해 갈 수 있는 곳이었다. 그리고 이런 advisor들의 모습을 봐오며 나도 누군가에게 constructive 가이드를 줄 수 있는 사람이고 싶고, 그런 능력을 갖추고자 하게 되는 동기를 갖게 했다.

논문 review를 받았던 경험은 내 연구의 방향을 구체적으로 만들어나갈 수 있게 해주었다. Peer review와 졸업 논문 심사 피드백을 통해 제안 받은 새로운 관점들로 논문이 업그레이드되었을 뿐만 아니라 나의 연구 관점을 만들어주었다. Cancer Cell diffusion에 관한 첫 석사 논문을 투고하며 받았던 피드백 중 저널의 스콥과 핏이 맞지 않는다는 리뷰어의 결론에도 불구하고, 세심한 comment and suggestion들을 제시해 주었고 이를 통해 개발한 방법을 적용할 수 있는 target cell의 범위를 넓히며 결론을 improve 할 수 있었던 적이 있다. 서로의 연구가 더 잘 될 수 있기 위한 academic help relationship을 경험할 수 있던 덕분에 연구의 방향을 바로 잡아 갈 수 있었고, 나의 연구자로서의 관점도 넓어질 수 있었다.

연구에 대해 전혀 경험이 없던 내가 연구자의 모습을 어느 정도 갖추게 된 것은 교수님의 지도 덕분이다. 지도 교수님과 직접 마주하며 이야기할 기회가 많았고, 이때 들어온 교수님의 연구 접근법에 대한 guidance를 따라오려 노력해왔다. 교수님의 연구 방향은 기술 개발을 하면서도 기술, 현상이 동작하는 원리를 이해는 것까지 늘 초점이 맞춰 있으셨다. 나도 이런 영향을 받아서인지 세포에 dynamics를 응용한 기술 개발보다 현상의 원리에 관심을 가지게 되는 것 같다. 또한, 교수님께 연구를 하며 얻는 보람이 성과가 아니라 과정 그 자체에 있다 것을 직/간접적으로 배워오고 있다. "그 순간 해야 할 것들에 최선을 다하는 것"일 뿐이라는 교수님의 말씀 과 안 풀리던 문제 끝에 우리의 접근이 잘못되었다는 것을 깨달으며 감탄하시는 교수님을 보며 연구 과정에서의 즐거움이 어떤 것인지 배울 수 있었다. 성과에 급급하여 쉽게 좌절하던 석사1년차에 비해 연구뿐만 아니라 삶의 태도로 배워가고 있다.

대학을 경험하며 나만의 관점을 개발해 갈 수 있었고, 조교, 과외를 하며 경험이 부족했던 이전의 나와 비슷한 학생들을 도울 수 있었다. 석사졸업 후 수학, 과학 과외를 1년 정도 했었다. 가르치며 진도를 얼른 나가 성적을 끌어올리는 것도 중요하였지만, 그 이전에 지금 배우고 있는 내용에 대해 흥미를 가져 과정이 즐거워야 한다고 생각했다. 석사까지 거쳐오며 얻어온 나의 배경들로 학생들이 문제를 충분히 생각할 수 있도록 가이드를 하려 노력했다. 날이 갈수록 종종 수업시간이 넘도록 그 친구의 질문들로 이야기하는 날이 많아졌다. 답을 같이 찾아가며 도와 주는 일이 보람이 있었고, 더 좋은 가이드를 전할 수 있는 사람이 되고 싶다는 생각이 들게 했다.

대학을 통해 초반에 나의 막연했던 생각들이 좋은 가이드로 구체적이게 되고 성장할 수 있었다. 함께 성장을 위해 좋은 가이드를 진심으로 해주었던 advisor들의 모습이 나에게도 스며든 것 같다. 앞으로 더 성숙한 advisor가 되기 위해 노력하는 것이 나를 이렇게 교육받게 해준 부모님, 대학, 사회에 보답하는 길이라 생각한다. XXX university에서의 박사 과정을 하며 더 다양한 세상을 접하며 더 큰 시야를 갖추어 Higher education에 기여할 수 있는 사람이 되고자 한다.

문제점 1: 본인의 Higher Education 경험을 '석박사 전문가'의 관점에서 좀 더 구체적으로 정의할 필요가 있습니다. 예를 들어 현재 작성한 첫 두 문단에서 다음과 같은 키워드를 뽑아내어 정의할 수 있겠네요. 첫 번째로는 단순한 Advisor로 표현할 것이 아니라 '석박사 전문가'의 가이드를 통해서 '전문가의 관점'을 이식받을 기회가 있다는 것입니다. Higher Education을 통해 받을 수 있는 소중한 경험이죠. 두 번째는 논문 투고 과정과 졸업 논문 심사를 통해 받은 전문가의 피드백이 바로 '선의'에서 제공된다는 점입니다. 교수, PI 등 박사급 연구자의 소중한 시간을 사용한 피드백을 받을 수 있는 점이 Higher Education의 특징이기도 하니까요.

문제점 2: 세 번째 문단은 글의 주제에서 벗어나는 내용입니다. 하지만 앞 문단에서 다룬 '전문가의 선의에 의한 시간을 들인 피드백으로 내가 성장할 수 있었다'는 내용과 관련된 내용들은 다음 문단에 포함시킬 순 있겠습니다. 예를 들어 교수님의 피드백에 관한 내용입니다. 교수님이 훌륭하신 분이고, 연구하는 태도를 배우겠다는 내용은 당연히 좋은 내용이지만 PS의 주제와는 연관성이 떨어지기 때문입니다.

3차 피드백 후 PS와 그 문제점

나의 부모님 두 분은 대학교육을 받지 못하셨다. 학문과는 거리가 먼 가정에서 자란 내가 대학에 온 후, 석사 학위를 받고 유학을 꿈꾸는 것은 대학을 통한 경험들 덕분일 것이다.

내가 경험하고, 결과적으로 나를 성장시켰던 Higher-education의 장점은, 나는 크게 두 가지 특징으로 얘기할 수 있다고 본다. 첫 번째는 '전문가의 관점'을 이식받을 기회가 있다는 것이다. 학부 1학년 세미나 수업에서 연구를 통해 근본적인 병에 대한 접근 방향을 제시할 수 있다는 새로운 관점을 접할 수 있었고, 나의 비전은 환자 개개인의 치료라는 관점에서만 healthcare를 바라보았던 미시적 관점이 아닌, 거시적인 임팩트를 줄 수 있는 펀더멘털 리서치를 하는 것으로 바뀌게 되었다. 또한, 생체 역학 수업 교수님의 박사 PI의 초청 세미나를 들었던 경험은 기초 연구에 있어 미국이 강대국이라는 확실한 인상을 받게 된 첫 계기가 되었고 이 후 미국에서의 연구를 더 관심 있게 살필 수 있게 됐다. 학교는 이런 나에게 새로운 관점들을 더해주는 Advisor들의 가이드를 통해 내 삶의 방향성을 구체화해 갈 수 있는 곳이었다.

두 번째 특징은, 전문가가 선의로 자신의 소중한 시간을 사용하여 피드백을 남긴다는 것이다. 논문 투고과정의 re비전 경험과 교수님께 받아온 지도가 그 대표적인 사례라 할 수 있다. 피드백을 통해 제안 받은 새로운 관점들로 논문의 방향성과 논리적 탄탄함은 한층 향상되었다. Cancer Cell diffusion에 관한 첫 논문을 투고하며 받았던 세심한 comment and suggestion들 덕분에, 개발한 방법을 적용할 수 있는 target cell의 범위를 넓히며 결론을 improve 할 수 있었던 경험은 잊을 수 없다. 또한, 실험 조건을 못 잡아 밤샘실험을 하던 때, 자정이 넘은 시간에 퇴근길에 실험실을 들리신 교수님께 실험실에서 직접 받은 피드백은 대수롭지 않게 여겼던 실험 조건들을 점검하는 연구자가 되어 갈 수 있게 했다. 연구를 통해서 서로가 더 잘 될 수 있기 위한academic help relationship을 경험할 수 있던 덕분에 연구자로서 한층 성장할 수 있었으며, 이러한 경험들이 내가 higher-education을 경험하며 얻었던 혜택이라고 생각한다.

대학을 경험하며 나만의 관점을 개발해 갈 수 있었고, 조교, 과외를 하며 관점을 제공받지 못했던 이전의 나와 비슷한 학생들을 내가 기꺼이 시간을 들여 피드백을 함으로써 성장을 도울 수 있었다. 석사졸업 후 수학, 과학 과외를 1년 정도 했었다. 당장의 성적을 끌어올리는 것도 중요하였지만, 석사까지 거쳐오며 얻어온 나의 배경으로 학생들에게 '문제의 본질을 궁금해하는 관점'을 충분히 생각할 수 있도록 피드백을 주었다. 날이 갈수록 수업시간이 넘도록 그 학생들의 질문들이 많아졌고, 스스로 하는 공부에 흥미를 가지게 되었다. 이러한 결과는 내가 경험했던 higher-education의 특장점들의 핵심을 아직 higher-education을 경험하지 못한 학생들에게 이식할 수 있었기에 얻을 수 있었던 결과라고 생각한다.

대학을 통해 초반에 나의 막연했던 생각들이 좋은 가이드로 구체적이게 되고 성장할 수 있었다. 함께 성장을 위해 좋은 가이드를 진심으로 해주었던 advisor들의 모습이 나에게도 스며든 것 같다. 그리고 이런 advisor들의 모습을 봐오며 나도 누군가에게 constructive 가이드를 줄 수 있는 사람이고 싶고, 그런 능력을 갖추고자 하게 되는 동기를 갖게 했다. 앞으로 더 성숙한 giver가 되기 위해 노력하는 것이 나를 이렇게 교육받게 해준 부모님, 대학, 사회에 보답하는 길이라 생각한다. XXX university에서의 박사 과정을 하며 더 다양한 관점을 접하며 더 큰 시야를 갖추어 Higher education의 혜택을 받지 못하는 사람들에게 기회를 제공하는데 기여할 수 있는 사람이 되고자 한다.

문제점 1: 세 번째 문단에서 '전문가의 선의'를 잘못 해석한 부분에 대한 수정이 필요합니다. '또한, 실험 조건을 못 잡아 밤샘실험을 하던 때, 자정이 넘은 시간에 퇴근길에 실험실을 들리신 교수님께 실험실에서 직접 받은 피드백은 대수롭지 않게 여겼던 실험 조건들을 점검하는 연구자가 되어 갈 수 있게 했다.'는 부분인데요. 리뷰어가 내 논문을 리뷰하는 것은 의무가 아니지만 지도 교수님은 학생을 지도하는 것이 의무이기 때문에, '전문가의 선의'로 해석하는 것은 무리가 있어 보입니다.

국문 PS 최종본

나의 부모님 두 분은 대학교육을 받지 못하셨다. 학문과는 거리가 먼 가정에서 자란 내가 대학에 온 후, 석사 학위를 받고 유학을 꿈꾸는 것은 대학을 통한 경험들 덕분일 것이다.

내가 경험하고, 결과적으로 나를 성장시켰던 Higher-education의 장점은, 나는 크게 두 가지 특징으로 얘기할 수 있다고 본다. 첫 번째는 '전문가의 관점'을 이식 받을 기회가 있다는 것이다. 어릴 적 가족의 암 투병을 접했던 나는 개개인의 치료라는 관점에서만 healthcare를 바라보고 있었다. 학부 1학년 세미나 수업에서 연구를 통해 근본적인 병에 대한 접근 방향을 제시할 수 있다는 새로운 관점을 접할 수 있었고, 나의 비전은 환자 개개인의 치료라는 미시적 관점이 아닌, 거시적인 임팩트를 줄 수 있는 펀더멘털 리서치를 하는 것으로 바뀌게 되었다. 또한, 연구를 하며 지도 교수님이 제시하셨던 늘 새로운 여러 접근 방법들로 가설을 세우기에 앞서 한 가지의 접근을 하던 내 관점에서 나아가 연구를 발전시킬 수 있었다. 학교는 이런 나에게 새로운 관점들을 더해주는 Advisor들의 가이드를 통해 내 삶의 방향성을 구체화해 갈 수 있는 곳이었다.

두 번째 특징은, 전문가가 선의로 자신의 소중한 시간을 사용하여 피드백을 남긴다는 것이다. 논문 투고과정의 revision 경험과 공동 실험실에서의 실험 경험이 그 대표적인 사례라 할 수 있다. 피드백을 통해 제안 받은 새로운 관점들로 논문의 방향성과 논리적 탄탄함은 한층 향상되었다. Cancer Cell diffusion에 관한 첫 논문을 투고하며 받았던 세심한 comment and suggestion들 덕분에, 개발한 방법을 적용할 수 있는 target cell의 범위를 넓히며 결론을 improve 할 수 있었던 경험은 잊을 수 없다. 또한, 실험 조건을 잡기 위해 밤샘실험을 하던 때, 기꺼이 내 실험의 문제를 같이 고민해 주었던, 다른 실험을 하던 옆 동료들로부터 얻은 피드백은 이 전에는 보지 못했던 중요한 실험 변수들을 고려하며 문제를 해결해 나갈 수 있게 했다. 서로의 연구가 더 잘 될 수 있기 위한 academic help relationship을 경험할 수 있던 덕분에 연구자로서 한층 성장할 수 있었으며, 이러한 경험들이 내가 higher-education을 경험하며 얻었던 혜택이라고 생각한다.

대학을 경험하며 나만의 관점을 개발해 갈 수 있었고, 조교, 과외를 하며 관점을 제공받지 못했던 이전의 나와 비슷한 학생들을 내가 기꺼이 시간을 들여 피드백을 함으로써 성장을 도울 수 있었다. 석사졸업 후 수학, 과학 과외를 했었다. 당장의 성적을 끌어올리는 것도 중요하였지만, 석사까지 거쳐오며 얻어온 나의 배경들로 학생들에게 '문제의 본질을 궁금해하는 관점'을 충분히 생각할 수 있도록 피드백을 주었다. 날이 갈수록 수업시간이 넘도록 그 학생들의 질문들이 많아졌고, 스스로 하는 공부에 흥미를 가지게 되었다. 이러한 결과는 내가 경험했던 higher-education의 특장점들의 핵심을 아직 higher-education을 경험하지 못한 학생들에게 이식할 수 있었기에 얻을 수 있었던 결과라고 생각한다.

대학을 통해 초반에 나의 막연했던 생각들의 잠재성을 발견해주고 더 좋은 관점을 얻어가며를 해주는 advisor들의 구체적이게 되고 성장할 수 있었다. 함께 성장을 위해 좋은 가이드를 진심으로 해주었던 advisor들의 모습이 나에게도 스며든 것 같다. 그리고 이런 advisor들의 모습을 봐오며 나도 누군가에게 constructive 가이드를 줄 수 있는 사람이고 싶고, 그런 능력을 갖추고자 하게 되는 동기를 갖게 했다. 앞으로 더 성숙한 giver가 되기 위해 노력하는 것이 나를 이렇게 교육받게 해준 부모님, 대학, 사회에 보답하는 길이라 생각한다. XXX university에서의 박사 과정을 하며 더 다양한 관점을 접하며 더 큰 시야를 갖추어 Higher education의 혜택을 받지 못하는 사람들에게 기회를 제공하는데 기여할 수 있는 사람이 되고자 한다.

PS 최종본이 어떻게 완성되었는지 확인해 봅시다. 전공 관련 내용이 없으니 논리적 흐름만 자연스러워도 충분합니다. 다만 PS의 목적인 Diversity, Equity, and Inclusion이 잘 드러났는지를 유념하면서 살펴보겠습니다.

첫 문장은 지원자가 First Generation Higher Education인 것을 밝히며, 고등교육을 받는 기회가 자신의 삶을 어떻게 바꾸었는지에 대해 이야기합니다. 대학교육을 받으면서 석사 학위도 이수하고 유학도 꿈꾸게 했다는데 어떤 경험이 지원자를 연구자의 길로 이끌었을까요? 두 번째와 세 번째 문단은 지원자의 개인적 성장에 대해 다루고 있습니다. 대학에서 얻을 수 있었던 전문가의 관점, 그리고 전문가들이 선의로 제공하는 피드백을 통해 본인의 연구적 비전을 구체화할 수 있고 그 결과 삶의 방향성도 구체화할 수 있었다고 밝히고 있습니다. 특히 이 과정에서 나 자신이 잘나서 성장할 수 있었던 것이 아니라, 대학에서 만난 전문가들과 그들의 선의에 의해 이뤄지는 피드백에 감사하는 모습도 보여줍니다. 이어지는 네 번째 문단에서 지원자는 개인적 성장에 그치지 않고, 자신이 속한 공동체의 발전을 위해 행동하는 모습을 보여줍니다. 개인적 성장을 통해 얻은 인사이트를 자신 역시 공동체에 전파함으로써 선한 영향력을 주려고 한 것입니다. 마지막으로는 이렇게 배우고 성장한 것에 그치는 것이 아니라, 계속해서 발전하면서 공동체와 사회에 보답하는 인재가 되고 싶다는 포부로 마무리했네요.

처음에 작성했던 스토리라인과 비교하면 어떤가요? 소재는 동일한데 핵심 키워드를 제대로 선정하니 연결되는 이야기들이 자연스럽고 진솔한 사례들도 돋보입니다. 특히 지원자의 개인적인 비전인 '누군가에게 Constructive한 가이드를 줄 수 있는 사람이 되고 싶고, 이를 통해 더 성숙한 Giver가 되고 싶다'를 확인하며 삶에 대한 가치관도 어느 정도 파악할 수가 있게 되었습니다. 이전에 작성했던 SOP의 스토리라인과 비교해보면 PS는 전혀 다른 글이라는 것을 확실하게 알 수 있을 것입니다. 만약 여러분이 작성한 SOP와 PS의 내용이 그리 다르지 않다면, 둘 중 하나는 잘못 쓴 것이니 꼭 비교해 보시기 바랍니다.

이 사례에서 배울 수 있는 유의사항

PS는 SOP와 비교했을 때 분명 작성이 쉬운 편입니다. 하지만 한 편의 글이라는 관점에서 볼 때 SOP와 마찬가지로 글의 논리적인 전개가 필수적입니다. PS의 목적을 알고, 이 글에서 요구되는 Diversity, Equity, and Inclusion에 해당하는 주제 하나를 잡고 일관되게 글을 전개할 수 있어야 합니다. 이 과정에서 흔히 하는 실수 중 하나는 단순히 본인이 좋은 사람이라는 이야기를 하기 위해 여러 사례를 섞어서 작성하는 것입니다. 그 과정에서 PS에서 요구하는 소재가 아닌 내용들이 많이 포함되기 때문에 결국 글의 가치를 잃게 됩니다. 이러한 내용들은 글의 흐름을 방해할 뿐만 아니라 좋은 PS라고 볼 수도 없습니다. 따라서 PS를 쓸 때는 주제의식을 잃지 않도록 작성해야 한다는 점을 꼭 유념하세요.

SOP는 스토리 아웃라인을 작성하는 것이 필수이지만, PS에서는 개요를 짜는 것만으로도 충분합니다. 하지만 만약 글을 논리적으로 전개하는 것이 힘들게 느껴진다면 그것은 글쓰기 훈련이 부족하기 때문이니 PS의 스토리 아웃라인을 만들어보는 것을 추천합니다. 스토리 아웃라인을 어떤 식으로 작성해야 하는지는 이전 챕터에서 충분히 연습했기 때문에 더 복습하지는 않겠습니다. 이렇듯 SOP와 PS라는 힘난한 산을 넘었습니다. 실전 사례 분석의 마지막은 바로 연구자의 명함과도 같은 CV입니다.

8

CV 사례
분석

CV는 템플릿만 잘 사용하면 될까?

미국 석박사 과정 필수 서류들 중, 지원자들이 가장 어렵게 생각하는 서류는 SOP입니다. 이번 장에서 실제 사례를 자세히 보셨으니, 쉽게 동의할 수 있을 것 같네요. 그럼 반대로, 비교적 쉽게 생각하는 서류는 무엇일까요? 바로 CV입니다. 인터넷 등에서 그 템플릿을 비교적 쉽게 구할 수 있기 때문인데, 이 템플릿에만 맞춰서 작성하면 되니 상대적으로 쉬워 보이지요. 그런데 과연 템플릿만 따라서 작성해도 정말 효과적일까요?

다시 한번 미국 석박사 유학의 핵심을 생각해봅시다. 바로 '채용'이었고, Integrity, Intelligence, Initiative or Energy라는 핵심 요소들이 필요했습니다. 그중 SOP는 Integrity, 즉 모티베이션, Attitude를 확인할 수 있는 서류였으며, 우리는 SOP 작성 사례에서 이 요소를 어떻게 강조할 수 있는지 그 실전 적용 방법을 배웠습니다. CV도 당연히 채용의 핵심 요소들을 나타낼 수 있어야 합니다. CV는 그 특성상 Intelligence와 Initiative or Energy를 나타내기 쉬우며, Integrity를 직접적으로 나타내기는 어렵다는 것을 5장에서 언급한 바 있습니다. CV를 작성하기 위해서는, 단순히 템플릿에 맞추는 것이 아니라, 내가 작성한 내용이 채용의 주요 요소들을 잘 드러낼 수 있는지를 고민해야만 합니다.

우리는 이미 스토리 아웃라인과 SOP를 작성하며 내가 연구하는 이유, 즉 비전과 미션에 대한 생각을 정립했습니다. 이 두 가지는 Why에 대한 설명이 주가 되는 서류죠. CV에서 필요한 것은 이 비전과 미션을 달성하기 위해 실제로 내가 어떻게 했는지, 즉 How에 대한 설명에 초점을 맞춰야 합니다. 아무 생각 없이 주어진 템플릿만 채우다 보면, 비전과 미션 달성 내용과 상관없는 것들로 CV를 채워 나갈지도 모릅니다. 스토리 아웃라인에서 내가 무슨 이유로 연구하는지를 잘 설정해놨음에도 불구하고, CV를 잘못 작성하면 그 이유가 잘 드러나지 않거나, 혹은 다른 이유로 오해하는 일이 생기기도 합니다. 예를 들어 CV에 연구성과물로 특허 실적만 가득할 경우, 어드미션 커미티는 이 지원자가 논문 작성보다는 특허 출원/등록에 더 관심이 많을 것이라고 생각할 것입니다. 민감한 응용분야 연구를 진행한, 본인만의 비전이 있는 지원자를 기대할 수 있을 것입니다. 그런데 막상 SOP에선 기초과학에 대한 연구 열정만 드러내고 있다면, 어드미션 커미티 입장에서는 이 두 상반된 두 서류가 동일한 사람을 묘사하고 있는 게 맞는지 헷갈리기 시작할 것입니다. 또 다른 예로써, 내가 해왔던 연구 분야 B를 벗어나 새로운 분야인 A 연구를 해 보고 싶은 경우를 들 수 있습니다. 물론 새로운 분야 연구 A의 필요성에 대해서는 스토리라인과 SOP 작성을 통해 성공적으로 논리 구조와 비전을 설정했다고 가정해 봅시다. 이 경우야말로 CV 작성시 굉장히 고민을 많이 해야 합니다. 왜냐하면 CV는 본인이 여태껏 진행해 왔던 연구 분야인 B 관련이니, B 연구 분야의 키워드만 가득 적혀 있을 가능성이 높기 때문입니다. 내가 하고 싶은 연구 분야인 A 의 키워드는 하나도 없을 수 있습니다. 이러한 CV를 보는 어드미션 커미티는, 지원자를 'B 연구를 하는 연구자'로 짐작할 가능성이 높습니다. 그리고 나서 A를 하고 싶어 하는 SOP를 읽으면 서로 다른 두 서류의 충돌하는 내용 때문에 혼란에 빠질 것입니다. 이런 이유로 대부분의 경우 다른 분야의 연구로 전환하긴 힘듭니다. 그럼에도 불구하고 전환이 불가능한 것은 아닌데, B 연구 중에서도 A 연구 분야와 중첩되는 교집합 부분을 잘 골라내어 A 연구를 통해 목표인 비전 달성 가능성을 논리적으로 제시할 수 있는 경우입니다. 빠르게 읽어본 두 서류 SOP와 CV에서 공통적으로 A 연구 분야에 대한 키워드들이 많이 등장하니, 어드미션 커미티를 논리적으로 설득할 수 있는 기회가 있는 것이죠.

CV 작성 역시, 스토리 아웃라인과 SOP를 바탕으로 작성해야만 합니다. 물론 CV는 작성 항목이 어느 정도 정해져 있기 때문에 SOP나 PS 대비 작성 자유도가 떨어지는 편이긴 합니다만, 그렇다고 템플릿에 맞춰서 작성하는 것은 절대 좋은 전략이 될 수 없습니다. CV를 작성 전, 본인의 스토리라인과 지원 전략을 고민해 보고 어떤 템플릿이 가장 어울릴지 스스로 결론을 내린 상태에서 작성을 시작해야 합니다. 같은 이유에서 이번 사례에서 다룰 CV 템플릿이 여러분들에게도 최적의 해답일 가능성은 거의 없습니다. 여러분들은 이번 사례에서 왜 저런 형식으로 CV를 작성했는지 그 논리적 이유를 채용과 연계해서 유추해보고, 본인의 사례에도 적용할 수 있어야 합니다.

이 지원자의 맞춤형 전략

이 지원자는 한번 탈락의 고배를 마셨습니다. 똑같은 CV를 다시 한번 제출하는 것은 의미가 없기에, 이 지원자의 CV상 약점과 강점을 분석하고 약점은 최대한 덜 드러나고 강점이 부각될 수 있는 CV를 작성하기 위한 전략을 세웠습니다. 우선 약점은 다음과 같습니다.

하나는 본인 연구의 비전과 미션 부재입니다. 첫 도전 시 탈락의 가장 큰 이유는 결국 본인 스스로도 연구 목표와 연구 결과의 이유를 잘 설명하지 못했기 때문입니다. 당연히 서브미션과 디테일한 연구 키워드로 이어지는 Terminology hierarchy 또한 갖추어지지 않았을 것입니다. 다른 하나는 탈락의 고배를 마신 뒤 있었던 2년간의 연구 공백입니다. 결코 짧지 않은 시간 연구와는 상관없는 일을 했기 때문에, 연구자로서 비전 등 Integrity가 의심받을 수 있는 수준이었습니다. 서류과정을 무사 통과한다 하더라도, 인터뷰에서 얼마든지 질문 받을 수 있는 사항이었습니다. 사실 이 정도의 공백기간은 CV를 '잘 작성해서' 어떻게든 넘어갈 수 있는 수준이 아닙니다. 채용 과정의 어떤 길목에서든 이 질문을 한 번은 받게 될 것이고, 그때 어떤 답변을 내놓을 것인지에 대한 고민을 미리 깊이 해야 합니다. 김박사넷 유학교육 프로그램에서 제시한 방법은 1)연구자로서의 역량을 충분히 매력적으로 어필할 수 있는 서류를 준비한 후, 2)인터뷰에선 연구 자체보다 더 큰 관점, 즉 인생이라는 관점에서 해당 공백기의 경험에 스스로 어떤 의의를 두는지를 본인의 비전과 연결시키는 전략입니다. 다행히도 이 지원자는 위 전략을 충실히 따라 좋은 결과를 얻게 되었습니다.

강점은 다음과 같습니다. 우선, 김박사넷 유학교육 프로그램을 거치며 첫 번째 약점을 극복했다는 점입니다. 비전과 미션을 설정하고, 본인의 연구가 이를 달성하기 위한 마일스톤으로서 어떤 의의를 가지고 있는지 스스로 분석하고 재정의했습니다. 결과적으로, Terminology Hierarchy 역시 제대로 갖추게 되었죠. 그 다음으로는 많은 논문과 좋은 학점을 들 수 있습니다. 그럼에도 불구하고 첫 도전에서 실패를 했다는 것은, 이러한 정량 '스펙'이 전부가 아니라, 정량-정성 종합평가가 더 중요하다는 방증으로 볼 수 있습니다. 마지막으로, PS의 소재로 쓰일만한 활동 이력이 있었습니다. 약점과 강점을 분석한 후, 구체적으로 어떤 항목을 차용하여 강점을 강조한 CV를 작성할 수 있을지를 결정했습니다.

이 지원자의 CV 항목 전략

우선, Research Interest라는 항목을 신설하고 CV 최상단에 배치함으로써 약점에서 강점으로 변화한 부분을 드러내기로 했습니다. 이 항목 작성이 쉬운 것은 아니기 때문에, 여러 번의 피드백을 거쳤으며 후반 챕터의 사례에서 자세히 확인할 수 있을 것입니다.

두 번째로, Research Experience라는 항목을 신설하고 상단 두 번째에 배치하여, 공백기간보다는 현재 연구를 진행하고 있다는 점이 더 눈에 띄도록 배치했습니다. Publication List 항목에도 'in preparation'으로 표기된 논문 실적을 하나 추가했는데, 현재 연구를 진행하고 있다는 점과 얼라인되는 정보로 활용하기 위해서입니다. Research Interest 항목에서 다뤘던 비전과 미션 레벨의 키워드들보다 더욱 세부적인 레벨의 키워드들을 사용하여, 전문성을 드러내고자 했습니다. SOP의 서론과 본론에서 다뤘던 핵심 키워드들을 CV에도 등장시키면서, 서로 다른 서류에서도 비전을 향한 연구자로서의 목적과 마일스톤들이 명확하게 보이도록 의도한 것입니다.

마지막으로, Committee Service 항목을 신설하여 PS에서 등장할 소재를 CV에서도 등장시켜, 모든 주요 서류에서 전체적인 지원자 이야기의 결이 일치하도록 준비했습니다. 다음 챕터에서는 CV의 피드백 전후를 비교하며, 동일한 내용을 가지고 어떻게 CV를 효과적으로 작성할 수 있는지 실행 사례를 확인하도록 하겠습니다. 개인 정보 보호를 위해 지원자의 이름과 학교 등 유추 가능한 정보들은 임의의 이름으로 변경되거나 XXX 처리가 되었습니다. 여러분들이 중점적으로 확인하셔야 할 것은 디테일한 정보가 아니라 비전과 미션을 가지고 있는 지원자의 CV는 어떻게 읽히는지입니다.

기존 CV와 바뀐 CV 차이점

첫 도전 때 사용됐던 기존 CV는 아래와 같습니다.

Baksa Kim

EDUCATIONS

◇ XXXX University (S. Korea)

 M. S., Biomedical Engineering, 2020 (GPA 3.XX /4.0)

 Thesis: Investigating the chaotic movements of cancer cell diffusion and migration through analysis

 Advisor: Gil-Dong Hong

◇ XXXXX University (S. Korea)

 B. S., Biomedical Engineering, 2017 (major GPA 3.XX/4.0)

 B. S., Mechanical Engineering, 2017 (major GPA 3.XX/4.0)

PUBLICATION

B. Kim, A. Jun, B. Song, C. Kim, D. Choi, and G.-D. Hong, "Examining the unpredictable behavior of cells separated using a modified active contour technique" in SCIE Journal, 10, 6816 (2020)

A. B. Lee, C. D. Park, E.-F. Kang, G. Kim, **B. Kim**, and G.-D. Hong, "Controllable grouping of synthetic cells using DNA signals" in arXiv, 2020.12.18.34432 (2020)

B. Kim, A. Jun, B. Song, C. Kim, D. Choi, and G.-D.Hong, "Examining the comparison of unusual diffusion properties of tumor cells" in SCIE Journal,, 23(11),129 (2019)

G.-D. Hong, **B. Kim**, and D. Kim, "Investigating the influence of aspect ratio on the sideways movement of cylindrical particles in a linear shear flow" in SCIE Journal, 14, 4980-4988 (2017)

D. Kim, **B. Kim**, S.D. Kim, A.S. Geem and G.-D.Hong, "Investigating the impact of inertial forces on the movement of cylindrical particles in linear shear flow close to a boundary" in SCIE Journal, 20, 85 (2016)

B. Kim and G.-D. Hong, "A computational investigation of the behavior of nano/micro-sized prism particles in linear shear flow close to a boundary" in SCIE Journal, 12(12), 5695-5702 (2015)

G.-D. Hong and B. Kim, "Examining the forces acting on non-spherical particles near a boundary" in SCIE Journal, 5(4), 299-305 (2015)

RESEARCH PRESENTATION

B. Kim, Y.J. Kim and G.-D. Hong, "A microfluidic device that produces chemical gradients over a broad range of shear rates", poster at XXX annual meeting, 10/2019

B. Kim, Y.J. Kim, S.H. Lim, S.Y. Kim and G.-D. Hong, "Investigating how cell shape impacts the persistent chaotic movements of cells", poster at XXX annual meeting, 10/2019

B. Kim, S.H. Lim, S.H. Yoo, H. Jeong, S.Y. Kim, W. Lee and G.-D. Hong, "Examining the impact of fluid shear stress on the migration of cancer cells", oral poster at XXX autumn conference, 11/2018

B. Kim, S.H. Lim, S.H. Yoo, H. Jeong, S.Y. Kim, W. Lee and G.-D. Hong, "Determining the properties of cellular membrane cholesterol through analysis of random movements", oral poster at XXX autumn conference, 11/2018

B. Kim, S.H. Lim, S.H. Yoo, J. Hwang, S.Y. Kim, W. Lee and G.-D. Hong, "Investigating how membrane cholesterol influences the random movement of cancer cells", poster at XXX spring conference, 05/2018

B. Kim, J. Hwang, W. Lee and G.-D. Hong, "Investigating the unusual random movements of tumor cells", poster at XXX 2017 autumn conference, 11/2017

B. Kim, J. Hwang, W. Lee and G.-D. Hong, "Examining the impact of size on the random movement of colloidal particles close to a surface", poster at XXX annual meeting, 10/2017

B. Kim, J. Hwang, W. Lee and G.-D. Hong, "Investigating how particle size affects the random movement of particles close to a surface", poster at XXX 2017 spring conference, 05/2017

RESEARCH SKILLS

◇ Experimental skills

: Cell culture, AFM, Cell fluorescence imaging, Western blot, Live cell imaging, Microfluidics, Soft lithography, Flowchamber(GlycoTech), Zetasizer, Mutisizer

Duties: Measuring cell stiffness, Random motion analysis, Persistence analysis on cell migration, Cell migration experiment under shear flow; Designing microfluidic chips for chemotaxis

◇ Numerical analysis skills

: Fluent, COMSOL Multiphysics, Hyperworks, MATLAB, C, OriginLab, ImageJ, AutoCAD Duties: Fluid Particle interaction, Finite Element Method, Molecular Dynamics

AWARDS

◇ Graduation Presentation Award, 2015
◇ XXXX University Academic Honors, 2013

FELLOWSHIP

◇ XXXX university Teaching Assistant Fellowship, 2018
◇ XXXX university Teaching Assistant Fellowship, 2017

SCHOLARSHIP

◇ XXXX university BK21 Scholarship, 2017-2018
◇ Outstanding Graduate School Students Scholarship; full scholarship (2 years of funding), 2017-2018
◇ XXXX International Scholarship Foundation Achievement Scholarship, 2016
◇ Korea Student Aid Foundation Scholarship; full scholarship (4 years of funding), 2012-2015

RESEARCH EXPERIENCE

◇ Graduate research assistant, XXXXX Laboratory, XXXX University, 03/2017-
08/2020
Advisor: Gil-Dong Hong
◇ Internship, XXXXX Laboratory, XXXX University, 09/2013-06/2015
Advisor: Gil-Dong Hong

RESEARCH EXPERIENCE
◇ Teaching Assistant: Engineering Mathematics(2) (2020 spring), XXXXX
Laboratory Capstone Design(1) (2018 spring), Calculus & Vector Analysis(1)
(2017 spring)

재수에서 합격 결과를 만들어냈던 CV는 아래와 같습니다.

Baksa Kim

Email: baksakim@xxxx.ac.kr   1 Address, City, Republic
Phone: +82) 10 1234 5678

Research Interest	I am interested in how external and internal mechanical factors determine cell transport mechanisms. Currently, I study single-cell dynamics of passive and active transport employing experimental and numerical approaches. My research goal is to develop new fundamental understandings of cellular dynamics, which could advance the way medicine is practiced.
Research Experience	Researcher, XXXXX Laboratory, XXXX University, 2022-Present Advisor: Gil-Dong Hong

- **Analysis of passive/active elements in cell transport dynamics**
- **Development of a localization method for single-cell dynamics**
- **Design of microfluidic systems for cell migration dynamics**

Internship, XXXXX Laboratory, XXXX University, 2013-2015
Advisor: Gil-Dong Hong

Education	**XXXX University (Republic of Korea)**

Education

XXXX University (Republic of Korea)

M. S., Biomedical Engineering, 2020

Thesis: Investigating the chaotic movements of cancer cell diffusion and migration through analysis

Advisor: Gil-Dong Hong

GPA: 3.XX/4.0

XXXX University (Republic of Korea)

B. S., Double Major - Biomedical Engineering & Mechanical Engineering, 2017

GPA: 3.XX/4.0

Publications

1. **Baksa Kim**, First Name Lee, and Gil-Dong Hong, "Creating velocity and chemical gradients to investigate the direction of cell migration", in preparation

2. **Baksa Kim**, First Name Jun, First Name Song, First Name Kim, First Name Choi, and Gil-Dong Hong, "Examining the unpredictable behavior of cells separated using a modified active contour technique", SCIE Journal, 2020

3. **Baksa Kim**, First Name Jun, First Name Song, First Name Kim, First Name Choi, and Gil-Dong Hong, "Examining the comparison of unusual diffusion properties of tumor cells", SCIE Journal, 2019

4. **Baksa Kim** and Gil-Dong Hong, "A computational investigation of the behavior of nano/micro-sized prism particles in linear shear flow close to a boundary", SCIE Journal, 2015

5. Gil-Dong Hong, **Baksa Kim**, and First Name Kim, "Investigating the influence of aspect ratio on the sideways movement of cylindrical particles in a linear shear flow", SCIE Journal, 2017

6. First Name Kim, **Baksa Kim**, First Name Kim, First Name Geem, and Gil-Dong Hong, "Investigating the impact of inertial forces on the movement of cylindrical particles in linear shear flow close to a boundary", SCIE Journal, 2016

7. Gil-Dong Hong and **Baksa Kim**, "A computational investigation of the behavior of nano/micro-sized prism particles in linear shear flow close to a boundary" SCIE Journal, 2015

8. First Name Lee, First Name. Park, First Name Kang, First Name Kim, **Baksa Kim**, and Gil-Dong Hong, "Controllable grouping of synthetic cells using DNA signals", SCIE Journal, 2021

Conference
1. **Baksa Kim**, First Name Kim, First Name Lim, First Name Kim, and Gil-Dong Hong, "Investigating how cell shape impacts the persistent chaotic movements of cells", XXX annual meeting, 2019

2. **Baksa Kim**, First Name Kim, and Gil-Dong Hong, "A microfluidic device that produces chemical gradients over a broad range of shear rates", XXX annual meeting , 2019

3. **Baksa Kim**, First Name Lim, First Name Yoo, First Name Joeng, First Name Kim, First Name Lee, and Gil-Dong Hong, "Examining the impact of fluid shear stress on the migration of cancer cells", XXX autumn conference, 2018

4. **Baksa Kim**, First Name Lim, First Name Yoo, First Name Jeong, First Name Kim, First Name Lee, and Gil-Dong Hong, "Determining the properties of cellular membrane cholesterol

through analysis of random movements", XXX autumn conference, 2018

5. **Baksa Kim**, First Name Lim, First Name Yoo, First Name Hwang, First Name Kim, First Name Lee, and Gil-Dong Hong, "Investigating how membrane cholesterol influences the random movement of cancer cells", XXX spring conference, 2018

6. **Baksa Kim**, First Name Hwang, First Name Lee, and Gil-Dong Hong, "Investigating the unusual random movements of tumor cells", XXX autumn conference, 2017

7. **Baksa Kim**, First Name Hwang, First Name Lee, and Gil-Dong Hong, "Examining the impact of size on the random movement of colloidal particles close to a surface", XXX spring conference, 2017

8. **Baksa Kim**, First Name Hwang, First Name Lee, and Gil-Dong Hong, "Investigating how particle size affects the random movement of particles close to a surface", XXX annual meeting, 2017

Awards & Honors	• (Full scholarship) Outstanding Graduate School Students Scholarship, 2017-2018
	• (Full scholarship) Korea Student Aid Foundation Scholarship, 2012-2015
	• BK21 Scholarship, XXXX University, 2017-2018
	• XXXX University Teaching Assistant Fellowship, 2017-2018
	• XXXX International Scholarship Foundation Achievement Scholarship, 2016
	• Graduation Presentation Award, XXXX University, Biomedical Engineering, 2015
	• XXXX University Academic Honors, 2013

Skills & Techniques	• Experimental skills : Cell culture, AFM, Cell fluorescence imaging, Western blot, Live cell imaging, Microfluidics, Soft lithography, Flowchamber (GlycoTech), Zetasizer √ Duties: Measuring cell stiffness, Random motion analysis for particle and cell motion, Persistence analysis on cell migration, Analyzing cell migration under shear flow, Designing microfluidic chips for chemotaxis • Numerical analysis skills : Fluent, COMSOL Multiphysics, Hyperworks, MATLAB, OriginLab, ImageJ, AutoCAD √ Duties: Molecular Dynamics, Finite Element Method, Fluid Particle interaction
Teaching Experiences	• Teaching assistant, Biotransport Phenomena (XXXX Univ., 2020) • Teaching assistant, Engineering Mathematics(2) (XXXX Univ., 2020) • Teaching assistant, Biomedical Laboratory Capstone Design(1) (XXXX Univ., 2018) • Teaching assistant, Calculus &Vector Analysis(1) (XXXX Univ., 2017)
Committee Service	• Teaching science for high school students, 2012 • Civitan, going in a group to a welfare center for intellectual disability, 2013-2015

어떤 변화가 느껴지시나요? 물론, 개선된 디자인의 템플릿을 사용했기 때문에 시각적으로 더 편안하게 읽힌다는 점도 눈에 띄지만, 더 중요한 것은 내용입니다. 이전 챕터인 항목 전략이 어떻게 적용되었는지, 확인하셨나요? 가장 눈에 띄는 것은 CV 상단에 추가된 두 항목일 것입

니다. 앞서 모든 서류를 두괄식으로 작성해야 한다는 말씀을 드렸는데, CV도 마찬가지입니다.

가장 강조하고 싶은 내용일수록 상단에 배치해야 하고, 전체 CV 내용 중에서도 첫 장에 주요 내용들이 다 들어가 있어야 합니다. 바뀐 CV의 상단부에서는 SOP가 요약된 듯한 정보를 확인할 수 있습니다. 3~4문장 정도로 요약되어 있고, 더 상세한 Terminology도 바로 아래 항목, 볼드체 글씨에서 확인해볼 수 있다는 점이 달라졌습니다.

출판된 Publication이나 Conference는 달라진 점이 없습니다. 2년간의 공백기간 동안 연구 활동이 없었기 때문에 당연한 일입니다. 'in preparation' 표현으로 추가된 논문이 하나 있긴 하지만, 말 그대로 준비 중인 논문이고 review 과정에 있는 논문도 아니기 때문에 실적으로서의 의미는 없습니다. 앞선 챕터에서 언급한 것처럼, 다른 항목과 연계하여 현재 연구중임을 강조하기 위한 표현으로 보는 것이 더 적절합니다.

그 외 Awards & Honor, Skills & Technique, Teaching Experience 항목은 기존에 있던 항목들을 합치거나 순서를 약간 변경했을 뿐, 큰 차이가 있는 것은 아닙니다. 마지막으로 Committee Service 항목이 추가되었는데, 이는 연구 경험은 아니어서 채용의 관점에서 봤을 때 중요도가 떨어지므로 CV의 하단부에 간략하게 작성하는 것이 좋습니다. 중요도가 떨어지는 항목을 넣은 것은 PS에서 다시 한번 언급될 소재이기 때문입니다.

이 사례에서 배울 점과 주의점

CV 작성 사례에서 확인했듯이, CV는 단순히 템플릿에서 제공한 항목별로 내용을 작성하기만 하면 되는 것이 아닙니다. 채용의 관점에서 전체 서류들이 각각 어떠한 역할을 하는지 이해한 후, 각 서류들의 내용이 유기적으로 결합될 수 있도록 고려해야 합니다. 이때 직성했던 스토리라인에 맞춰 내가 어떤 연구자임을 강조할지 결정해야 하고, 이 내용들이 모든 서류에서 통일감을 주도록 작성해야 합니다. 유학 준비생들이 CV의 디테일에 집착하는 경우를 흔히 볼 수 있는데, 그것은 큰 그림을 이해하지 못하고 있기 때문입니다.

예를 들어 Publication 리스트를 작성하는 과정에서, 현재 리뷰중인 논문을 'under review'로 표현하는 것과 'under revision'으로 표현하는 것 중 어떤 것이 더 효과적인지 물어보는 경우가 있었습니다. 둘 다 '채용'이라는 거대한 관점에서 평가해보자면, 완전히 동일합니다. 실제로 중요한 것은 행여 그 논문이 리뷰 과정을 통과해서 출판되었다 할지라도, 지원자 본인이 그 논문의 의의를 어떻게 생각하고 있는지입니다. 이번 사례에서 다루고 있는 지원자의 경우에서도 확인할 수 있듯이, 논문이 많다는 것이 절대적인 합격의 기준이 아니기 때문입니다. 또 다른 예는 연도 표기 방법에 대한 질문입니다. 미국의 경우 기간 표시를 '2020~2022'처럼 물결 표시로 쓰지 않고, '2022–2022'처럼 대시로 표현합니다. 그런데 김박사넷 CV 템플릿에서는 물결 표시도 사용하고 있습니다. 왜 그럴까요? 가장 큰 이유로는, 어색한 표기 방법 따위가 채용이라는 큰 의사결정에 영향을 미치지 않기 때문입니다. 물론 미국의 표기문화에 익숙하면 더 좋을 것이고, 이미 알고 있는 지원자라면 본인이 스스로 수정할 것입니다. 아니라고 한들 연구자로서 본인의 비전을 달성하는 데 있어, 표기법이 결정적인 결함으로 작용하지 않습니다. 만약 인터뷰에서 교수님이 저런 표기법에 대해서 문제삼고 물어본다면, 한국에서의 일반적 표현 방식을 그대로 따른 것인데, 어떤 논리적인 문제가 있는지 정중하게 되물어보면 됩니다. 그리고 교수님이 친절하게 알려주는 내용에 진심으로 감사 인사를 드리면, 문화 차이를 어렵지 않게 받아들이는 외국인 학생이 될 수 있습니다. 애초에 유학을 오는 외국인 학생들이 자국의 문화를 100% 이해한 상태에서 진학할 것이라는 기대 자체가 비현실적인 것이지요. 더욱 중요한 것은 연구자의 역량 그 자체입니다. 고작 표기법 따위로 탈락하는 것이 아니라, 서류 전체에서 연구자의 역량을 확인할 수 없기 때문에 탈락하는 것입니다. 이 책에서는 수백 페이지에 걸쳐 진정 중요한 것이 무엇인지를 반복해서 얘기하고 있으며 그 핵심은 동일합니다. 이번 장에서 다루고 있는 사례들은 그 핵심들이 표현되는 각 방식의 예시일 뿐이지요.

이번 사례에서 보여드린 Research Interest 항목을 여러분들의 CV에도 작성하고 싶다는 생각이 드신다면, 이번 챕터에서 설명드린 주의사항을 꼭 읽어보신 후 적용하시기 바랍니다. 4줄짜리 문장을 읽고 어떤 느낌이 드시나요? 이 문장은 '나라는 연구자'를 30초로 설명한 답변입니다. '엘리베이터 피치(Elevator Pitch)'라고도 불리는 방식인데, 굉장히 짧은 시간 내에 중요한 사람에게 본인의 가치를 효과적으로 설명하는 방식입니다. 주의사항은 이 방식이 양날의 검이라는 점입니다. 잘 설명할 경우는 굉장히 효과적이지만, 반대의 경우는 오히려 역효과가 납니다. 두괄식 서류인 CV의 최상단을 차지하고 있는데 어드미션 커미티가 읽어도 인상적이지 않은 내용을 쓸 바에는, 아예 작성하지 않는 것이 낫다는 뜻입니다. 스티브 잡스는 애플 CEO 시절, 엘리베이터에서 만난 애플 직원들에게 '애플에서 하는 일이 무엇인지' 질문했다고 합니다. 잡스가 엘리베이터에서 내릴 때까지 제대로 설명하지 못하면, 그 직원이 쓸모가 없다고 판단하고 해고했다고 하죠.

잡스의 엘리베이터 피치 사례는 다소 극단적이긴 하지만, 굉장히 짧은 시간에 결정권, 특히 채용 의사결정권이 있는 사람에게 얼마나 양극단의 효과를 낼 수 있는지를 보여줍니다. 이러한 사례는 여러분의 인터뷰 때에도 동일하게 적용될 수 있습니다. 인터뷰 시간은 길어도 1시간이며 최근에는 15분 정도로 짧은 인터뷰 사례도 많이 접할 수 있는데요, 그처럼 짧은 시간 내에 여러분 스스로가 어떤 사람인지 효과적으로 어필하기 위해서는 철저한 준비가 필요합니다. 그리고, 그 준비 과정은 우리가 살펴봤던 스토리 아웃라인에서부터 시작합니다. 본인의 비전과 미션을 정립하고, SOP의 서론을 효과적으로 작성해 보세요. 한두 문단으로 요약했던 본인의 연구 목표와 성과를 3~4줄로 더 줄일 수 있다면 Research Interest를 효과적으로 작성할 수 있을 것입니다.

합격 후기

합격해서 기쁘기도 한데, 다행이라는 생각이 가장 커요.

이미 한 번 떨어진 경험이 있기 때문에, 사실 처음에는 떨어질 수도 있다는

생각을 많이 했거든요.

김박사넷 유학교육 선생님들께 깊은 감사의 말씀을 드립니다.

원래 저는 비전 같은 큰 것엔 관심이 없던 사람인데, 유학교육 선생님들을

만나면서 실제 그런 비전을 가지고 있는 사람들이 있다는 것을 알게 되었어요.

저도 거기에 살짝 참여를 하고 있다는 것을 느끼고 있고, 비전을 달성하는 데

도움이 될 수 있다고 느끼고 있어 매우 기분이 좋아요.

7장

원서 접수
유의사항

입시 요강
찾는 법

미국 석박사 프로그램에 지원할 때 필요한 서류는 이제 어느 정도 정리가 된 것 같습니다. 그럼 학교별로 달라지는 입시 요강을 어떻게 찾을 수 있는지 확인할 차례인데요. 먼저 우리나라와 미국의 행정 체계는 다소 다를 수 있다는 점을 염두에 두시기 바랍니다. 이 책에서 계속 말씀드리지만 미국 입시는 한국식 입시와 다릅니다. 자, 그럼 입시 요강을 찾는 법부터 알아볼까요?

Tip 입시 요강을 찾을 때 기본적으로 Q&A 섹션을 많이 확인하세요. 우리가 찾는 TOEFL 정보, GRE 반영 여부, 혹시 IELTS는 받지 않는지… 그런 내용들이 Q&A 페이지에 숨어 있답니다.

기본적으로 우리가 찾아봐야 하는 웹사이트는 크게 세 곳으로 나눌 수 있습니다.

1. 일반대학원(Graduate School) 입시 관련 페이지, 입시 관련 Q&A 페이지
2. 지원 프로그램 입시 관련 페이지 & 입시 관련 Q&A 페이지
3. (원서를 접수할 수 있는) 지원 사이트

먼저, 일반대학원 사이트부터 시작하는 이유는 지원하려는 프로그램 사이트와 지원 사이트를 확인하기 위해서입니다. 물론 구글에 지원하려는 학교와 프로그램 이름만 쳐도 찾을 수 있지만 일반대학원에서부터 시작하는 것이 낫습니다. 왜냐하면 일반대학원 – 단과대 레벨에서 입시 요강을 안내하는 곳이 있기 때문입니다. 그런 학교는 프로그램(학과) 페이지에는 별다른 정보가 없을 가능성이 높아서 행정적인 위계(Hierarchy)를 고려하여 위에서 탑다운으로 시작하는 것입니다. 예를 들어 컬럼비아 공과대학(Columbia Engineering)을 들 수 있겠네요. 컬럼비아 공대에 지원하시는 분은 이 레벨에서 정보를 찾아야 합니다.

bit.ly/3HFlo9L

또 일반대학원 사이트에 필수 서류 관련 정보 정리가 잘 돼 있는 편이고, 여기에만 있는 정보들도 있습니다. 예를 들어 미시건대학교 일반대학원(Rackham Graduate School)에는 필수 서류를 제출할 때 용지 규격 및 서식 등을 안내하고 있습니다. 머리말에 들어가야 할 정보, 용지 여백, 서체 같은 것들 말입니다. 또 하버드대학교 일반대학원에서는 TOEFL 시험과 관련된 정보들을 안내하고 있는데요. 영역별 최고 점수만 모은 MyBest score를 안 받는다는 내용도 안내하고 있네요.

bit.ly/41NWlGu

다음은 지원하는 프로그램 사이트를 찾아야 합니다. 보통은 학과에서 주관하지만 Interdisciplinary 프로그램 같이 여러 학과에서 참여하는 경우는 특별히 프로그램 사이트가 따로 있습니다. Bio Science/Medical Science 쪽이 이렇게 Umbrella Program(Interdepartmental program이라고도 함)으로 운영되는 경우가 많아 입시 요강을 찾기에 조금 까다로운 편인데요. 학과와 프로그램 사이트의 관계를 잘 이해하고 있으면 금세 찾을 수 있습니다. 웬만한 입시 정보는 모두 프로그램 사이트에 적혀 있지만 여기서 특별히 확인해야 하는 것은 프로그램에서 요구하는 특정 질문이나 문서 같은 것들입니다. 예를 들면 기존에 수강한 전공과목 목록이나 GPA 변환식 같은 것들이 있을 수 있겠네요.

또 프로그램 사이트에서 중요한 것은 바로 지원 사이트가 어디인가 확인하는 것입니다. 보통 Apply Now!와 같은 버튼이 있는데 눌러보면 보통 다음과 같은 화면을 확인하실 수 있습니다.

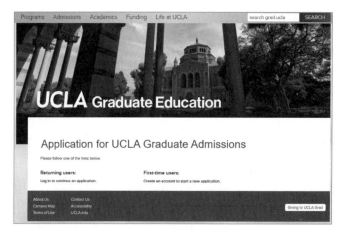

bit.ly/3k5DMj4

왜 일반대학원이 아닌 프로그램 레벨에서 지원 사이트를 찾아야 할 까요? 프로그램마다 지원 사이트가 다른 경우가 있어서입니다. 대표적으로 메사추세츠공과대학교(MIT)와 카네기멜론대학교(Carnegie Mellon University)의 컴퓨터과학 전공의 각 프로그램이 별도 사이트를 운영하고 있습니다. 이렇게 일반대학원이나 프로그램 사이트에서 또 하나 확인해야 할 것은 필수 서류 제출 방법입니다. 보통은 지원 사이트 한 곳에서 제출하게 되는데 텍사스대학교 오스틴캠퍼스(University of Texas at Ausin) 같은 경우 원서는 지원 사이트에서 제출한 뒤, 48시간 이내에 접근 가능한 MyStatus page에 로그인하여 서류를 별도로 제출해야 합니다. 보통 한꺼번에 원서를 작성하기 때문에 생각보다 디테일한 부분을 놓치기 쉽습니다. 꼼꼼히 체크해 둬야 할 이유입니다.

보통 이러한 입시 요강은 어드미션 일정 즈음 업데이트되고, 우리가 궁금해하는 웬만한 질문들은 Q&A 섹션에 잘 정리되어 있는 편입니다. 하지만 어드미션 일정이 오픈된 후에도 GRE나 원서 마감일 등이 업데이트 되지 않는 경우가 종종 있습니다. 가끔은 사이트 URL도 바뀌지요. 이때는 당황하거나 마냥 기다리지 말고 프로그램 담당자에게 문의하세요. 프로그램 페이지에 있는 [Graduate Admission Contact]를 확인하면 됩니다. 만약 답변을 빨리 받아야 한다면 전화로 문의하세요. 규모가 큰 프로그램(ex. CMU CS) 같은 경우는 자동 답장 이메일에서도 Q&A를 통해 안내하고 있습니다.

💎 중요

일반대학원 사이트와 프로그램 사이트에서 안내하는 정보가 다른 경우 어떻게 할까요? 일단 정보의 우선순위는 프로그램 사이트 〉일반대학원 사이트입니다. 가장 확실한 것은 프로그램 담당자에게 문의해서 확인받는 것입니다.

2

지원 사이트에서
주의할 것

다음은 지원 사이트에서 원서를 작성하면서 주의해야 하는 내용들입니다. 기본적으로 프로그램 사이트, 지원 사이트에서도 안내가 잘 되어 있는 편이기 때문에 지시문에 따라서 작성하시면 됩니다.

일반적인 사항

- 지원 사이트에 가입해서 내 아이디와 비밀번호를 생성했다면 원서 작성을 시작해야겠죠. 이때 내가 지원하는 프로그램의 정보를 잘 확인해야 합니다. 가을학기 시즌에 봄학기 원서를 받기도 하니 입학 연도와 학기를 꼼꼼히 확인하세요. Interdisciplinary 프로그램에서 Home department 선정이 중요한 경우들이 있으니 지원 프로그램을 잘 선택해야 합니다.

- 온라인 원서를 작성할 때 생각보다 이런저런 질문들이 많습니다. 따라서 본격적으로 원서를 작성하기 전, 적어도 10월쯤에는 지원 사이트에 로그인하여 어떤 정보들을 요구하는지 확인해 둬야 합니다.

- 원서비 결제를 해야 원서 제출이 완료됩니다. 한꺼번에 여러 학교 원서를 작성하다 보면 원서 제출 여부를 헷갈리는 경우들이 있는데 결제 여부를 따로 체크해두면 확실하겠죠?

- 원서는 마감일로부터 여유 있게 제출합니다. 마감일이 가까워져 오면 생각지도 못한 이슈들이 발생하는데, 예를 들면 원서비 결제 오류가 난다거나, 우편으로 보냈던 서류가 분실된다거나, 영어 점수 리포팅이 확인이 안 된다거나 하는 일들입니다. 전 세계에서 미국 대학원에 서류를 지원하기 때문에, 마감일이 가까워져 오면 행정 답변이 늦어질 수 밖에 없습니다. 미리 제출하세요.

- 원서를 접수하면서 생기는 이슈나 문의사항들은 프로그램 담당자에게 물어보세요. 급하면 전화하셔도 됩니다. 하지만 컨택 포인트를 잘 찾아서 연락해야 합니다. 일반대학원이 아닌 프로그램 담당자(보통 학과 사이트에 있음)에게 물어보세요.

- 문의메일에 대한 답장은 시차가 있기 때문에 2~3일 소요될 수 있습니다. 담당자가 빠르게 일 처리를 할 수 있도록 상황설명과 필요한 정보들을 모두 미리 제공합니다. 예를 들어 원서비 결제와 관련된 오류가 있다고 가정해 봅시다. 어떤 내용이 있어야 할까요? 1) 지원자 정보, 지원 프로그램과 원서 접수번호, 2) 결제 수단, 3) 결제 일시 등이 있겠네요. 메일 답장을 핑퐁으로 주고 받으면 시일이 소요되어 지원자만 힘드니까요.

- 기본적으로 모든 서류가 제출되어야 원서 검토가 시작됩니다. 특히 주의해야 할 것은 추천서와 TOEFL, GRE 같은 시험 성적 리포팅입니다. 이 두 가지 서류에 한해, 원서 마감일보다 1~2주 정도 더 기간을 주는 프로그램들이 있으니 이 부분도 꼭 확인하세요.

프로그램 관련 항목

- 관심 연구 분야를 선택할 때는 대분류, 소분류에 유의하세요. 학교마다 소속 교수님의 연구에 따라 분류 방식이 다소 다를 수 있으니 프로그램 사이트의 Research Area를 반드시 확인하기 바랍니다.

- 보통 희망 지도 교수 3~5명의 이름을 쓰라고 하는데 조건이 조금씩 달라질 수 있습니다. 컨택했던 교수님을 쓰라는 내용일 수도 있고요. 어쨌든 결국 내 연구 경험과 얼라인되는 연구를 하고 있는, 내가 희망하는 지도 교수를 꼽아보란 이야기입니다. SOP에 언급한 교수님 이름을 쓰면 됩니다. 이때 교수님의 연구 분야와 위에서 선택한 관심 연구 분야가 얼라인이 되어야겠죠?

- 관심 분야와 지도 교수 이름 쓰는 것은 매우 중요합니다. 내 원서를 이 분야에 있는 교수님이 검토할 가능성이 높고, 결국 미래 지도 교수에게 전달될 테니까요.

- SOP와 PS는 PDF 포맷의 파일을 첨부하거나 혹은 본문 내용을 복사하여 붙여넣기합니다. 이때 프로그램마다 요구하는 질문이나 특별히 제출하라는 파일이 있는지 꼭 확인하세요. Computer Science 프로그램은 할 줄 아는 언어 목록이나 이수한 전공 과목 등을 제출하라고 하는 경우가 있습니다.

추천서 관련 항목

- 추천인의 인적사항을 입력하면서 추천서 열람 권리를 포기할 건지 다음과 같이 물어보는 문항이 있는데 '포기한다'에 체크하셔야 합니다.

버클리대학교 추천인 인적사항 작성 화면

왜 포기해야 하는지 모르겠다면 5장에서 추천서 챕터를 반드시 읽어 보시기 바랍니다. 지원자가 추천인에게 추천서 작성 링크를 보내면, 옆의 사진에서처럼 추천서 작성 페이지에 열람 포기 여부를 안내 받습니다. 만약 피추천인이 그 내용을 볼 수 있다면 추천인이 정직한 평가를 할 수 있을까요? 어드미션 커미티는 이 추천서를 어떻게 평가할까요?

◆ 추천인 인적사항을 작성할 때 반드시 추천인의 소속기관 이메일을 입력하세요

◆ 추천서 항목에서 추천인 정보를 쓰고 나면 있는 버튼은 저장 버튼이 아닙니다! 추천서를 작성할 수 있는 링크를 보내는 버튼이니 반드시 확인 후에 누르셔야 합니다. 바로 추천인 이메일로 전달되거든요.

◆ 보통 추천서 작성 링크는 원서 작성 중에 보낼 수 있으나, 간혹 원서 제출을 완료해야 보낼 수 있는 학교들이 있습니다. 따라서 원서 사이트에서 이 부분을 미리 체크한 뒤 추천인과 공유해야 합니다. 해당 링크에서 추천인이 작성해야 할 정보들도 있기 때문에 원서 마감일로부터 여유를 두고 전달하세요. 특히 교수님이라면 다른 지원자 추천서도 작성해야 하는 경우가 많으니 미리 일정도 공유하고 리마인드 하는 것이 중요합니다.

성적증명서 관련 항목

여기 있는 항목은 한국에 있는 대학을 졸업하면 특별히 더 준비할 것은 없습니다. 하지만 한국과 미국이 아닌 국가에서 졸업했다면 꼼꼼히 확인해야 합니다. 유럽은 학제가 다소 다를 수 있으니 자격요건을 한 번 더 확인하세요. 아래는 한국 대학 기준으로 서술했습니다.

◆ 먼저 Transcript는 성적증명서 정도로 번역할 수 있는데요. 미국에서 Transcript는 단순한 성적표라기보다 졸업증명서와 비슷한 역할을 합니다. 그래서 학교에서 Transcript를 내라고 할 때 반드시 포함해야 하는 정보들이 몇 가지 있는데 예를 들어 받은 학위명 같은 것들입니다. 그런 정보는 보통 졸업증명서에서 확인할 수 있죠. 그 정보를 일일이 확인하기보다 성적증명서와 함께 졸업증명서도 같이 제출하면 됩니다. 졸업증명서를 통해 지원자가 자격요건인 학위를 갖추었는지 확인하기 위함이니까요. 행정처리를 할 때 확실히 필요한 정보를 부가적으로 제출하는 것은 문제되지 않습니다.

⚠ **주의**

필요한 정보를 자의적으로 판단해서는 안 됩니다. 자신이 쓴 논문 파일을 임의적으로 첨부하거나, 우편으로 보내지 마세요.

- 어플라이 과정에서 이야기하는 Official Transcript와 Unofficial Transcript의 차이는 무엇일까요? 단순히 한국어로 해석해서 Official은 '공식', Unofficial은 '비공식'이라고 이해해서는 안 됩니다. Official은 원본 서류(하드카피), Unofficial은 스캔본(소프트카피)라는 뜻입니다. 둘 다 학교 교학처에서 발급한 공식 성적표를 이릅니다. 왜 이런 표현을 쓰는 걸까요?

  Official Transcript로 인정받으려면, 지원사의 출신 학교 교학처에서 빌급한 성적증명서를 행정직원이 직인/압인 등으로 밀봉한 뒤 우편으로 미국 대학원에 보내는 것을 가리킵니다. 이렇게 하는 이유는 문서 위조를 방지하기 위해서지요. 하지만 수백, 수천 건의 지원이 오는데 언제 우편으로 보내고, 또 원본과 대조할까요? 절차상의 번거로움을 없애기 위해 원서를 검토하는 단계에서는 Unofficial Transcript인 스캔본으로 확인한 뒤, 합격 후 Official Transcript와 대조하게 됩니다. 그래서 합격 후에 Official Transcript를 제출하라고 하는 것이죠.

  하지만 프로그램에 따라서는 원서 검토 과정에서도 Official Transcript를 제출하라는 곳이 있습니다. 지원 사이트에는 성적증명서 스캔본을 첨부하고 원서 제출을 완료한 뒤 Official Transcript를 보내라는 곳도 있고요. 대표적으로 서던캘리포니아대학교(University of Southern California)가 그러하죠. 이러한 내용은 일반대학원, 혹은 프로그램 페이지에 상세히 안내되어 있으니 입시 요강을 정리하면서 확인해야 합니다.

- 미국이 아닌 국가에서 대학을 졸업한 경우, 기본적으로 해당 국가의 언어로 발급된 성적증명서 1부와 영어로 된 성적증명서 1부, 총 2부가 필요합니다. 그리고 졸업증명서도 같이 내라고 했었죠? 만약 한국에서 학사와 석사를 졸업한 지원자라면 다음과 같이 서류를 준비해야 하겠네요.
  - 학사 성적증명서(한국어 1부, 영어 1부), 학사 졸업증명서(한국어 1부, 영어 1부)
  - 석사 성적증명서(한국어 1부, 영어 1부), 석사 졸업증명서(한국어 1부, 영어 1부)

- 만약 편입한 경우라면 전적 대학의 성적증명서도 함께 준비해야 합니다. 대학 생활 동안 교환학생 등 타국에서 학점을 받은 기록이 있다면 해당 증빙도 첨부해야 하는 경우가 있으니 확인하세요. 다만 학교마다 제출하게 되는 항목이 Education History일 수도 있고, Additional Document 항목일 수도 있습니다. 이런 내용은 지원 사이트 가이드라인을 통해 파악하면 됩니다.

- 성적증명서의 영어 번역본은 출신대학에서 발급하는 영문 증명서여야 합니다. 하지만 지원하는 대학에서 이를 인정하지 않는 곳이 있을 수 있는데, 이때는 공증을 받아야 합니다. 보통 이런 내용은 일반대학원 사이트에서 확인할 수 있습니다.

- 학점을 미국식으로 변환(평점 4.0 만점)하라고 하는 경우도 있는데, 보통 프로그램에서 변환식을 제공합니다. 변환하라는 내용이 없으면 보통 원래 학점을 그대로 기재하면 되고요. 이때 공증이 필수가 아니라 선택사항이면 굳이 할 필요는 없습니다. 그리고 한국 대학을 나왔으면 대개 필수가 아닙니다.

- 만약 WES(World Education Services)에서 공증을 받아야 한다면 반드시 Course-by-Course Evaluation을 선택해야 하며, 공증에 걸리는 시간을 고려해 준비 기간을 넉넉히 잡아야 합니다. 공증 과정은 다음과 같습니다.

  출신학교 교학처에서 WES로 Official Transcripts 우편 발송 → WES 수령 및 공증 진행 → WES에서 지원자가 지정한 대학으로 우편 발송 → 지원자 대학에서 수령 및 확인 → 제출 완료

- 즉 우편 이동하는 기간, 공증 소요기간, 그리고 미국 내에서 이동하면서 분실될 수 있는 가능성까지 고려하여 넉넉한 시간을 가지고 진행하시기 바랍니다.

Tip 만약 미국에서 학교를 졸업했다면? Official transcript 대신 E-transcript를 보낼 수 있습니다.

영어/GRE 등 시험 점수 관련 항목

- TOEFL/IELTS, GRE와 같은 시험 점수는 해당 사이트를 이용하여 공식 성적표를 리포트해야 하는데요. 만약 점수가 준비되었다면 미리 리포팅을 하는 것도 방법입니다. 사실 리포팅 후 점수 확인까지 시간이 오래 걸리는 이유는 프로세스 때문인데요. 지원자가 리포팅한 성적이 학교 계정에 도착하면, 담당자가 이를 지원자 원서계정에 매칭합니다. 원서 마감일이 가까워지면 이런 요청이 증가하기 때문에 더 확인이 늦어지는 것이고요. 일정을 맞출 수 있도록 미리 리포팅하는 것이 좋습니다.

- TOEFL과 GRE 리포팅시 학교코드와 학과코드를 입력하는데, 보통 학과코드는 생략하는 경우도 많습니다. 중요한 것은 학교코드인데, 확인할 것은 지원하는 학교의 Graduate Office로 가는지 주소를 확인하는 것입니다. 이때 캠퍼스별로 학교코드가 다른 경우가 있으니 주의하세요. 대표적으로 퍼듀대학교(Purdue University)의 캠퍼스별 ETS 학교코드가 다릅니다.

- 팬데믹 이후 비대면으로도 시험을 많이 보는데요. 학교에서는 아무래도 Test Center에서 본 것을 선호해서 TOEFL iBT Home Edition 성적을 받기도 합니다. 보통 허용하는 곳은 표기를 하는 편이니, 사전에 꼭 확인합시다.

- 영어시험 면제 대상 기준도 반드시 확인해야 합니다. 보통은 학교에서 어떤 언어로 수업했는지에 따라 달라집니다. 출신 학교가 위치한 국가의 공식언어가 영어라고 해서 다 면제되는 것은 아니니 주의하세요. 특히 캐나다 퀘벡은 제외되는 경우가 많습니다. 석사를 영미권에서 받았다고 해도 인정이 안 되는 경우가 있습니다. 4년 기준의 학부 수업을 영어로 받았거나, 적어도 3년 이상 다녀야 면제되는 등의 기준이 있습니다.

오퍼레터에서 확인할 것

- 박사로 지원했는데 석사 오퍼가 오는 경우도 있고, 진학하는 시기가 다른 경우도 있습니다. 예를 들어 2026 가을학기 박사 과정으로 지원했는데, 2027 봄학기 석사과정으로 오퍼가 오는 경우인데요. 어드미션 커미티가 지원자가 박사 과정에 진학할 준비가 부족하다고 판단했다는 뜻입니다. 오퍼레터를 수락하기 전 조건을 꼭 확인하세요.

- 만약 어드미션을 받았는데 박사 과정 풀펀딩이 아니라 2년 펀딩만 오퍼를 받았다면? 학과에서 지원하는 TA일 가능성이 높습니다. 이 경우, 입학한 후 어떻게든 지도 교수를 찾아 RA 펀딩을 받는 노력이 필요합니다.

- 펀딩은 등록금과 생활비로 구성되며, 보통 등록금은 면제되니 생활비를 계산해볼 필요가 있습니다. TA/RA 활동에 대한 Stipend로 지급되는데 Stipend는 물가를 고려해서 책정되며 아주 넉넉하지는 않습니다. 거취 관련 비용과 차량 및 차량유지비를 고려하여 책정해보세요.

3

관심리스트
만들기

관심리스트는 김박사넷 유학교육에서 제공하는 템플릿을 활용하여 작성합니다. 5장 지도 교수와 연구실 검색 방법 챕터를 참고하여 필수 서류와 관련된 정보들을 한눈에 알아볼 수 있도록 정리합니다. 이 때 필요한 정보는 다음과 같습니다. 특히 진행 상황 같은 내용을 포함시켜 실제 지원 여부도 확인할 수 있습니다.

☐ 학교, 학과, 원서 마감일, 원서비

☐ TOEFL 최소 점수, 기관코드, 학과코드, 유효기간

☐ 최소 GPA, Transcript 제출 방법

☐ SOP, SOP 분량

☐ PS, PS 분량

☐ CV/Resume

☐ 추천서, 데드라인

☐ 관심교수, 연구실 URL, email

☐ 일반대학원, 프로그램, 지원 사이트 URL

☐ 진행상황

오른쪽 QR 코드 혹은 링크로 접속하시면 관심리스드 템플릿을 볼 수 있습니다. 템플릿은 관심리스트, 진행상황, 컨택 메일 세 가지 시트로 구성돼 있습니다.

bit.ly/3J1iqwZ

관심리스트 템플릿은 바로 다운로드 하시거나, 본인 드라이브에 복사해 저장할 수 있습니다.

(1) 다운로드하기: 왼쪽 상단 메뉴에서 [파일] 클릭 > [다운로드] 클릭

(2) 사본 복사하기:

 - 왼쪽 상단 메뉴에서 [파일] 클릭 > [사본만들기] 클릭 > [본인 드라이브에 저장] 클릭

 *이때 반드시 구글에 로그인되어 있어야 합니다.

 - 이후 본인의 구글 드라이브(https://drive.google.com)에서 확인할 수 있습니다.

4

아무 변화 없이 재수하면
불리하다

만약 재도전을 한다면 이전과 다른 방식으로 준비를 해야 할 것입니다. 이미 떨어진 서류를 그대로 활용하여 지원하지 말란 이야기입니다. 지난 어드미션에서 고배를 마셨다면, 특히 인터뷰까지 진행한 경험이 있는 재수생이라면 어떤 부분에서 미진했었는지 반드시 짚고 넘어가야 합니다. 만약 감이 잘 잡히지 않는다면 이 책의 처음으로 돌아가 미국 석박사의 본질이 무엇인지 다시 한 번 파악하시기 바랍니다. 그 후, 과거 지원 서류를 종합적으로 평가하되, 특히 정성요소를 중점으로 살펴보세요. 필수 서류, 컨택 상황, 인터뷰 등을 통해 어드미션 커미티가 나를 어떻게 평가했을지 말이죠.

재도전을 할 때는 스토리라인부터 모든 내용이 바뀌어야 합니다. 만약 TOEFL이나 GRE 성적만 올리고 다른 서류는 재탕한다면 어떤 결과가 있을까요? 지원 서류의 변화 없이 TOEFL 최소 점수만 맞춰서 3년 동안 지원하고 3년 내내 탈락한 지원자를 본 적이 있습니다. 아마 많은 지원자들이 서류에서 보완해야 하는 것은 연구 경험이나 실적이라고 생각할 것입니다. 특히 인터뷰까지 봤던 지원자들이 그런 경향을 보이는데, 인터뷰까지 본 것이 오히려 독이 된 것이죠. 결정적인 문제는 어드미션 커미티와 지도 교수가 서류를 보며 기대한 지원자의 모습을 인터뷰에서 확인할 수 없었기 때문입니다. 이런 지원자일수록 오히려 다시 도전할 때는 접근 방향 자체를 달리 해야 합니다.

만약 이런 정량적 요소가 정말 중요하고, 어드미션 커미티가 판단할 때 지원자의 연구 잠재력과 모티베이션이 뛰어났다면, 탈락이 아니라 조건부 합격을 받았을 것입니다. 여기서 조건은 TOEFL 최소 점수를 언제까지 받으라거나, 입학 후 학교에서 진행하는 영어 수업 과정을 이수해야 한다거나 하는 것들입니다. TA 활동을 해야 하는데 영어 실력이 부족하면 안 되니까 아예 수업을 듣게 하는 것이죠.

만약 똑같은 서류로 재지원한다면 결과가 바뀔 확률은 매우 낮습니다. 미국과 같은 고신뢰사회에서 전임자의 결정은 일종의 레퍼런스입니다. 프로그램에 따라서는 원서를 작성할 때 이전에 지원했는지 여부를 체크하는 부분이 있습니다. 이 체크 표시를 본 커미티는 서류가 거의 동일한 이 지원자를 어떻게 평가할까요?

미국 석박사의 본질을 파악해야 하는 또 다른 이유는 목표가 합격에만 있는 것이 아니기 때문입니다. 우리가 어떤 일을 잘 해내기 위해서는 그 일을 하는 목적에 대해 알고 있어야 합니다. 그 일을 해야 하는 이유를 알고, 공감해야 그 일을 잘 해낼 수 있기 때문입니다. 우리가 미국 대학원에 가려는 것은 곧 학위가 필요하기 때문입니다. 하지만 그 학위가 왜 필요한지, 나의 커리어와 인생에 있어 어떤 역할을 할 것인지에 대해 피상적인 생각으로 접근하지 마십시오. 합격 후가 훨씬 중요합니다. 합격하는 것보다 어려운 것이 학위 취득이고, 연구자로서의 여정은 계속해서 이어질 것이기 때문입니다.

재도전을 하는 지원자라면 예전의 자료를 보완하겠다는 생각은 버리고, 이 책의 핵심적인 교육 내용과 미국 유학 과정의 본질을 이해하면서 본인의 관점을 다시 정립하시기 바랍니다. 특히 5장을 참고하여 연구 잠재력과 스토리라인 작성하기를 통해 초석부터 다시 쌓는다는 마음으로 시작해보세요. 이미 정립된 시각을 바꿔야 하기 때문에 첫 도전을 하는 유학 준비생보다 더 큰 노력이 필요하고 힘든 것이 당연합니다. 하지만 이 책을 여러 번 읽고 김박사넷 유학교육에서 계속해서 강조하려고 하는 비전과 미션에 대해 공감하며 준비하신다면, 목표했던 미래에 가까워진 자신의 모습을 발견할 수 있을 것입니다.

5

함께 준비하는
준비생들과 협력하라

혼자 유학을 준비하기보다는 스터디 모임 등을 통해 다른 유학 준비생들과 협력하는 것이 큰 도움이 됩니다. 서로 응원도 하고, 정보를 공유하면서 지원 과정에 대한 이해를 키울 수 있기에 유학 준비를 좀 더 잘할 수 있는 것이죠. 가끔 유학 준비생들이 서로를 라이벌이라고 생각하는 경우들이 있는데, 아닙니다. 김박사넷 유학교육 선생님들이 늘 강조하는 것이지만 여러분의 라이벌은 인도나 중국 그리고 세계에서 몰려드는 수많은 지원자들입니다. 오히려 우리끼리는 합격 후에도 꾸준히 교류할 동료 연구자라 생각하고 협력하는 자세가 필요합니다.

오히려 함께 준비할 수 있기 때문에 선의의 라이벌이라고 할까요? 같은 전공 분야여도 좋고 다른 전공자들과 교류해도 좋습니다. 왜냐하면 내가 고민하고 있던 문제에 새로운 시각을 제공함으로써 문제 해결에 대한 실마리를 던져줄 수도 있기 때문입니다. 단적으로 SOP의 예를 들어볼까요? 오히려 다른 전공자가 스토리라인의 논리적 흐름을 제대로 평가해줄 수 있습니다. 전공분야를 잘 모르기 때문에 오히려 더 핵심적인 부분을 중점적으로 파악하니까요. 만약 스토리라인을 짤 때부터 함께 한다면? 당연히 연구 잠재력을 발견하는 데 있어 서로에게 도움이 됩니다.

유학 준비를 하는 과정은 지난하고 긴 과정입니다. 시험 점수는 눈에 보이는 것이기에 목표 점수만 획득하면 끝이지만, 스토리라인을 짜고 논리적 흐름을 판단하고 이것을 글로 옮기고 다시 고치는 과정은 정답이 없기 때문입니다. 제대로 된 방향으로 달리고 있는지 확신하기가 어렵지요. 그렇기에 준비 과정에서 피드백을 꾸준히 주고받는 것이 중요하고, 같은 모티베이션을 가지고 필요성에 공감하고 있는 유학 준비생이 서로에게 더 힘이 될 수 있는 것입니다. 매번 지도 교수님이나 연구실에게 평가를 부탁할 수는 없으니까요.

미국 석박사 유학 준비가 힘든 이유는 공개된 정보가 부족하기 때문입니다. 김박사넷 유학교육이 이 책을 쓰기로 결심한 이유 중 하나이기도 합니다. 여러분의 성장 가능성은 여러분이 판단하는 것보다 더 크고 다양한 방향으로 뻗어 있습니다. 서로 가진 정보를 공유하면서, 함께 성장하고 커리어 여정을 같이 걸어가는 동료가 될 수 있기를 바랍니다.

6

미국 대학원 준비:
AI 활용 시 주의점

미국 석박사 과정을 준비하면서 많은 학생들이 AI 활용에 대해 고민합니다. 김박사넷 유학교육 프로그램의 단골 질문 중 하나가 바로 "AI를 어떻게 활용해야 하나요?"입니다. 저희 팀의 답변은 늘 같습니다. "얼마든지 활용하되, 도구로써만 사용하라"는 것입니다. 하지만 이 답변의 진정한 의미를 이해하기 위해서는 먼저 유학준비를 통해 얻고자 하는 것, 즉 학문의 본질을 돌아볼 필요가 있습니다.

여러분께 한 가지 질문을 드리고 싶습니다. 여러분에게 박사 과정이란 무엇인가요? 4장에서 논의했던 '왜 나는 석박사라는 학위가 필요한가?', '왜 미국에 가야 하는가?'와 맥을 같이 하는 질문입니다. 이 질문을 드리는 이유는 박사 과정의 의미를 제대로 이해할 때, AI를 어떻게 활용해야 할지도 명확해지기 때문입니다.

박사 과정의 영어 표기 Ph.D는 'Doctor of Philosophy'의 약자입니다. 여기서 Philosophy는 '사랑'을 의미하는 Philo와 '지혜', '생각'을 의미하는 Sophia의 합성어로, '생각하기를 좋아하는 사람', 즉 지혜를 사랑하는 사람을 뜻합니다. 모든 학문이 '앎의 추구'라는 철학적 본질을 공유하기에 박사학위가 철학박사로 통용되는 것입니다.

박사 과정은 단순한 지식의 습득 그 이상입니다. 스스로 논리를 구축하고, 세상에 없던 새로운 지식을 발견하거나 기존 이론을 개선하는 창조적 과정입니다. 바로 여기서 AI 활용에 대한 핵심적인 딜레마가 발생합니다. 우리는 AI라는 강력한 도구를 가지고 있지만, 동시에 독립적인 연구자로서의 성장도 이뤄내야 하기 때문입니다.

이러한 딜레마는 대학 교육 현장에서도 찾아볼 수 있습니다. 어떤 교수님은 "내 수업에서 AI는 절대 사용하지 마라"고 하고, 또 다른 교수님은 AI를 효율적인 학습 도구로서 자유롭게 활용하기를 권장합니다. 이러한 견해 차이에도 불구하고, 우리가 지켜야 할 핵심 원칙은 분명합니다. 바로 AI에게 '생각하는 과정'을 위임해서는 안 된다는 것입니다.

이러한 원칙을 바탕으로, 유학 준비 과정에서는 AI를 어떻게 활용해야 할까요?

가장 중요한 것은 AI를 반드시 보조적 수단으로만 인식하고 활용하는 것입니다. 연구나 업무를 시작하기 전 브레인스토밍을 하는 것처럼,

AI도 이 단계에서 새로운 관점을 제시하는 도구로 활용할 수 있습니다. 특히 생소한 분야의 복잡한 개념을 빠르게 이해하는 데 도움이 되죠. 연구 조사를 위해 논문을 읽을 때 핵심 내용을 추출하거나 요약하는 데에도 유용합니다.

영어 학습, 특히 표현을 다듬는 데도 활용할 수 있습니다. AI를 통해 SOP 초안이나 컨택 메일의 문법이나 표현 같은 것을 검토하는 것입니다. 다만 여러분이 잘 알고 사용하는 표현을 중심으로 선택해야 합니다. AI가 제시하는 내용을 그대로 받아들이기 보다는 여러분이 전달하려는 핵심 메시지를 맥락에 맞게끔 전달할 수 있는 표현을 학습하는 데 활용하세요.

이처럼 유학 준비 과정에서 AI는 주로 읽기와 쓰기 영역에서 효과적으로 활용할 수 있습니다. 하지만 이러한 활용에 있어서도 AI가 제시하는 답변을 무비판적으로 수용해서는 안 됩니다. SOP를 비롯한 유학 준비 서류에 치명적인 결함이 발생할 수 있기 때문인데, 그 이유는 다음과 같습니다.

가장 큰 문제는 논리적 일관성의 부재입니다. AI가 생성한 글은 언뜻 보면 문장도 자연스럽고 문법적 오류도 없어 보이지만, 자세히 들여다보면 논제 없이 모호하고 그럴 듯한 표현들을 반복하는 경우가 많습니다. 결국 분량만 채웠을 뿐, 앞 뒤 문단 간 논리적 불일치가 생겨 핵심이 없는 글이 되고 맙니다. 이는 석박사 과정에서 요구되는 깊이 있는 학술적 글쓰기와는 정반대라 하겠습니다.

　이러한 문제는 글쓰기 스타일의 불일치로 이어집니다. 한 문단에서는 유의어를 활용한 화려한 표현으로 연구를 소개하다가, 다음 문단에서는 지나치게 단순한 문장으로 구성되는 식입니다. 이러한 글쓰기 스타일의 불일치는 매우 치명적인데, 어드미션 커미티는 글을 통해 지원자의 논리적 사고력과 학문적 성숙도를 평가하기 때문입니다. 일관성 없는 글쓰기 스타일은 내용을 짜깁기했다는 인상을 주어 지원자의 연구자로서의 자질과 태도마저 의심받게 만듭니다.

요약하자면 AI는 여러분의 사고를 확장하고 기존 아이디어에 새로운 관점을 제시하는 '도구'로써 활용되어야 합니다. AI가 제시하는 답변을 검증 없이 수용하거나 혹은 과도하게 의존하면 치명적인 결과에 이르게 됩니다. 특히 박사 과정에서 요구되는 깊이 있는 학술적 역량인 논리적 분석력과 창의적 문제해결 능력은 AI가 대체할 수 없는 영역이기 때문입니다.

　이와 관련해 미국에서 박사 과정 중인 한 학생의 사례를 소개하고 싶습니다. 이 학생은 의료 분석을 위한 오픈소스 프로그래밍(Open-source Programming for Medical Analysis) 강의에서 뇌 혈류 이미지를 분석하는 과제를 받았습니다. 대부분의 학생들이 AI 도구 사용에만 집중할 때, 이 학생은 "왜 이렇게 오래 걸리지?"라는 한 걸음 더 나아간 질문을 던졌습니다. 컴퓨터 그래픽스(Computer Graphics)를 전공한 그는 이미지 처리 시 반복 계산으로 인한 병목 현상이 일어나는 걸 찾아 냈고, 이를 병렬 처리로 해결했습니다. 2.5초나 걸리던 분석 시간을 0.4초로 줄일 수 있었고, 의생명인공지능(Biomedical AI) 전공자들이 그의 방법을 배우러 왔습니다. 이는 AI를 맹목적으로 사용하기보다, 문제를 깊이 생각하고 자신만의 전문성을 활용하는 것이 얼마나 중요한지 보여주는 좋은 예시입니다.

같은 AI 도구를 사용하더라도 결과물이 모두 다른 이유는 바로 여기에 있습니다. 여러분이 가진 고유한 관점과 통찰력, 그리고 논리적 사고 능력은 AI가 결코 대체할 수 없는 자산이기 때문입니다. 박사 과정은 이러한 능력을 더욱 발전시키는 여정입니다. AI는 이 여정에서 만나는 도구일 뿐, 여러분의 '생각하는 힘'이야말로 진정한 경쟁력이라는 점을 잊지 마세요.

유학 준비 AI 활용 체크리스트

	이렇게 하세요	이렇게 하지 마세요
프롬프트 작성	맥락이 명확한 구체적 요청하기 ex. 이 SOP의 연구방법론에서 실현 가능성이 부족한 부분 알려줘	맥락 없는 모호한 요청하기 – 연구 주제 추천해줘 – SOP 써 줘
활용 범위	학업 보조 활용하기 – 논문 요약, 핵심 개념 파악 – 연구 배경 지식 학습 글쓰기 보조 활용하기 – 영어 문법/어휘 교정	핵심 내용 위임하기 – SOP 전체 작성 – 컨택 메일 전체 작성

정보 검증	내용 검증하기 – 참고 문헌의 존재 여부와 내용 　확인	무비판적 수용하기 – AI 답변 검증없이 사용 – 확인 안 된 참고 문헌 인용
연구/학업 계획	연구방법론의 제약 사항 검토하기 실험 설계의 실행 가능성 파악하기	연구 핵심 아이디어 의존하기 검증 안 된 방법론이나 비현실적 연구 계획 수용하기

8장

유학 전략

1

전략이
필요하다

미국 석박사 유학을 준비하는 과정은 시간이 참 오래 걸립니다. 준비를
처음 시작할 때는 잘 실감하지 못하다가, 서류 접수 마감일이 다가오는
연말에는 대부분의 지원자들이 원서 접수 마감일에 쫓겨 새벽까지 서
류를 작성합니다. 충분히 고민하지 못한 채 서류들을 완성하는 데만 급
급하게 되니, 서류의 질은 고사하고 가장 기본적인 실수들도 빈번하게
일어나지요. 제출한 SOP에 다른 대학교 이름을 써 놓은 것을 뒤늦게
발견하는 사례는 심심치 않게 접할 수 있는 예시입니다. '실수를 줄여
라' 같은 일차원적인 얘기를 하고 싶은 것이 아닙니다. 애초에 근본적
인 문제를 해결해야 합니다. 시간을 효율적으로 활용하기 위해서 전략
을 세워야 하는 이유입니다.

장기 전략(원서 접수까지 ~1년)	단기 전략(원서 접수까지 ~6개월)
정량과 정성 모두 준비	정성에 집중
1. 미국 유학 동기	1. 정량 요소와 미국 유학 동기의 얼라인
2. 충분한 연구 경험	2. 컨택&컨택&컨택
3. 유창한 영어 실력	3. 인터뷰 대비 스피킹&리스닝 능력 향상

　우리는 지금 이 시점에서 무엇을 해야 할까요? 원서 접수까지 남은 시간을 기준으로, 장기 전략과 단기 전략의 핵심을 요약해 보았습니다. 김박사넷 유학교육 선생님들은 여러분들이 장기 전략을 준비하는 것을 강력히 추천합니다. 시간이 짧을수록 준비할 수 있는 것들이 급격히 줄어들기 때문입니다. 실제 김박사넷 유학교육 프로그램 등록도 초가을까지입니다. 원서 접수 마감일이 3개월도 남지 않은 시점에 준비를 시작한다면, 제대로 준비할 수 있는 것이 현실적으로 거의 없기 때문입니다. TOEFL 점수를 위한 공부와 GRE 등의 시험 준비에 대부분의 시간을 할애해야 할 것이고, 채용의 중요 요소들을 지원 서류에 담기 위한 고민을 위한 시간은 절대적으로 부족할 것이니까요.

장기 전략 ①
확실한 미국 유학 동기를 만든다

원서 접수까지 1년 이상 남은 상태에서 이 책을 읽고 계시다면, 굉장한 기회입니다. 왜냐하면 장기 전략을 세울 때 가장 중요한 '미국 유학 동기'에 대해서 충분히 고민할 수 있는 시간을 얻었기 때문입니다. 어드미션 커미티를 설득할 수 있을 정도의 Self-Motivation을 설명할 수 있다면, 탑스쿨 유학의 가능성은 지금보다 몇 배 높아질 것입니다. 이를 설명하는 것이야말로 미국 석박사 유학 과정을 통틀어 가장 많은 시간을 할애해야 하는 부분이니까요. 그만큼 어렵지만, 이 책을 읽은 여러분들은 Self-Motivated Researcher가 될 수 있는 여러 질문들에 대해서 이미 배웠습니다. 질문의 시작은 무엇이었나요? '왜 석박사인지', 그리고 '왜 미국인지' 두 질문에 대해서 각각 대답했어야 합니다. 이 과정에서 여러분의 비전과 미션에 대한 설정이 필요했습니다. 최소 5년, 길게는 평생을 바쳐야 할 비전과 미션이 있는 사람은 어떻게 살아왔을까요? 당연히 이 목표를 현실화하기 위해서 무언가를 시도해온 역사가 있을 것입니다. 이 역사가 꼭 '성공의 역사'일 필요는 없었습니다. 자신의 비전과 미션을 달성하기 위해서 어떤 의미가 있는지를 본인이 잘 설명할 수 있는지가 더 핵심이었습니다.

상기 전략의 핵심은 지금부터 본인의 비전과 미션을 고민해보는 것에서 시작합니다. '왜 그 연구 주제에 관심이 있나요?', '어떤 문제를 해결할 수 있을 것이라 기대하나요?', '왜 이 문제를 해결하는 것이 나에게 중요한 문제인가요?' 이 질문들에 대해서 본인 스스로가 내린 대답에 설득력이 생길 때까지 계속해서 찾아나가야 합니다. 이 과정에서 단순한 호기심을 장기 비전/미션으로 오해하지 않도록 주의를 기울여야 합니다. 4장에서 이미 설명했듯이 '특정 과목을 수강한 후 흥미가 생겼다' 정도의 이유만으로 특정 문제 해결에 5년 이상 시간을 투자할 것을 기대하고 믿어주는 사람은 드뭅니다. 이제 다음 질문에 대해서 대답해 봅시다. '그렇다면 이 문제를 해결하기 위해 지금 내가 해야 할 일은 무엇인가요?', '6개월 뒤에 해야 할 일은 무엇인가요?', '1년 뒤에 해야 할 일은 무엇인가요?' 이 질문에 대한 답도 찾았다면, 그 일을 그대로 실행하세요. 이게 바로 Self-Motivated Researcher입니다.

Self-Motivated Researcher라는 미국 석박사 유학과정의 핵심 단어의 의미를 다시 한번 분석해 봅니다. Self-Motivated란 나의 머릿속에 있는지의 비전/미션과 실제 내가 해온 일들이 유기적으로 결합되어 있는 정도로 평가될 수 있습니다. 다시 말해서 말만 번지르르한 것인지, 또는 행동까지 이어지는 진심인지를 평가하는 것이죠. 그런데 행동이란 어떤 것이어야 할까요? 잠재력 있는 연구자를 뽑는 과정에서 높은 점수를 받기 위해서는 행동이 연구와 관련성이 높아야 한다는 것은 굳이 첨언하지 않아도 명백해 보입니다. 'Researcher'라는 단어의 의미는 비전/미션을 위해 내가 해 온 일들이 연구와 관련성이 높아야 한다는 의미입니다.

3
___

장기 전략 ②
충분한 연구 경험을 쌓는다

이 전략은 석사 과정 지원자에겐 해당되지 않는 것입니다. 미국의 석사 과정, 특히 학위논문을 작성하는 석사 과정의 경우는 대개 연구 경험이 없지만 박사 과정을 생각하고 있는 학생들을 위한 과정이기 때문입니다. 미국의 석박사 과정과 한국의 석박사 통합과정에 대해서는 이 책의 후반부에서 자세히 다루도록 하겠습니다. 확실한 사실은, 연구 경험 없이 학사 학위를 받은 후 곧바로 미국 탑스쿨의 박사 과정에 입학할 가능성은 0에 수렴한다는 것입니다. 따라서, 학사 학위를 마친 후 곧바로 미국 박사 과정에 지원할 생각이라면, 학부 인턴 경험은 필수입니다.

'학부 인턴이 필수'라는 표현이 '학부 인턴 후 미국 박사 과정 합격'을 의미하진 않습니다. 어드미션 커미티가 지원자의 합격 여부를 결정할 때, 지원자의 학위가 학사인지 석사인지는 결정적인 영향을 끼치지 않기 때문입니다. 결정적인 요소는 이미 우리가 알고 있는 것과 같이, 지원자가 채용의 주요 요소들을 얼마나 갖추고 있느냐로 귀결됩니다. 우리가 알아야 할 핵심은, 채용의 요소를 효과적으로 어필할 수 있는 최소한의 연구 경험은 어느 정도 수준이어야 하는지 아는 것입니다. 그 경험을 학부 인턴 과정에서 했는지, 석사 과정에서 했는지는 중요하지 않습니다.

김박사넷 유학교육 프로그램이 규정하는 최소한의 연구 경험은 Peer-review를 거친 결과물입니다. 이 결과물이 나만의 허무맹랑한 생각이 아니라, 학계에서 받아들일 만한 최소한의 논리를 가지고 있다는 증거이기 때문입니다. Peer-review 꼭 결과물이 1저자 출판물일 필요는 없지만, 소규모 국내 학회에서라도 1저자로 출판한 성과물이 있다면 훨씬 낫습니다. SOP 등에 내가 왜 이 연구를 했는지 능동적인 스토리를 전개하기에 유리하기 때문입니다. 꼭 high-impact 저널처럼 좋은 저널에 출판해야 하는 것은 아닙니다. 왜냐하면 미국의 교수님들은 기껏해야 석사 과정인 학생들이 아무리 주도적으로 연구해 봐야 그 결과물에 기대할 수 있는 수준이 그다지 높지 않음을 알고 있기 때문입니다. 더 중요한 것은 '이 연구를 왜 했는지'에 대해서 지원자가 제대로 이해하고 있는지입니다. 그래서 네이처 자매지 등 좋은 저널에 출판한 성과가 있다면, 오히려 훨씬 더 혹독한 검증과정을 거칠 수 있습니다. 대부분의 교수님들은 학사 과정 또는 석사 과정 학생이 혼자서 높은 수준의 논문을 썼다고 생각하지 않을 테니까요. 대부분의 경우는 지도 교수님이 지도를 잘 한 것으로 보며, 1저자로 참여한 학생은 '이 연구를 왜 했는지', '어떤 관점에서 이 문제를 바라보고 있는지' 등 실험 결과 자체보다는 고차원적인 이해에 대한 검증 과정을 거치게 될 것입니다. 이 질문들에 대답을 잘 못하면 어떻게 될까요? 채용의 주요 요소 중 Integrity에 대한 평가 점수가 굉장히 하락하게 될 것입니다. 1저자 출판물이 6개가 넘는데도 탈락하는 경우 또한 비슷한 이유로 이해할 수 있습니다.

결론적으로 최소한의 연구 경험이란, 학계에서 받아들일 만한 최소한의 논리를 가지고 있는 출판물을 기반으로 내 비전/미션 목표 달성을 위한 중간 과정을 보여 주는 객관적 증거라고 이해하는 것이 적당합니다.

4

장기 전략 ③
유창한 영어 실력을 갖춘다

4장에서 다룬 질문 중 '왜 미국인가?'에 대한 합리적인 이유를 찾으셨다면, 애당초 '영어를 못하면서', '미국에서 사는' 상황은 논리적으로 성립하지 않습니다. 미국에서 살기 위해서, 아니 살아남기 위해서 영어는 선택의 문제가 아니라 필수인 영역입니다. TOEFL을 위시한 영어 시험의 목적은 영어로 의사소통을 할 수 있는 능력을 평가하는 것이고, GRE 시험은 대학원 수학능력을 영어로 평가하는 것이죠. 1년 이상 남은 시간 동안, 영어를 공부하는 궁극적인 목표는 미국에서 살아남기 위한 영어 실력 향상이 되어야만 합니다. TOEFL 시험 점수 등은 부가적으로 따라오는 지표입니다. 한 유학 준비생에게 '1년간 영어를 공부하면서 생긴 공백 기간을 어드미션 커미티가 어떻게 생각할지'에 대한 질문을 받은 적이 있습니다. 영어를 공부해서 실력을 올린다는 관점은 지극히 한국적인 것입니다. 미국에 가려면 영어는 '원래' 잘 해야 하는 것이니까요. 짧은 기간에 공부해서 실력을 올리는 것은 몰라도, 무려 1년 간의 공백 기간에 대한 논리적인 근거가 될 순 없습니다.

5

장기 전략
추천 팁

장기 전략의 추천 팁 두 가지를 소개해 드리겠습니다. 첫 번째 팁은, 관심 있는 연구실이나 대학교에 교환학생이나 초청 연구원, 방문 인턴으로 짧으면 한 달, 길면 반 년 정도 체류하면서 연구를 진행해 보는 것입니다. 물론 원한다고 다 할 수 있는 것이 아니고, 선발 명분도 있어야하기 때문에 쉬운 일은 아니지요. 그렇지만 미국 석박사 과정 합격보다는 분명히 쉽습니다. 이 팁의 핵심 목적은, 석박사 과정 선발 책임자인 관심 교수님에게 미리 눈도장을 찍기 위함입니다. 미국 석박사 과정 선발 과정에서 추천서의 중요성은 이미 여러 번 말씀드렸습니다. 추천서는 다른 사람이 지원자를 보증하는 것이기 때문에 선발 과정에서 강력하게 작용합니다. 그렇다면 추천서보다 강력한 보증은 무엇일까요? 바로 선발 책임자인 교수 자신의 보증일 것입니다. 직접 자신의 두 눈으로 확인하는 것만큼 확실한 것이 없기 때문이죠. 이 팁을 직접 실행할기회를 얻게 된다면, 해당 연구실에 체류하는 동안 할 수 있는 모든 방식을 동원해 교수님의 인정을 받아야 합니다. 추후 지원 과정에서 강력한 우군을 하나 얻는 효과를 볼 것입니다.

두 번째 팁은, 진학하고 싶은 대학교의 지원서 제출 웹사이트를 미리 경험해보는 것입니다. 요새는 많이 좋아졌지만, 한국 정부가 운영하는 웹사이트들은 사용이 불편한 것으로 유명했습니다. 그런데 미국 대학교 지원서 제출 웹사이트를 들어가 보시면, 아마 한국 정부가 운영하는 웹사이트들이 훨씬 사용하기 편리하다는 생각이 들 것입니다. 그만큼 사용이 불편하기 때문에, 기능 하나를 제대로 파악하는 데만 생각보다 시간을 더 쓰게 됩니다. 문제는 지원서 제출 웹사이트가 한국의 진학사처럼 하나로 통일되어 있는 것이 아니라, 각 대학교 별로 따로 존재한다는 것입니다. 각 대학교 프로그램에 지원할 때마다 회원가입을 하고, 다른 기능들로 가득한 해당 웹사이트에서 헤매다 아까운 시간이 낭비됩니다. 지원서 제출 마감일에 쫓겨 허둥지둥하다 어이없는 실수를 하게 될 가능성이 높은 이유 중 하나가 예상보다 웹사이트에서 길게 헤매기 때문입니다. 그뿐만 아니라, 웹사이트에는 100~500자 정도를 입력해야 하는 보조적인 질문들이 많이 있습니다. 잘 알려진 필수 서류들인 SOP, CV, transcript 등은 모든 대학교의 공통 요구사항이지만, 지원서 제출 웹사이트에서만 확인할 수 있는 보조 질문들은 대학교마다 별도로 파악해야 합니다. 이 보조적인 질문을 미리 확인하고, 질문의 의도를 미리 파악한 다음 본인이 작성한 스토리라인과 어긋나지 않도록 구상을 미리 하는 것이 당연히 훨씬 유리하겠지요. 노파심에 말씀드리자면, 지원서 제출 웹사이트를 둘러보다 시험삼아 실제 지원을 하시면 절대 안됩니다. 같은 대학교/프로그램에 재수생으로서 지원하는 것은 굉장히 불리하기 때문입니다. 대부분의 대학교는 지원서 비용을 신용카드로 결제해야 최종 제출이 되기 때문에 부주의로 제출되는 경우는 거의 없지만, 언제나 예기치 못한 사고는 일어나니까요.

단기 전략 ①
추천서를 부탁한다

원서 접수까지 6개월여 남은 상황이라면, 단기 전략을 곧바로 실행해야 합니다. TOEFL 기준 점수에 모자라는 몇 점을 올리겠다고 영어 공부를 하고 있을 상황이 아닙니다. '유학=채용'이라는 공식을 다시 떠올려 보세요. 삼성전자에 영어 점수만 있다고 합격할까요? 단기 전략으로 제시하는 것들은 하나도 실행하지 않고, 영어공부만 하고 있다면 합격 확률은 극단적으로 낮아집니다.

우선, 추천서를 써 주실 분들에게 당장 연락을 드려야 합니다. 다시한번 이야기하지만, 추천서는 여러분이 컨트롤 할 수 없는 부분입니다. 지도 교수님 등 추천서를 써 주실 분들과 인간적인 관계를 만들고, 상대방에게 추천서를 부탁했을 때 예상치 못했다는 반응이 나오지 않도록 지금부터 바로 준비를 시작해야 합니다. 여러분들이 장기 전략을 실행할 수 있는 상황이었다면, 지도 교수님이 강력한 추천서를 써 주시도록 열심히 연구하고, 인정받는 것이 가장 좋은 방법입니다. 하지만 6개월여가 남은 시점에서는 성과로 인정받기엔 남은 시간이 부족하지요. 여러분들이 어떤 연구자인지 가장 잘 아실 이 분들에게, 진로 고민을 털어놓으며 넌지시 미국 유학의 꿈을 드러내 보세요. 부정적인 반응을 히시는 분들도 있을 것입니다만, 시간이 많지 않은 이 시점에서 이 분들을 설득하는 과정을 해내는 것이 여러분들이 해야 할 일입니다. 지도 교수님이 바쁘다는 핑계로 추천서 초안을 직접 써오라고 얘기하실 지도 모르겠습니다. 그런데 여러분들 스스로가 강력한 추천서를 써올 수 있는 가능성은 매우 희박합니다. 왜냐하면 여러분들은 채용의 관점에서 스스로를 돌아본 경험이 없기 때문에, 학생의 관점에서 작성된 티가 나기 때문입니다. 이런 이유 때문에, 교수님이 직접 추천서를 써 주시도록 상황을 만들어 내야 합니다. 어려울 것 같다고요? 그렇게 오랜 시간 동안 함께 일했던 지도 교수님을 직접 만나서 설득하는 상황과, 만리타국에 있는 교수님들을 글로 설득해야 하는 상황을 비교해 보세요. 어떤 것이 더 쉬울까요? 여러분들이 지금 당장 추천인을 확보해야 하는 이유입니다.

7

단기 전략 ②
실적 추가에 대한 기대를 접고
스토리라인에 집중한다

이 시점에 영어 공부에만 매진하고 있는 것보단 낫지만, 실적을 추가하 겠다고 연구에 올인하는 것도 현명한 전략이 아닙니다. 만약 성과가 나 올 상황이었다면 진작 나왔을 것이라 생각하며 마음을 달리 먹어야 합 니다. 6개월이 아니라 1년의 시간이 더 있더라도 생각했던 성과가 나 오지 않을 수 있습니다. 실험이 제대로 구현되지 않았다거나, 논문의 Peer-review 과정이 오래 걸렸다거나, 비슷한 논문이 먼저 나오는 등, 다양한 이유로 여러분의 결과물들이 세상에 나오기까지 6개월은 짧은 시간입니다. 지금 시점에 해야 할 일은, 지금 진행중인 일의 결과물이 없다고 가정하고 스토리라인을 짜는 것입니다. 6개월 이내에 결과물이 나온다면, 보너스 점수가 되는 거죠. 내 비전/미션을 달성하기 위해서 지금 하고 있는 일의 의의가 무엇인지를 깊이 고민해야 합니다. 그래 야만 지금 진행중인 연구가 '실패'로 판명난다 하더라도 여전히 설득력 있는 스토리라인을 구상할 수 있습니다. 지금까지 얻어왔던 성과들로만 스토리라인을 구성해 보세요. 아직 부족한 점이 무엇인지, 어떤 추가 연구가 필요하다고 생각하는지 논리를 구성하여 큰 그림, 청사진을 제시할 수 있어야 합니다. 청사진을 완성한다면, 역설적으로 지금 진행 중인 일의 결과물이 없어도 괜찮다는 생각이 들 것입니다. 여러분이 진행중인 연구 내용은 'in preparation'이라는 설명을 붙여 CV에도 추가할 수 있습니다. 성과에만 지나치게 집착하다 더 중요한 것을 놓치는 실수를 범하지 않길 바랍니다. 극단적으로 표현하면, 논문을 지금보다 2편 더 가지고 있더라도 탈락할 수 있습니다. '함께 연구하고 싶은 사람'으로 자신을 포장하지 못했다면 말이지요.

8

단기 전략 ③
컨택에 사활을 건다

특히 박사 과정을 준비 중이라면, 컨택은 선택사항이 아닙니다. 반드시 해야만 하는 과정입니다. 왜 그래야 하는지, '유학=채용' 공식을 다시 한번 떠올리고, 채용의 주요 요소들을 확인해 봅시다. Intelligence, Initiative or Energy, Integrity였습니다. Integrity, 즉 모티베이션과 Attitude가 훌륭하다고 평가받는 Self-Motivated Researcher를 상상해 봅시다. 이 연구자는 명확한 비전/미션을 가지고 있고, 자신의 목표를 향해 연구 활동도 해왔습니다. 나름 의미 있는 성과도 있었지만, 현재 상황에서 한계를 느꼈고 미국 박사 과정 유학을 결심했습니다. 왜냐하면 이 연구자가 검색해 본 바로는 A 대학교 B 교수님의 연구 방향이 자신이 한계를 느끼고 있는 방향과 비슷해 보였기 때문입니다. 이 연구자는 B 교수님이 생각하는 연구 방향이 궁금할 것입니다. 왜냐하면 자신은 해결할 수 없었던 문제가 있었으니까요. 자, 질문입니다. 이 연구자는 B교수님과 이 연구 방향에 대해서 언제 이야기를 나누고 싶을까요?

1번: 내일

2번: 6개월 뒤

정답은 당연히 1번입니다. Self-Motivated된 연구자라면 6개월 뒤까지 기다릴 수가 없습니다. 자신의 문제를 해결할 힌트를 얻을 기회가 내일 있다면, 선약이 있어도 모두 취소하고 내일 B 교수님을 만나야죠. 상상으로 만든 예시가 이해가 된다면, 컨택시 보낼 메일 내용을 어떻게 써야 할지도 이해될 것이라 믿습니다. 최소한, 인터넷에서 찾은 컨택 메일 템플릿을 활용해서 짜깁기해야겠다는 생각이 들지는 않으시겠죠. 컨택 메일 작성에는 시간이 많이 걸립니다. 자신을 Self-Motivated Researcher로서 소개할 스토리라인이 먼저 마련되어 있어야 하며, 각각의 교수님들이 어떤 주제에 관심이 있고, 어떤 내용을 써야 흥미롭게 읽으며 답장을 보내주실지를 고민하며 작성해야 합니다. 개별 교수님들의 연구와 관심사가 조금씩 다 다르기 때문에, 메일에 들어갈 내용도 맞춤형으로 각각 작성해야 합니다. 6개월여의 시간을 짧게 만드는 주된 이유입니다. 가급적 교수님이 여유롭게 읽을 수 있는 시간을 잘 선정해서 보내는 것도 답장을 잘 받을 수 있는 하나의 힌트입니다. 대개의 교수님들은 수업을 진행해야 하는 학기중보다는 방학 때가 비교적 여유로운 편이겠지요.

9

단기 전략 ④
화상 인터뷰에 대비한다

지금 시점에서 더 집중해야 할 영어는 기준에 몇 점 모자란 TOEFL 시험 점수가 아니라, 영어로 진행될 인터뷰에서 잘 듣고 잘 말하는 것입니다. 물론 MAYBE pile 레벨 이상이 되어야 인터뷰 기회가 주어지지만, 본인이 NO pile 레벨이라고 생각하면서 미국 대학교에 원서를 넣는 경우는 없겠죠. TOEFL 시험을 치르면서 이미 느끼셨겠지만, 영어로 듣고 말하는 능력은 단시간에 향상되지 않습니다. 인터뷰 요청을 받고 나서 준비하겠다는 생각은 일찌감치 접어두세요. 인터뷰 요청 메일을 받은 2~3일 뒤에 인터뷰가 진행되는 경우가 많은데 이 짧은 시간 내에 영어 실력을 향상시킨다는 것은 불가능에 가깝기 때문입니다. 영어 시험 점수에만 집중할 것이 아니라, 영어 회화 실력 자체를 향상시키는 데 주안점을 두시기 바랍니다. 최근에는 비대면 기술의 발달로 예전의 전화영어 시스템보다 발전된 서비스를 이용할 수 있는 기회가 많이 생겼으니, 적극적으로 활용해 보시는 것을 추천 드립니다.

참고로, 동아시아 학생들의 TOEFL 점수를 그다지 신뢰하지 않는 미국 교수님들이 있습니다. 몇몇 대학교의 학과들은 TOEFL 대신 영어 실력과 좀 더 높은 상관관계를 나타낼 것으로 기대하는 IELTS 시험 점수를 제출받는 것으로 정책을 변경하기도 했습니다만, 최근의 경향은 더 직접적인 방법으로 지원자의 영어 역량을 판단하고 있습니다. 코로나 19의 영향으로 모든 교수님들이 본인의 오피스에서 비대면 미팅을 위한 환경을 구비하게 되었으며, 줌 등의 소프트웨어를 이용하는 데도 굉장히 익숙해졌기 때문이죠. 특히 최근 10분~15분 정도의 인터뷰를 진행하는 경우가 빈번해지고 있는데, 지원자의 Intelligence, Initiative or Energy, Integrity, 팀플레이와 같은 채용 요소를 완벽하게 판단하기에는 지나치게 짧은 시간입니다. 그러니 높은 확률로, 영어 실력에 대한 평가가 이뤄지는 과정일 것입니다. 앞으로의 유학 지원 과정에서는 인터뷰로 평가하는 영어 실력의 가중치가 영어 시험 점수보다 더 높아질 것으로 예상합니다.

10

단기 전략 ⑤
풀브라이트 장학금

만약 여러분이 3~5월에 이 책을 읽고 있다면, 풀브라이트 장학금에 도전해 보시기 바랍니다. 풀브라이트 장학재단은 TOEFL, GRE 시험 점수뿐만 아니라, 추천서, CV, SOP, PS 등 미국 석박사 유학 지원에 필요한 주요 서류들을 거의 동일하게 요구합니다. 풀브라이트 장학금을 신청한다면, 자연스럽게 풀브라이트 장학금 서류 지원이 마감되는 5월 말까지 전략 1, 2번을 실행해 볼 수 있게 됩니다. 이 전략을 추천하는 가장 중요한 이유는 장학금 수여 혜택이 아닙니다. 여러분들이 지원서 마감 마지막 날까지 어려워하는 주요 서류들의 작성 경험을 반 년 일찍 경험해 보라는 의미입니다. 막상 풀브라이트 장학금 지원을 결심하게 된다 해도, 추천서 3장을 받아오는 일부터 막막할 것입니다. 누구에게 요청해야 하는지, 어떻게 말씀드리는 것이 좋을지부터 고민해야 하기 때문입니다. SOP(풀브라이트 장학재단에선 Research Objective로 칭합니다)를 작성할 때도 마찬가지일 것입니다. 어떤 내용을 써야 하는지, 아마 책상 앞에 앉아 한참을 고민해도 한 줄 쓰기도 어려울 것입니다. 그러다 지금은 너무 시간이 촉박하니 고민을 더 해보고 몇 달 뒤에 제대로 써야지, 라는 생각에까지 미친다면, 높은 확률로 장학금 지원을 포기할지도 모릅니다. 하지만 몇 달 뒤엔 준비가 되어 있을까요? 대부분은 똑같은 상태입니다. 아까운 시간만 흘렀을 뿐이죠.

김박사넷 유학교육 선생님들은 여러분들이 가급적 준비 과정을 빨리 경험해보길 바랍니다. 비록 준비 과정이 풀브라이트 장학금 지원 마감일이라는 데드라인에 쫓긴, 타의에 의한 것일지라도 말입니다. 여러분들의 지금 상태는 아무것도 모르는 상태이기 때문에, 오히려 유학 지원 과정을 과소평가하고 있는 단계일 가능성이 큽니다. 실전과 비슷한 풀브라이트 장학금 지원 과정을 경험하면서 무엇이 어려웠는지, 이 부분은 내가 어떻게 해야 해결할 수 있을지에 대한 고민의 시간을 가져보시길 바랍니다. 이 고민을 미국 석박사 과정 지원 데드라인 한 달 전에 시작한다면, 그때는 이미 너무 늦었을 테니까요.

11

인문사회계열
박사 과정의 전략

이 책에서 다루는 내용은 대부분 전공을 불문하고 적용되는 내용입니다. 인문사회계열 전공자들이 여기에 추가로 고려해봐야 할 점은, 본인이 지원하는 학과의 경쟁률입니다. 조금 더 정확히 말하자면 경쟁률보다는 선발 인원 수가 더 중요하게 작용합니다. 선발 인원이 적을수록 석사보다는 박사 과정 선발 과정에서, 채용 요소의 검증과정의 문턱은 더욱 높아질 것입니다. 그러므로 선발 인원 자체가 적은 학과/프로그램에 박사 과정으로 지원하는 분들이라면 더욱 본인이 MAYBE pile 레벨 이상이 될 수 있도록 시간을 투자해야 합니다.

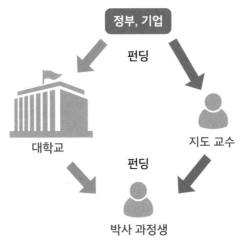

펀딩

대학교

지도 교수

펀딩

박사 과정생

보통 인문사회계열은 펀딩이 부족

위 그림은 박사 과정에 합격한 학생이 받는 펀딩의 구조도입니다. 펀딩은 보통 정부나 기업 과제로부터 시작되며, 대학교/학과 전체 또는 지도 교수가 과제와 펀딩을 수주해오는 과정을 거칩니다. 이렇게 수주한 과제 등에서 제공하는 자금을 활용하여, 박사 과정생에게 대략 1년에 1억 원 정도를 펀딩하게 되는 것입니다. 그런데, 대개의 경우 인문사회계열은 이공계열보다 총 펀딩 금액이 적습니다. 인문사회계열의 연구를 지원하는 기업이 이공계열보다 그 수가 많이 부족하기 때문입니다. 이런 구조적인 원인으로 인해, 인문사회계열 박사 과정의 선발 인원 수는 이공계열에 비해 턱없이 적습니다. 2021년 가을학기를 기준으로, 이공계열(미국에서는 STEM이라는 표현을 자주 사용합니다. S: Science, T: Technology, E: Engineering, M: Mathematics) 박사 과정 대비 인문사회계열 박사 과정의 선발 인원 수는 30% 수준입니다. 전 세계에서 가장 뛰어난 학생들이 미국 유학을 시도하는 것은 동일한데, 인문사회계열의 박사 과정생이 앉을 수 있는 좌석 수 자체가 적은 거지요.

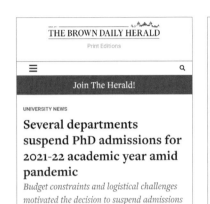

THE BROWN DAILY HERALD
Print Editions

Join The Herald!

UNIVERSITY NEWS

Several departments suspend PhD admissions for 2021-22 academic year amid pandemic

Budget constraints and logistical challenges motivated the decision to suspend admissions

Departments that receive the majority of their funding from the University's central budget will be halting their admissions, according to the announcement from Provost Richard Locke P'18 and Dean of the Graduate School Andrew Campbell. Most of the affected departments fall under the humanities and social sciences, whereas an assortment of grant-funded programs in the life and physical sciences still plan to keep their admissions open for the next academic year. Brown is one of several peer institutions that are enacting graduate admissions suspensions in light of the ongoing pandemic, including Columbia, Princeton, Yale and Harvard.

브라운대학교의 가을학기 선발 인원 감축 기사

펀딩이 적을 수 밖에 없는 구조적 이유 때문에, 팬데믹이 정점을 달리던 2020년에는 대부분의 학교가 인문사회계열의 박사 과정 선발 인원을 대폭 줄였으며, 개중에는 아예 신입생을 선발하지 않는 곳도 있었습니다. 위 그림은 아이비리그 중 하나인 브라운대학교(Brown University)가 펀딩 부족으로 2021년 가을학기 선발 인원을 대폭 줄인다는 기사의 일부입니다. 특히 인문사회계열의 학과들이 대부분 신입생을 선발하지 않을 것임을 밝히고 있습니다.

따라서, 인문사회계열 박사 과정 준비생들은 '유학=채용' 공식을 훨씬 진지하게 받아들여 준비해야만 합니다. 안 그래도 부족한 펀딩을 어느 지원자에게 투자할지, 어드미션 커미티의 기준치는 더 높아져 있을 것이기 때문입니다. 최근의 인문사회계열 박사 과정의 치열한 경쟁의 단면을 증명하듯 'Pre-Doc' 이라 불리는 새로운 포지션까지 등장했습니다. 우리말로는 '박사후과정' 이라고도 불리는 'Post-Doctoral' 연구원의 반대 개념인데요, 박사 학위를 시작하기 전 관심 있는 교수님 연구실에서 임시직 연구원으로 일하는 과정을 일컫는 말입니다. 이미 학사나 석사 학위를 받은 이후이기 때문에, 학생은 아닙니다. 왜 박사 과정 입학을 하기도 전에 임시직 연구원으로 일을 할까요? Pre-Doc 과정 중 좋은 성과를 얻어, 지도 교수님에게 박사 과정 진학에 필요한 강력한 추천서를 받기 위해서입니다. 그만큼 인문사회계열 박사 과정 합격의 문이 좁기 때문에, 지원자 스스로가 더 경쟁력을 가지기 위해서 밟는 과정입니다. 질문을 하나 던지며, 인문사회계열 박사 과정의 전략 챕터를 마치도록 하겠습니다. 과연 Pre-Doc 연구원들은 유급일까요, 아니면 무급일까요? 치열한 경쟁 과정에서 Pre-Doc 포지션을 얻기는 과연 쉬울지, 한번 생각해 보시면 답은 쉽게 얻을 수 있을 것입니다.

김박사넷과 최신 개정판
미국 대학원 합격하기

1판 1쇄 발행 2025년 2월 28일

저　　자 | 임형광, 박향미, 유일혁
발 행 인 | 김길수
발 행 처 | ㈜영진닷컴
주　　소 | ㈜08512 서울특별시 금천구 디지털로9길 32
　　　　　 갑을그레이트밸리 B동 10층 ㈜영진닷컴
등　　록 | 2007. 4. 27. 제16-4189호

ISBN | 978-89-314-7855-6

YoungJin.com **Y.**
영진닷컴